——岗位技能提升自我培训全书——

优秀跟单员岗位技能手册

王希跃 编著

精心绘制插画　　细化工作事项
精讲常用方法　　提供实战工具

中国劳动社会保障出版社

图书在版编目(CIP)数据

优秀跟单员岗位技能手册/王希跃编著. —北京:中国劳动社会保障出版社,2014
(弗布克岗位技能培训系列)
ISBN 978-7-5167-0967-2

Ⅰ.①优… Ⅱ.①王… Ⅲ.①企业管理-市场营销学-技术培训-手册 Ⅳ.①F274-62

中国版本图书馆 CIP 数据核字(2014)第 105173 号

内 容 提 要

这是一本关于优秀跟单员岗位技能培训的指导手册,是跟单员进行自我培训、提升跟单管理技能的指导用书。

本书首先从跟单员上岗所需的基本要求出发,说明跟单员的岗位职责、必备的职业素质、能力要求和基础知识。在此基础上,详细阐述了招单跟踪管理、接单跟踪管理、订单审核管理、物料采购跟单、生产过程跟单、订单产品质量跟踪、进出口及运输跟单、订单货款追收管理及客户服务与跟单等九大跟单工作事项,列明了各工作事项的内容和知识、方法,还针对跟单管理过程中的问题给出相应的实用工具和范例,使得理论和实操性兼具,能有效帮助跟单人员提升岗位技能。

本书适合企业跟单管理人员、跟单员、跟单管理咨询及培训人员,以及跟单管理领域的研究者阅读和使用。

中国劳动社会保障出版社出版发行

(北京市惠新东街1号 邮政编码:100029)

*

北京市艺辉印刷有限公司印刷装订 新华书店经销
787毫米×1092毫米 16开本 17印张 388千字
2014年5月第1版 2014年5月第1次印刷
定价:39.00元

读者服务部电话:(010) 64929211/64921644/84643933
发行部电话:(010) 64961894
出版社网址:http://www.class.com.cn

版权专有 侵权必究

如有印装差错,请与本社联系调换:(010) 80497374
我社将与版权执法机关配合,大力打击盗印、销售和使用盗版图书活动,敬请广大读者协助举报,经查实将给予举报者奖励。
举报电话:(010) 64954652

弗布克岗位技能培训系列

优秀的职业技术人员,是市场经济发展的中坚力量。让职业技术人员具备岗位所必备的素质、知识和岗位技能,是企业开展岗位培训工作的重点。

各类职业技术人员在工作过程中,都遇到过专业知识不全、岗位操作不熟练、实用工具不顺手等问题,这就需要企业通过岗位技能培训和教育,让这些职业技术人员掌握必备的知识和技能。

"弗布克岗位技能培训系列"丛书第一批共6本,包括《优秀采购员岗位技能手册》《优秀营销员岗位技能手册》《优秀仓管员岗位技能手册》《优秀品管员岗位技能手册》《优秀跟单员岗位技能手册》《优秀监理员岗位技能手册》。

本系列丛书体现了"以岗位活动为导向,以岗位技能为核心"的指导思想,全面阐述岗位所需的实用知识和技能,并配套提供实用的流程、表单、方案等实战工具,力求为企业各类职业技术人员解决工作上的困扰,帮助企业培养高水平、高技能、高效率的业务骨干。

与市场上其他岗位技能培训类图书相比,本系列丛书具有以下三大优势。

一、生动有趣、图文并茂

本系列丛书一改市场上岗位技能培训图书枯燥晦涩的特点,创新性地使用了和岗位知识或技能息息相关的漫画插图,使得全书内容更加生动有趣、通俗易懂,并更加方便读者理解专业知识和技能。

二、内容精细化、体系化

本系列丛书将岗位的工作事项不断地细化,深入阐述了各岗位工作内容、必备知识和岗位技能,使得全书内容体系化、精细化,能够帮助读者搭建全面的知识和岗位技能体系,方便读者查漏补缺,针对性地进行提升。

三、理论知识与实战工具相结合

本系列丛书突破市场上岗位技能培训图书只讲理论方法的局限性,将理论知识与各岗位的工作实践相结合,在阐述岗位理论知识的同时,还提供了流程、表单、方案等实用工具模板，给读者提供参考，真正做到实用化，不仅有利于岗位工作人员健全自身的知识体系，还有利于在实际工作中"稍改即用"。

所以，本系列丛书既可以作为企业开展各项业务的指导手册，也可以作为各类从业人员进行自我培训和提升的指导用书。

前言

"弗布克岗位技能培训系列"丛书第一批共推出6本,《优秀跟单员岗位技能手册》是其中的一本。

随着经济不断发展,市场竞争的加剧,企业越来越重视跟单的管理。跟单管理过程中的优势已经成为企业竞争力的重要体现。但是,很多企业还缺乏高水平、高技能的专业化跟单人才,急需对跟单人员开展专业化的岗位技能培训。

本书详细叙述了优秀跟单员在工作过程中需要用到的管理知识、必备技能、经典方法和实用工具。全书具有以下三大特点:

一、内容全面实用、针对性强

本书从跟单岗位所需的基本职业素质、必备的能力要求和基础知识出发,详细阐述了招单跟踪管理、接单跟踪管理、订单审核管理、物料采购跟单、生产过程跟单、订单产品质量跟踪、进出口及运输跟单、订单货款追收管理及客户服务与跟单九大跟单工作事项,列明了各工作事项的内容和知识、方法和工具范例。全书内容翔实,理论和实操性兼具,能有效帮助跟单人员提升岗位技能。

二、图文并茂便于阅读

本书集结了作者多年在企业指导、跟单咨询过程中实际运用的资料和工具,其最大的特点就是以图文并茂的形式,将理论与实践密切结合,既生动地介绍了跟单管理的相关理论,又将其与一线操作紧密结合,并且精心设计了生动的跟单工作场景漫画插图,使得内容更易于理解。

三、实战工具便于使用

因书中给出的方法、策略、图表、流程、方案等大部分都是作者在企业跟单实战过程中经过实际演练和操作的,所以读者仅需要根据本企业的实际稍加改动,就能在实际工作中发挥有效的作用,快速提升跟单人员的跟单工作技能。

在本书编写过程中,孙宗坤、刘井学、程富建、孙立宏、董连香负责资料的收集和整理,王玉凤、廖应涵、王建霞、王影、李苏洋、赵莉琼负责图表的编排,孙玖凡参与编写了本书的第1章,赵红梅参与编写了本书的第2章,陶红丽参与编写了本书的第3章,王淑燕参与编写了本书的第4章,王琴参与编写了本书的第5章,薛显东参与编写了本书的第6章,黄成日参与编写了本书的第7章,姚严胜参与编写了本书的第8章,王瑞永参与编写了本书的第9章,王素燕参与编写了本书的第10章,全书由王希跃统撰定稿。

编 者

2013年12月

目录

第 1 章　优秀跟单员基本认知

1.1　跟单员及工作介绍 … 2
- 1.1.1　跟单员定义发展 … 2
- 1.1.2　跟单员工作界定 … 2
- 1.1.3　跟单员工作特点 … 2
- 1.1.4　跟单员主要工作 … 3

1.2　跟单员的岗位职责 … 4
- 1.2.1　业务跟单员职责 … 4
- 1.2.2　助理跟单员职责 … 5
- 1.2.3　协调跟单员职责 … 5
- 1.2.4　外贸跟单员职责 … 5

1.3　跟单员的岗位要求 … 6
- 1.3.1　跟单员的必备知识 … 6
- 1.3.2　跟单员的必备能力 … 7
- 1.3.3　跟单员的必备素质 … 9

第 2 章　招单跟踪管理

2.1　招单信息调研 … 12
- 2.1.1　市场调查的种类 … 12
- 2.1.2　市场调查的情形 … 13
- 2.1.3　市场调查的方法 … 13

2.1.4　调研信息的分析 ………………………………………… 15
　　2.1.5　调研预测的方法 ………………………………………… 16
2.2　招单的方式方法 …………………………………………………… 18
　　2.2.1　产品的介绍方法 ………………………………………… 18
　　2.2.2　报价的时机策略 ………………………………………… 19
　　2.2.3　样品的展示技巧 ………………………………………… 21
　　2.2.4　缺陷的介绍技巧 ………………………………………… 24
2.3　意向客户的判断 …………………………………………………… 25
　　2.3.1　收集客户信息 …………………………………………… 25
　　2.3.2　挖掘客户需求 …………………………………………… 26
　　2.3.3　客户意向识别 …………………………………………… 28
　　2.3.4　客户分类跟踪 …………………………………………… 30
2.4　确定客户谈判策略 ………………………………………………… 32
　　2.4.1　确定议题方法 …………………………………………… 32
　　2.4.2　制定谈判策略 …………………………………………… 33
　　2.4.3　消除异议技巧 …………………………………………… 33
　　2.4.4　可让步的尺度 …………………………………………… 36

第3章　接单跟踪管理

3.1　接单的形式 ………………………………………………………… 40
　　3.1.1　合同及范本 ……………………………………………… 40
　　3.1.2　确认书及范本 …………………………………………… 43
　　3.1.3　协议书及范本 …………………………………………… 44
　　3.1.4　意向书及范本 …………………………………………… 46
　　3.1.5　订单及其范本 …………………………………………… 47
　　3.1.6　委托订单及委托书 ……………………………………… 48
3.2　接单的方法技巧 …………………………………………………… 49
　　3.2.1　报价方法与技巧 ………………………………………… 49
　　3.2.2　还价方法与技巧 ………………………………………… 52
　　3.2.3　让步方法与技巧 ………………………………………… 54

  3.2.4 接受的确定技巧 ……………………………………… 55
3.3 订单处理的流程 ………………………………………………… 57
  3.3.1 订单接受工作流程 ……………………………………… 57
  3.3.2 订单取消工作流程 ……………………………………… 58
  3.3.3 订单汇总分类流程 ……………………………………… 59
3.4 订单的接收管理 ………………………………………………… 60
  3.4.1 优质订单的判断方法 …………………………………… 60
  3.4.2 订单要求与回应技巧 …………………………………… 61
  3.4.3 接单管理的五大要素 …………………………………… 62
  3.4.4 订单客户的信息管理 …………………………………… 63
3.5 形式发票及注意点 ……………………………………………… 65
  3.5.1 形式发票的作用 ………………………………………… 65
  3.5.2 单价条款要明确 ………………………………………… 66
  3.5.3 交货日期要明确 ………………………………………… 67
  3.5.4 付款方式要明确 ………………………………………… 67

第 4 章 订单审核管理

4.1 审单内容方法 …………………………………………………… 70
  4.1.1 产品名称规格审查 ……………………………………… 70
  4.1.2 质量品质要求审查 ……………………………………… 71
  4.1.3 数量规定要求审查 ……………………………………… 72
  4.1.4 单价总额的审查 ………………………………………… 72
  4.1.5 价格条款的审查 ………………………………………… 73
  4.1.6 付款方式的审查 ………………………………………… 74
  4.1.7 包装要求的审查 ………………………………………… 74
  4.1.8 交货期的审查 …………………………………………… 75
  4.1.9 运输方式的审查 ………………………………………… 76
4.2 审单工作要点 …………………………………………………… 77
  4.2.1 明确审单权责 …………………………………………… 77
  4.2.2 审单时机把握 …………………………………………… 78

4.2.3　审单方式选择 ·· 78
　　4.2.4　审单结果处理 ·· 80
4.3　审单流程制度 ·· 81
　　4.3.1　订单审核工作流程 ······································ 81
　　4.3.2　订单变更处理流程 ······································ 82
　　4.3.3　订单撤销处置流程 ······································ 83
　　4.3.4　紧急订单追加流程 ······································ 84
　　4.3.5　特殊订单处理流程 ······································ 85
　　4.3.6　订单审核管理制度 ······································ 86
4.4　订单评审表单 ·· 88
　　4.4.1　订单资料表 ·· 88
　　4.4.2　订单评审表 ·· 89
　　4.4.3　订单确认表 ·· 90
　　4.4.4　订单生产反馈表 ·· 90
　　4.4.5　订单客户资料表 ·· 91

第5章　物料采购跟单

5.1　采购跟单的基本要求 ·· 94
　　5.1.1　适当的交货时间 ·· 94
　　5.1.2　适当的交货质量 ·· 94
　　5.1.3　适当的交货地点 ·· 95
　　5.1.4　适当的交货数量 ·· 95
　　5.1.5　适当的交货价格 ·· 96
5.2　物料采购跟单的原因 ·· 97
　　5.2.1　供应商方面原因 ·· 97
　　5.2.2　企业方面的原因 ·· 99
　　5.2.3　沟通方面的原因 ·· 99
　　5.2.4　其他方面的原因 ·· 100
5.3　物料采购跟单的要点 ·· 100
　　5.3.1　制作订购单要点 ·· 100

5.3.2 订单跟踪的要点 …… 102
5.3.3 物料检验的要点 …… 104
5.3.4 物料进仓的要点 …… 108

5.4 采购跟单的方法策略 …… 110
5.4.1 订单跟踪的方式 …… 110
5.4.2 物料催单的方法 …… 111
5.4.3 物料催单的规划 …… 111
5.4.4 催单的工作要点 …… 112

5.5 物料采购跟单的工具 …… 113
5.5.1 物料采购订购单 …… 113
5.5.2 物料采购跟催工作表 …… 114
5.5.3 物料采购订单跟踪表 …… 115
5.5.4 物料采购延误处理表 …… 115
5.5.5 物料采购检验报告单 …… 116

第6章 生产过程跟单

6.1 生产过程跟单的要点 …… 118
6.1.1 下达生产通知书 …… 118
6.1.2 分析生产能力 …… 119
6.1.3 核定生产计划 …… 121
6.1.4 跟踪生产进度 …… 123

6.2 生产订单的跟单技巧 …… 125
6.2.1 了解信息的渠道和技巧 …… 125
6.2.2 生产跟单的要点与方法 …… 129
6.2.3 跟单的管理与过程监控 …… 131
6.2.4 订单生产中内外部沟通 …… 132

6.3 生产过程问题处理 …… 133
6.3.1 紧急插单问题处理 …… 133
6.3.2 生产设备事故跟踪 …… 135

6.3.3 物料延误问题跟踪 ································· 136

6.3.4 质量偏差问题跟踪 ································· 137

6.4 确保订单交期跟单 ··································· 139

6.4.1 生产节拍调节控制 ································· 139

6.4.2 确认改善瓶颈工序 ································· 140

6.4.3 判断能否按期交货 ································· 141

6.4.4 交期延误客户沟通 ································· 142

第7章 订单产品质量跟踪

7.1 物料来料质量的跟踪 ································· 146

7.1.1 来料检验表单跟踪 ································· 146

7.1.2 来料检验标准跟踪 ································· 148

7.1.3 来料检测方法跟踪 ································· 150

7.1.4 到货质量问题处置 ································· 152

7.2 制程质量检验的跟踪 ································· 153

7.2.1 制程检验表单跟踪 ································· 153

7.2.2 制程检验方法跟踪 ································· 154

7.2.3 设计工艺更改跟踪 ································· 156

7.2.4 不合格品分析跟踪 ································· 156

7.3 最终质量检验的跟踪 ································· 158

7.3.1 最终检验表单跟踪 ································· 158

7.3.2 最终检验的要求跟踪 ······························· 160

7.3.3 最终检验的方式跟踪 ······························· 160

7.3.4 检验报告表分析跟踪 ······························· 162

7.4 成品出入库质量跟踪 ································· 163

7.4.1 成品性能检验跟踪 ································· 163

7.4.2 成品外观检验跟踪 ································· 165

7.4.3 成品包装检验跟踪 ································· 166

7.4.4 成品标志检验跟踪 ································· 167

第8章 进出口及运输跟单

- 8.1 出口货物的跟单 ········ 170
  - 8.1.1 国际贸易条件 ········ 170
  - 8.1.2 报验实施要点 ········ 171
  - 8.1.3 租船订舱方式 ········ 173
  - 8.1.4 保险办理要点 ········ 174
  - 8.1.5 货物集港方式方法 ········ 175
  - 8.1.6 出口报关工作程序 ········ 176
  - 8.1.7 装船的要点与方法 ········ 177
  - 8.1.8 装船通知主要内容 ········ 179
  - 8.1.9 运费的构成与支付 ········ 179
  - 8.1.10 出口退关工作程序 ········ 180
- 8.2 进口货物的跟单 ········ 181
  - 8.2.1 发派船通知要点 ········ 181
  - 8.2.2 办保险工作程序 ········ 182
  - 8.2.3 汇集单证工作要点 ········ 183
  - 8.2.4 审核单证工作要点 ········ 183
  - 8.2.5 办理进口货物检验 ········ 185
  - 8.2.6 进口报关方式技巧 ········ 185
  - 8.2.7 监卸和交接要点 ········ 187
- 8.3 集装箱货物出口运输 ········ 188
  - 8.3.1 按货的体积订箱规则 ········ 188
  - 8.3.2 提取空集装箱的要点 ········ 189
  - 8.3.3 整箱货与拼箱货交货 ········ 189
  - 8.3.4 装船监控的内容要点 ········ 191
  - 8.3.5 换取提单的方式方法 ········ 192
  - 8.3.6 寄送资料的要点方法 ········ 192
- 8.4 集装箱货物进口运输 ········ 193
  - 8.4.1 寄送资料方式方法 ········ 193

    8.4.2 分发单证方式方法 ·· 194
    8.4.3 发到货通知方式方法 ·· 195
    8.4.4 换取提货单方式方法 ·· 196
    8.4.5 卸船提货的实施要点 ·· 197
    8.4.6 破损损坏处理方法 ·· 198
  8.5 进出口货运单证缮制 ·· 200
    8.5.1 海运单据及填报 ·· 200
    8.5.2 空运单据及填报 ·· 202
    8.5.3 集装箱货运托运单 ·· 204
    8.5.4 集装箱货运装箱单 ·· 205

第9章 订单货款追收管理

  9.1 货款拖延的本质原因 ·· 208
    9.1.1 需求主体发生的变化 ·· 208
    9.1.2 利益格局发生的变化 ·· 209
    9.1.3 相关角色发生的变化 ·· 209
    9.1.4 质量纠纷解决不了 ·· 210
  9.2 货款追收策略的制定 ·· 211
    9.2.1 制定策略的因素 ·· 211
    9.2.2 策略的基本内容 ·· 212
    9.2.3 四种追收的策略 ·· 212
    9.2.4 涉及第三方的处理 ·· 216
  9.3 电话追收的五个步骤 ·· 217
    9.3.1 充分的准备 ·· 217
    9.3.2 选取开场白 ·· 218
    9.3.3 成功地解决问题 ·· 219
    9.3.4 得到明确的答复 ·· 223
    9.3.5 失信后给予反击 ·· 224
  9.4 疑难欠款追收三阶段 ·· 224
    9.4.1 试探实力及底线 ·· 224

9.4.2 打好僵持与拉锯战 ··· 227

9.4.3 通过让步达成协议 ··· 229

第 10 章 客户服务与跟单

10.1 客户联络管理 ··· 232
10.1.1 客户联络计划制订 ··· 232

10.1.2 客户联络准备工作 ··· 233

10.1.3 客户联谊会的策划 ··· 234

10.1.4 客户联络管理工具 ··· 236

10.2 客户跟踪管理 ··· 237
10.2.1 客户跟踪管理内容 ··· 237

10.2.2 客户跟踪管理程序 ··· 238

10.2.3 客户跟踪回访制度 ··· 239

10.2.4 客户跟踪管理工具 ··· 240

10.3 客户投诉管理 ··· 241
10.3.1 客户投诉主要内容 ··· 241

10.3.2 客户投诉应对技巧 ··· 242

10.3.3 客户投诉处理方法 ··· 243

10.3.4 客户投诉处理程序 ··· 245

10.4 跟单中客服新内容 ·· 246
10.4.1 技术培训的落实 ·· 246

10.4.2 巡回检修的组织 ·· 247

10.4.3 特殊服务的沟通 ·· 248

10.5 客户服务新战略构想 ·· 249
10.5.1 增值服务战略 ··· 249

10.5.2 附加服务战略 ··· 250

10.5.3 个性服务战略 ··· 250

10.5.4 超值服务战略 ··· 251

10.5.5 弹性服务战略 ··· 253

跟单员知识导图

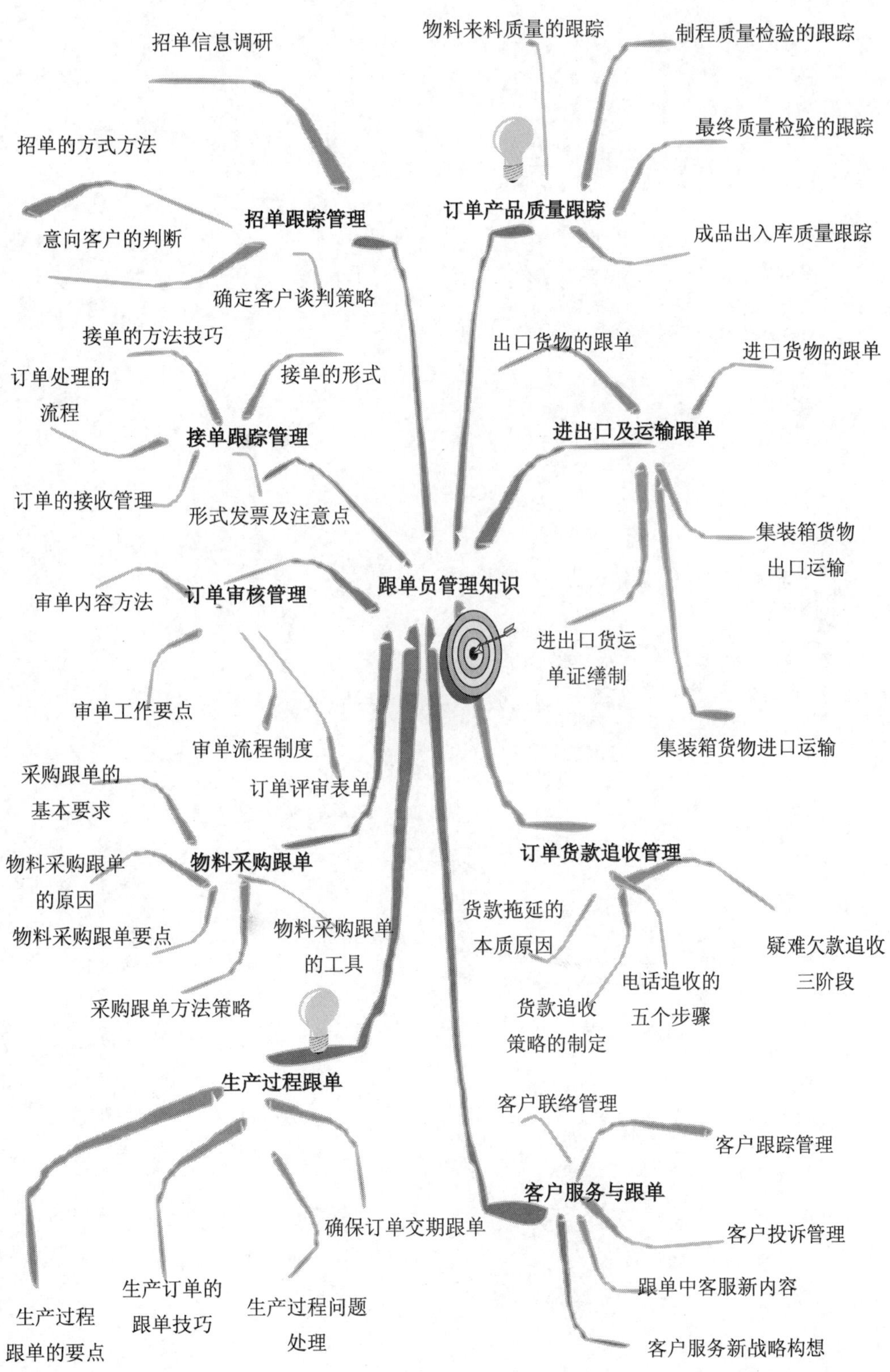

跟单员管理知识

招单跟踪管理
- 招单信息调研
- 招单的方式方法
- 意向客户的判断
- 确定客户谈判策略

接单跟踪管理
- 接单的方法技巧
- 接单的形式
- 订单处理的流程
- 订单的接收管理
- 形式发票及注意点

订单审核管理
- 审单内容方法
- 审单工作要点
- 审单流程制度
- 订单评审表单

物料采购跟单
- 采购跟单的基本要求
- 物料采购跟单的原因
- 物料采购跟单要点
- 物料采购跟单的工具
- 采购跟单方法策略

生产过程跟单
- 生产过程跟单的要点
- 生产订单的跟单技巧
- 生产过程问题处理
- 确保订单交期跟单

订单产品质量跟踪
- 物料来料质量的跟踪
- 制程质量检验的跟踪
- 最终质量检验的跟踪
- 成品出入库质量跟踪

进出口及运输跟单
- 出口货物的跟单
- 进口货物的跟单
- 集装箱货物出口运输
- 进出口货运单证缮制
- 集装箱货物进口运输

订单货款追收管理
- 货款拖延的本质原因
- 疑难欠款追收三阶段
- 电话追收的五个步骤
- 货款追收策略的制定

客户服务与跟单
- 客户联络管理
- 客户跟踪管理
- 客户投诉管理
- 跟单中客服新内容
- 客户服务新战略构想

第1章

优秀跟单员基本认知

1.1 跟单员及工作介绍

1.1.1 跟单员定义发展

企业的生存与发展都是以订单为主线的,因此跟单工作的好坏对企业至关重要。在企业中,负责订单的跟进人员可统称为跟单员。因此,可以对跟单员做以下定义:

所谓跟单员,是指在企业运作过程中,以客户订单为依据,跟踪产品或服务运作流向的专职人员,是企业内各部门之间及企业与客户之间相互联系的中间枢纽。所有围绕着订单工作,对出货交期负责的人都是跟单员。

跟单员工作涉及企业的多个环节,便于积累工作经验和管理知识,具备了一定经验以后,跟单员可以发展为跟单经理、总经理。业绩突出的跟单员,在具备相应的工作经验、积累丰富的管理技能、拥有一定规模的客户群后也可尝试自主创业。

1.1.2 跟单员工作界定

不管是外贸公司的跟单员,还是工厂企业里的跟单员,他们的基本职责都是由"业务跟单"和"生产跟单"两部分构成。因此,我们可以对跟单员的工作做如下界定,具体如图1—1所示。

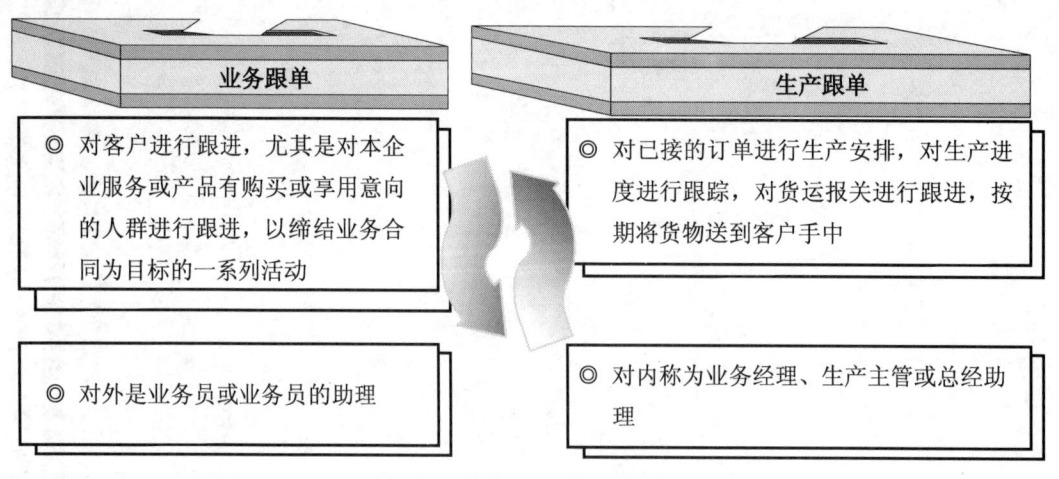

图1—1 跟单员工作界定

1.1.3 跟单员工作特点

跟单员的工作几乎涉及企业的每一个环节,从销售、生产、物料、财务、人事到总务都会有跟单员的身影出现。跟单员的工作是复杂的、全方位的。具体来说,跟单员的工作有以下五个特点,如图1—2所示。

1. 责任大、权利小
◎ 跟单员的工作是建立在订单与客户基础上的,其责任十分重大,因为订单就是企业的生命,客户就是企业的上帝,失去订单与客户将危及企业生存
◎ 同时跟单员的权利却非常小,可以说是毫无职权,只是一个办事员而已。跟单员完成其责任的权利不是来自其职权,而是来自其所做的工作

2. 工作重心在于沟通协调
◎ 跟单员与客户、计划部门、生产部门等许多部门的工作是一种沟通与协调,都是在完成订单的前提下进行的与人沟通的工作

3. 是客户的参谋
◎ 跟单员掌握着大量的客户资料,对客户的需求比较熟悉。同时也了解企业的生产情况,因此对客户的订单可以提出意见,以利于客户订货

4. 工作节奏多变、快速
◎ 跟单员面对的客户来自各地区,他们的工作方式、作息时间、工作节奏各不相同,因此跟单员的工作节奏应是多变的
◎ 另外,客户的需求是多样的。有时客户的订单虽是小批量的,但却要及时出货,这就要求跟单员的工作效率是快速的

5. 工作是综合性的
◎ 跟单员工作涉及企业所有部门,由此决定了其工作的综合性。对外,跟单员执行的是销售人员的职责;对内,跟单员执行的是生产管理协调的职责
◎ 所以跟单员必须熟悉进出口贸易的实务和工厂的生产运作流程

图1—2 跟单员工作的五大特点

1.1.4 跟单员主要工作

跟单员的工作内容主要有九项,具体如图1—3所示。

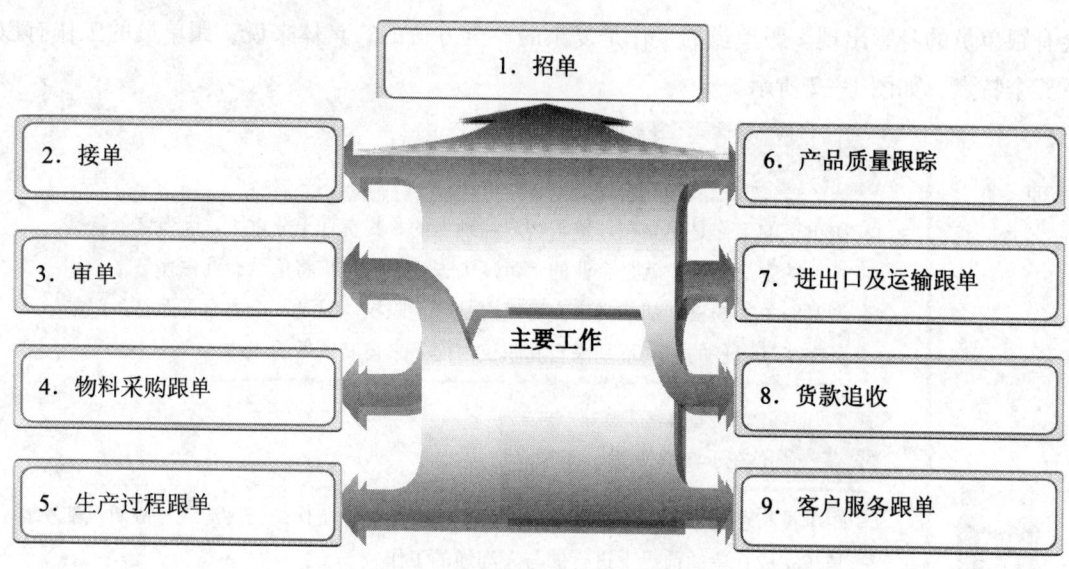

图1—3 跟单员主要工作体系

1.2 跟单员的岗位职责

1.2.1 业务跟单员职责

业务跟单员的工作不仅仅是被动地接受订单,更要主动地进行业务开拓,对准客户实施推销跟进,以达成订单,即进行业务跟单。因此,业务跟单应承担以下七项主要职责,具体见表1—1。

表1—1　　　　　　　　　　业务跟单员职责一览表

序号	职责	职责说明
1	寻找客户	跟单员通过各种途径寻找新客户或跟踪主要客户
2	设定目标	跟单员应决定怎样在准客户与现实客户中分配工作时间
3	传播信息	跟单员应熟练地将企业产品的相关信息传递出去
4	推销产品	跟单员应与客户接洽,演示产品,回答客户的疑问并形成订单
5	提供服务	跟单员要为客户提供各种服务及咨询意见,加速交货
6	收集信息	跟单员要收集市场信息,进行市场调查
7	分配产品	在产品短缺时优先分配给主要客户

1.2.2 助理跟单员职责

跟单员在许多时候是扮演业务经理助理的角色。他们的主要职责是协助业务经理接待、管理、跟进客户。为此,助理跟单员必须承担以下十项工作职责,具体如图1—4所示。

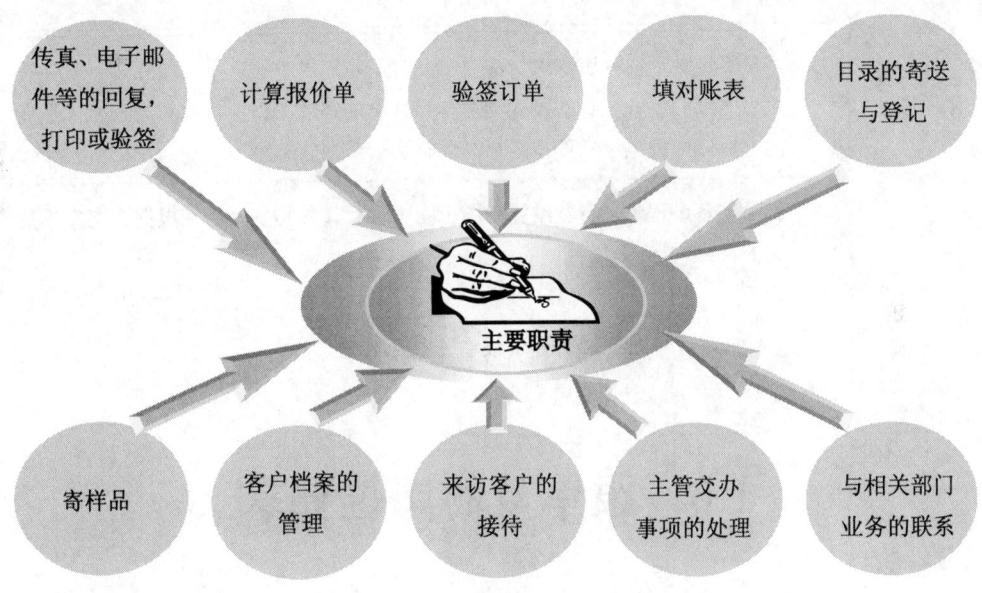

图1—4 助理跟单员主要职责

1.2.3 协调跟单员职责

协调跟单员应对客户所订产品的交货进行跟踪,即进行生产跟踪。跟踪的要点是生产进度、货物报关和装运等。因此,在小企业中,跟单员身兼数职,既是内勤员,又是生产计划员、物控员,还可能是采购员。在大企业,跟单员则代表企业的业务部门向生产制造部门催单要货,跟踪出货。

1.2.4 外贸跟单员职责

外贸跟单员是外贸业务的基础性人才之一。外贸跟单员的主要职责有四项,具体如图1—5所示。

1. 熟悉企业所经营的产品，准确报出销售价格

2. 积极主动与客户保持联系，促使客户及早下订单。对于需要样品的客户，及时寄送并查阅客户是否收到样品，确认客户收到样品后，应立即发信给客户，询问客户对样品的评价及是否有下订单的可能

3. 客户下订单后，外贸跟单员应在第一时间整理出中文订单，并立即下发到有关生产部门，并全身心投入到对客户订单的跟催工作中，如有客户交代不清的，应立即发电子邮件与客户书面确认

4. 产品准备过程中，货款结算问题也同步进行，货物备妥后，根据合同安排货物的最终发运

图1—5　外贸跟单员主要职责

1.3　跟单员的岗位要求

1.3.1　跟单员的必备知识

由于跟单员工作的重要性及特殊性，要求跟单员具有以下四方面的知识，具体如图1—6所示。

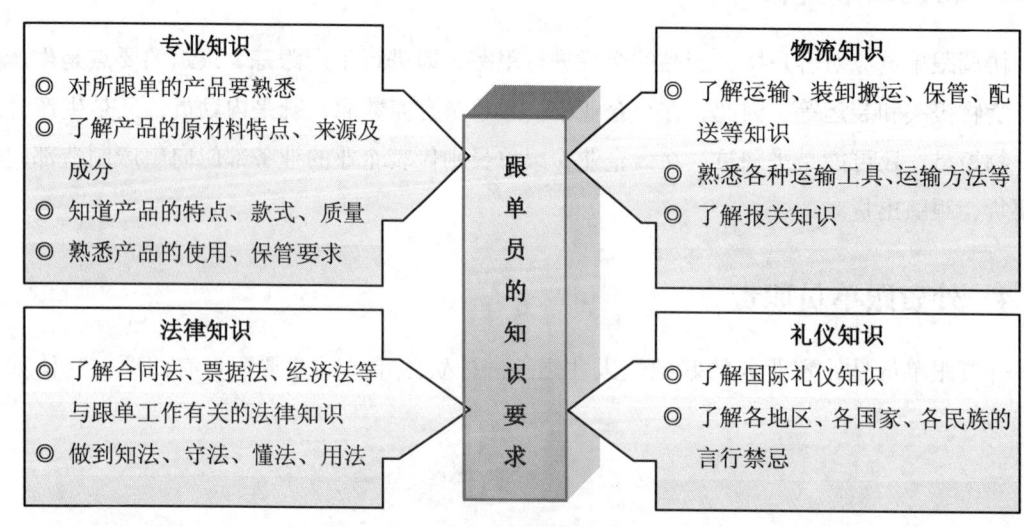

图1—6　跟单员的知识要求

1.3.2 跟单员的必备能力

跟单员的工作性质与特点决定了其从业的能力素质要求，具体来说，一个优秀的跟单员应具备以下七项能力，具体如图1—7所示。

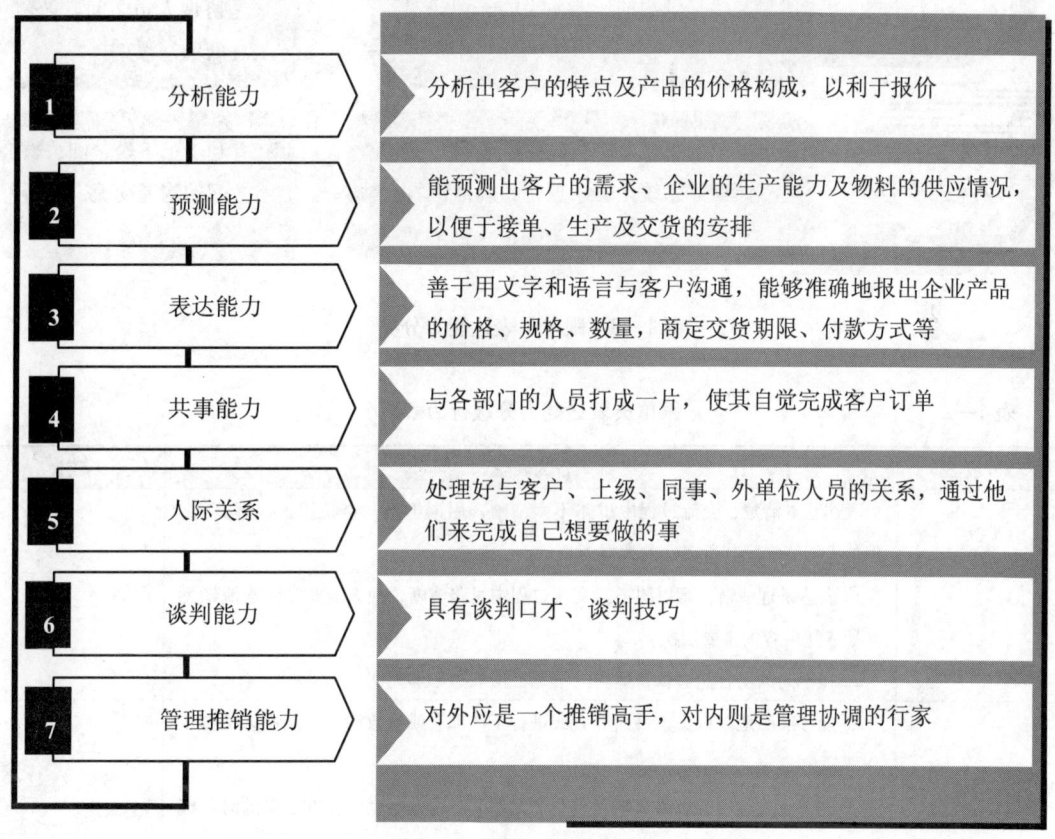

图1—7 跟单员的能力要求

由于跟单员工作的特殊性，在跟单员应具备的能力中，表达能力及共事能力显得尤为重要。

1. 表达能力

表达能力是指跟单员通过口头描述或书面文字表达自己意思的能力。跟单员的表达能力分为口头表达能力和文字表达能力，具体如图1—8所示。

根据跟单员的行为表现，表达能力具体可分为三个等级，见表1—2。

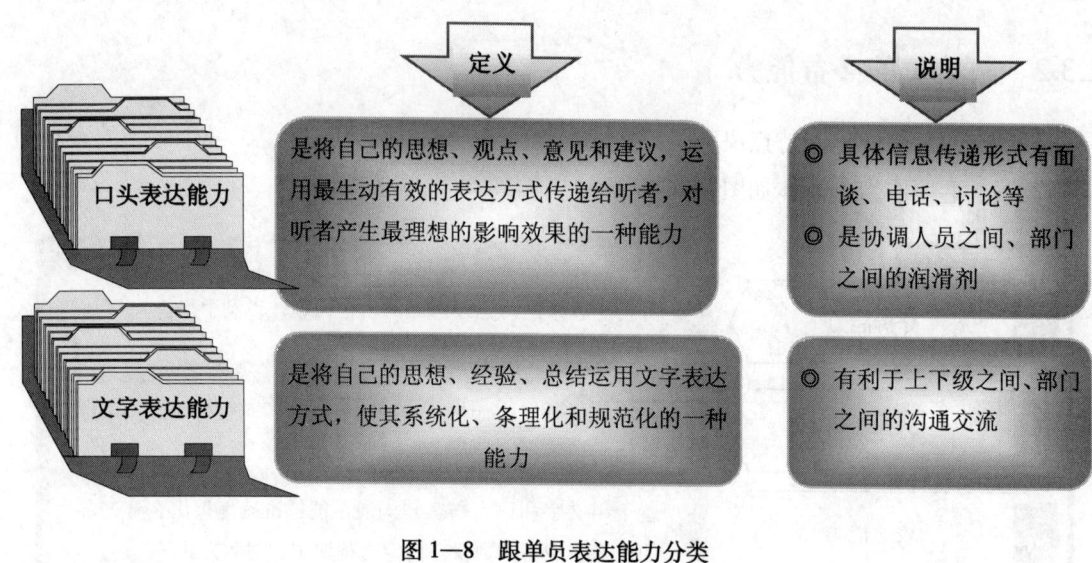

图 1—8 跟单员表达能力分类

表 1—2　　　　　　　　　跟单员表达能力分级行为表现

分级	行为表现	备注
1 级	表达基本清楚，交流过程中思路不太清晰，用词不当，容易让人误解其意，但他人能够知悉其所表达的大概意思	
2 级	1. 表达条理清晰，意思明了。交流过程中思路清晰，他人能非常明确地知悉其所表达内容的重要层次 2. 在不同的场合能够保持适当的语速，但表达不够简明	
3 级	1. 能够准确地以口头、书面等方式进行工作部署或有效沟通，能快速把握工作要领 2. 在交流过程中，思路清晰，表达简洁明了；语言生动，且在必要的时候能够配以手势或面部表情等来增强表达的效果；表达易于让人理解，有亲和力	

作为优秀的跟单员，应通过不断的学习和锻炼，努力使自己达到第 3 级的要求。

2. 共事能力

共事能力主要体现在跨部门工作方面。因跟单员的工作性质决定其往往需要与企业内外的部门、机构（如货代、商检、海关等）、人员等进行信息沟通和交流，开展业务合作，共同完成订单目标。因此，跟单员应具有良好的共事能力。

跟单员要想具有良好的共事能力，成为优秀的跟单员，应注意以下两点：

（1）要切实增强合作共事的意识。跟单员如果个性太强、不善于合作共事，整天孤军奋战、单打独斗，即使自己能力再强也很难收到好的效果，并且还容易让别人产生戒心、厌恶心，形成内耗。因此，作为一名跟单员必须要牢固树立合作共事的意识，想问题、做事情必须要以订单跟催目标为重，与其他部门及人员之间要相互尊重、相互支持、积极合作，努力营造一个善于合作共事的良好氛围。

（2）要善于协调，注重沟通。作为一名跟单员做好与相关部门及人员之间的协调和沟通，是合作共事的重要一环。因为加强协调和沟通是增进合作、化解矛盾、消除误会、建立良好关系的有效途径和方法。

跟单员要想做好沟通协调工作，应把握以下三个窍门，具体如图1—9所示。

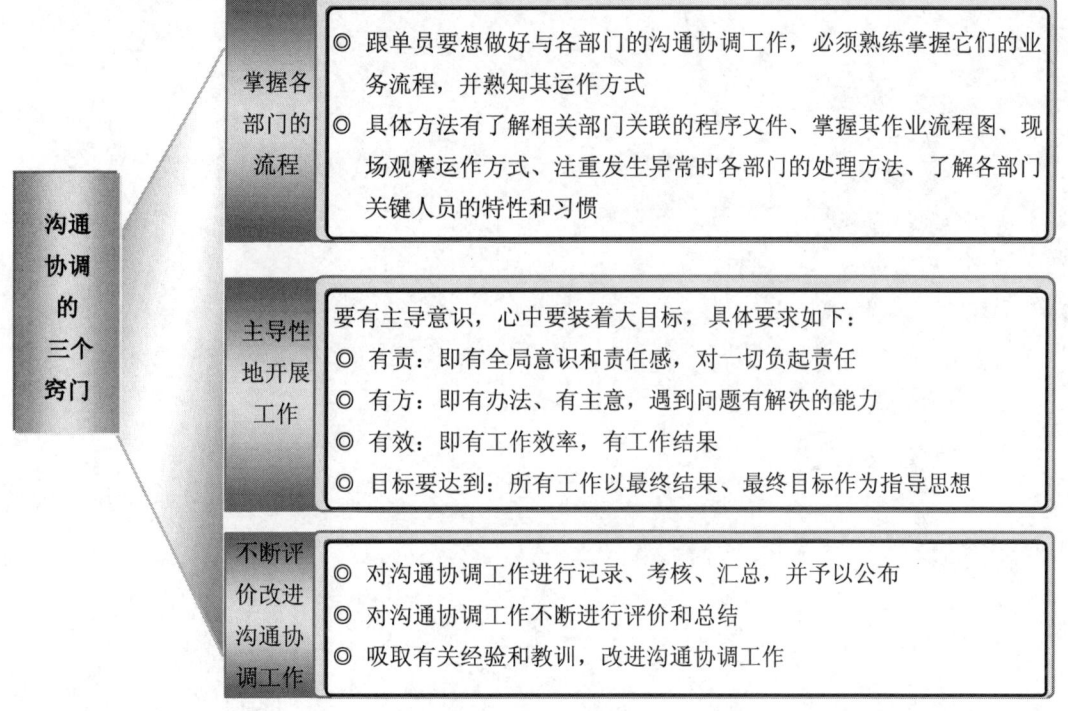

图1—9　跟单员做好沟通协调工作的三个窍门

1.3.3　跟单员的必备素质

作为一名跟单员，必须遵从这一行业岗位的职业素质要求。

（1）充分认识到跟单工作的重要性，以具有高度的工作责任心自觉地维护国家和企业利益；尊重与跟单工作相关的单位和部门的合法利益，维护产品的声誉和企业的形象，确保正确、完整、及时、简洁地制单和交单，安全收汇。

（2）要有优良的服务意识和合作意识，不能以跟单工作重要为借口，形成以自我为中心的工作方式；要有全局意识，从全局出发，正确协调和处理好本企业与其他企业及部门的关系，相互合作、相互支持，共同提高工作质量和工作效率。

（3）爱岗敬业，认真负责，精益求精。

（4）与企业其他部门及人员或外部单位打交道时，应做到守信，这样更有利于跟单员日后工作的开展。

（5）自觉遵守本企业的各项规章制度及工作纪律。禁止利用职权或已获悉的信息，谋取私利，损害企业甚至国家利益。

第2章

招单跟踪管理

2.1 招单信息调研

2.1.1 市场调查的种类

市场调查是指运用科学的方法，有目的、系统地搜集、记录、整理有关市场营销信息和资料，分析市场情况，了解市场的现状及其发展趋势，为市场预测和订单营销决策提供客观、正确资料的管理活动。市场调查的种类因划分依据不同而不同，下面着重介绍依据调查内容和调查市场范围划分的市场调查。

根据调查内容不同，可将市场调查分为市场需求调查、市场环境调查和市场营销事务调查。市场调查导图如图2—1所示。

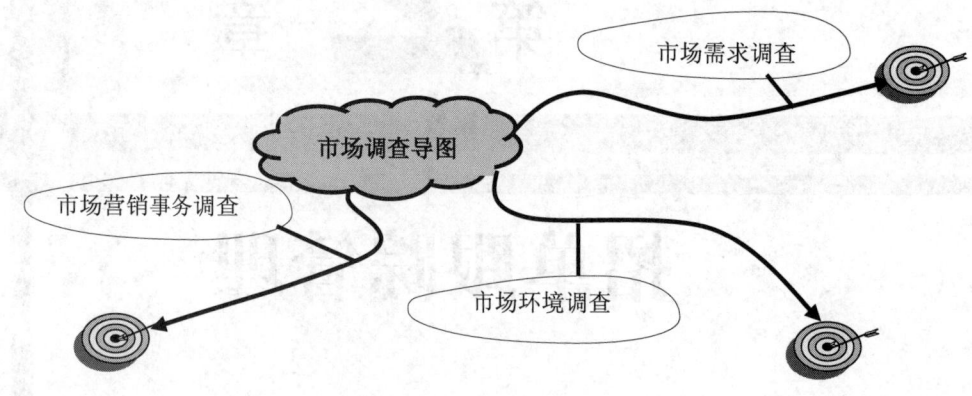

图2—1 市场调查导图

根据调查市场范围不同，可将市场调查分为全面市场调查、重点市场调查、典型市场调查和抽样市场调查。市场调查方式导图如图2—2所示。

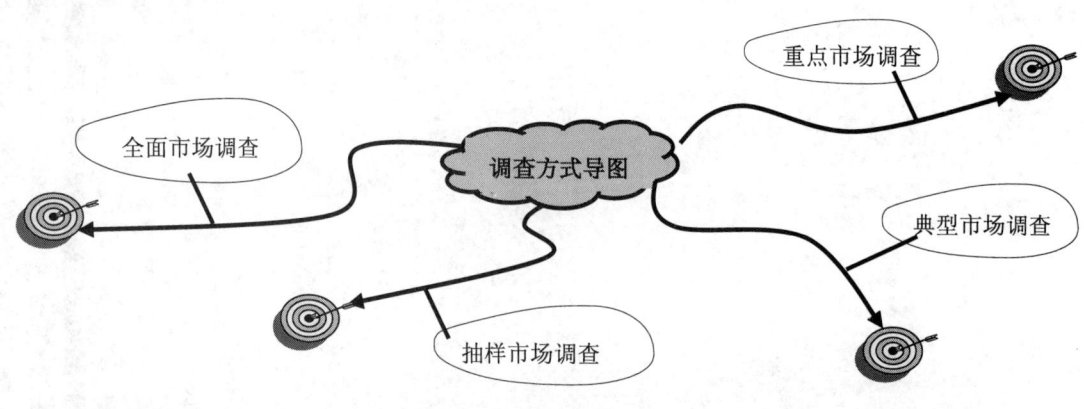

图2—2 市场调查方式导图

2.1.2 市场调查的情形

跟单员在确定是否必须进行招单信息调研时,应对企业产品现状和问题性质进行分析。当出现以下四种情形时,跟单员应进行市场调查,具体内容如图2—3所示。

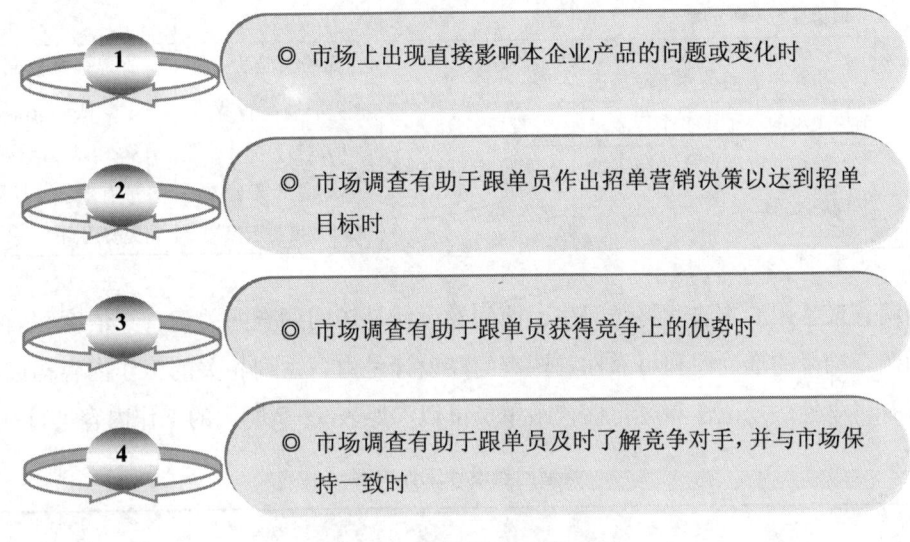

图2—3 适用市场调查的情形

2.1.3 市场调查的方法

市场调查的方法是指通过什么方式来收集产品与客户资料,一般市场调查中经常会用到的调查方法有访问法、观察法、实验法等,有些方法还可采取不同的方式,如访问法可采用电话访问、面谈、邮寄访问等。

跟单员在确定调研方法时一定要根据实际情况,采取既适于调研问题和目标,又具有经济可行性的方法。具体的方法说明见表2—1。

表2—1　　　　　　　　　　市场调查方法说明

调研方法	含义	方法细分	优点	缺点
访问法	将事先拟订的调查项目或问题以问卷等方式向被调查者提出,要求其给予答复,由此获取被调查者或客户的动机、意向、态度等方面的信息	个人访谈 电话访问 邮寄访问	常用的调查方法 收集第一手资料 最普通的方法	成本较高 操作专业要求较高

续表

调研方法	含义	方法细分	优点	缺点
观察法	由跟单员直接或通过在现场的仪器观察被调查对象的行为动态并加以记录,以获取信息的一种方法	人工观察 非人工观察	可以观察到客户的真实行为特征	无法观察到内部因素
实验法	指在控制的条件下对所研究现象的一个或多个因素进行操纵,以测定这些因素之间的关系	现场实验法 实验室实验法	现场实验法:科学、能够获得较真实的资料 实验室实验法:内部效度易于保持	前者很难控制市场变量,影响实验结果内部的有效性;后者较难以维持外部有效度,且周期长,研究费用高

市场调查最常用的方法就是访问法,而问卷设计是访问调查的关键,其信度和效度会直接影响到调查结果的准确性和可靠性。调查问卷设计是由一系列相关的工作内容构成的。为使问卷具有科学性、规范性和可行性,跟单员可以参照表2—2所示的工作内容进行。

表2—2　　　　　　　　　调查问卷设计工作内容

序号	步骤	具体说明
1	确定调研目的	◆明确究竟需要些什么数据 ◆询问的目标应当尽可能精确、清楚
2	确定数据收集方法	◆获得询问数据可以有多种方法,主要有人员访问、电话调查、邮寄调查与自我管理访问,每一种方法对问卷设计都有影响 ◆上街进行人员访问有时间上的限制 ◆电话调查经常需要丰富的词汇来描述一种概念以肯定应答者理解了正在讨论的问题
3	确定问题回答形式	◆确定合适的问题回答形式 ◆开放式问题没有对应答者的选择进行任何限制 ◆封闭式问题是一种需要应答者从一系列应答项做出选择的问题
4	决定问题的措辞	◆用词必须清楚,避免诱导性的用语,同时需考虑应答者回答问题的能力和应答者回答问题的意愿
5	确定问卷流程和编排	◆问卷不能任意编排,问卷每一部分位置安排都具有一定的逻辑性 ◆问卷逻辑联系越紧密,跟单员越可能得到完整彻底的访谈,同时,应答者的答案越仔细
6	评价问卷和编排	◆问卷草稿设计好后,跟单员应对问卷再做一些批评性评估
7	获得上级领导认可	◆将草稿的复印件交上级领导审核,审核通过则可运用此问卷来进行调研

续表

序号	步骤	具体说明
8	预先测试和修订	◆当问卷已经获得上级领导审核后,还必须进行预先测试 ◆在没有进行预先测试前,不应当进行正式的询问调查,通过访问寻找问卷中存在的错误解释和不连贯的地方 ◆在预先测试完成后,对任何需要改变的地方都应当切实修改,并在进行实地调研前再一次交上级领导审核
9	准备最后的问卷	◆对最终确认的问卷进行校对,确保问卷准确无误后进行打印

2.1.4 调研信息的分析

调研信息的分析是指运用适当的统计方法对收集来的第一手资料和二手资料进行分析,以提取有用信息和形成结论而对数据加以详细研究和概括总结的过程。

跟单员将所有有效的数据整理后录入统计工具中,然后选择数据分析方法。在选择数据分析方法的过程中,跟单员应考虑调查目的,明确期望得到的分析结果,结合分析方法的适用条件选择正确的方法。调研数据的分析方法大致分为定性分析和定量分析两种。

1. 定性分析方法

定性分析方法的具体内容见表2—3。

表2—3　　　　　　　　定性分析方法一览表

方法	说明	特点/分类/内容
归纳分析	◇从个别事件推导出一般规律的方法	◆能体现众多事物的根本规律,且能体现事物的共性,但是通常做不到完全归纳
演绎分析	◇从普遍性结论推导出个别性结论的论证方法	◆从定义或根本规律出发,一步步递推,逻辑严密,结论可靠,能体现事物的特性,但是缩小了范围,根本规律的作用得不到充分展现
比较分析	◇比较事物之间的区别和联系,为进一步分类提供依据	◆比较法分为纵向比较法、横向比较法、纵横结合比较法与理论和事实相比较的方法
结构分析	◇通过分析某事物的结构和各组成部分的功能认识其本质的论证方法	◆结构分析的主要内容包括分析构成要素、分析要素功能和分析整体功能

2. 定量分析方法

(1) 确定性分析。确定性分析的具体内容见表2—4。

表 2—4　　　　　　　　　　　确定性分析方法一览表

确定性分析	内容	用途/分类
描述性统计分析	频数分析	◇ 利用频数分析可以检验异常值，也可以发现一些统计规律
	集中趋势分析	◇ 集中趋势值：平均数、中位数、众数
	离散程度分析	◇ 常用指标：方差和标准差
	正态分布分析	◇ 常用指标：偏度、峰度
推断性统计分析	假设检验	◇ 分为参数检验和非参数检验 ◇ 参数检验常用方法：平均数差异显著性检验 ◇ 非参数检验常用方法：t 检验、u 检验、方差分析
	总体参数估计	◇ 总体均值和方差的点估计　　◇ 抽样误差和标准误差 ◇ 总体均值的区间估计　　　　◇ 总体方差的区间估计

（2）不确定性分析。不确定性分析是指对事件的各种无法控制的外部因素变化与影响所进行的研究和估计。不确定性分析常用的方法有盈亏平衡分析、敏感性分析和概率分析，具体见表 2—5。

表 2—5　　　　　　　　　　　不确定性分析方法

不确定性分析	说明
盈亏平衡分析	◇ 盈亏平衡分析是根据产品的产量、成本和利润之间的相互制约关系，预测利润、控制成本的分析方法
敏感性分析	◇ 敏感性分析是通过计算一个或多个不确定因素的变化所导致的评价指标的变化幅度，分析各个因素的变化对预期目标的影响程度，为决策提供依据
概率分析	◇ 概率分析是通过研究各种不确定性因素发生不同变动幅度的概率及其对指标的影响，对项目（事件）的可行性和风险性作出判断的方法

2.1.5　调研预测的方法

调研预测就是运用科学的方法，对影响市场供求变化的诸因素进行调查研究，分析和预见其发展趋势，掌握市场供求变化的规律，为跟单决策提供可靠的依据。调研预测常用的方法见表 2—6。

表 2—6　　　　　　　　　　　　　　调研预测的常用方法

	预测方法	方法简介	适用范围	需要的资料	精确度	预测所用时间
定性方法	专家会议法	组织有关方面专家，通过会议形式进行预测，综合专家意见，得出结论	长期预测	市场历史发展资料和信息	较好	较长
	德尔菲法	专家会议法的发展，对专家匿名调查，多轮反馈整理，对结果进行统计分析	长期预测	将专家意见综合分析与处理	较好	长
	类推预测法	运用事物发展相似性原理，对相互类似产品的出现和发展过程进行对比性分析	长期预测	多年历史资料	尚好	一般
定量方法	时间序列分析 - 移动平均法	为消除不规律性影响，取时间序列中连续几个数据值的平均值	短期预测	数据最低要求 5~10 个	尚好	短
	时间序列分析 - 指数平滑法	与移动平均法相似，考虑历史数据远近期作用的不同，给予不同的权重，要求数据量少	短期预测	数据最低要求 5~10 个	较好	短
	时间序列分析 - 趋势外推法	运用数学模型，拟合一条趋势线，外推未来事物的发展	短、中期预测	至少 5 年数据	短期好，中期较好	短
	因果分析 - 回归分析法	运用因果关系建立回归分析模型，包括一元线性回归、多元线性回归和非线性回归等	短、中、长期预测	需要几年数据	很好	取决于分析能力
	因果分析 - 消费系数法	对产品在各行业消费进行分析，结合行业规划，预测需求总量	短、中、长期预测	需要几年数据	很好	取决于分析能力
	因果分析 - 弹性系数法	运用两个变量之间的弹性系数进行预测	短、中、长期预测	需要几年数据	较好	短

2.2 招单的方式方法

2.2.1 产品的介绍方法

跟单员要学习产品知识,做到精通产品各方面的知识,抓住产品的核心卖点及与竞争产品的对比优势等,以便为客户介绍产品,塑造自己的专业形象。

1. 掌握各种产品知识

跟单员应掌握产品的相关知识,客户在选择产品时,需要的并不是跟单人员,而是一名提供购买建议的专家,跟单员要胜任这一角色,必须掌握以下产品知识,具体如图2—4所示。

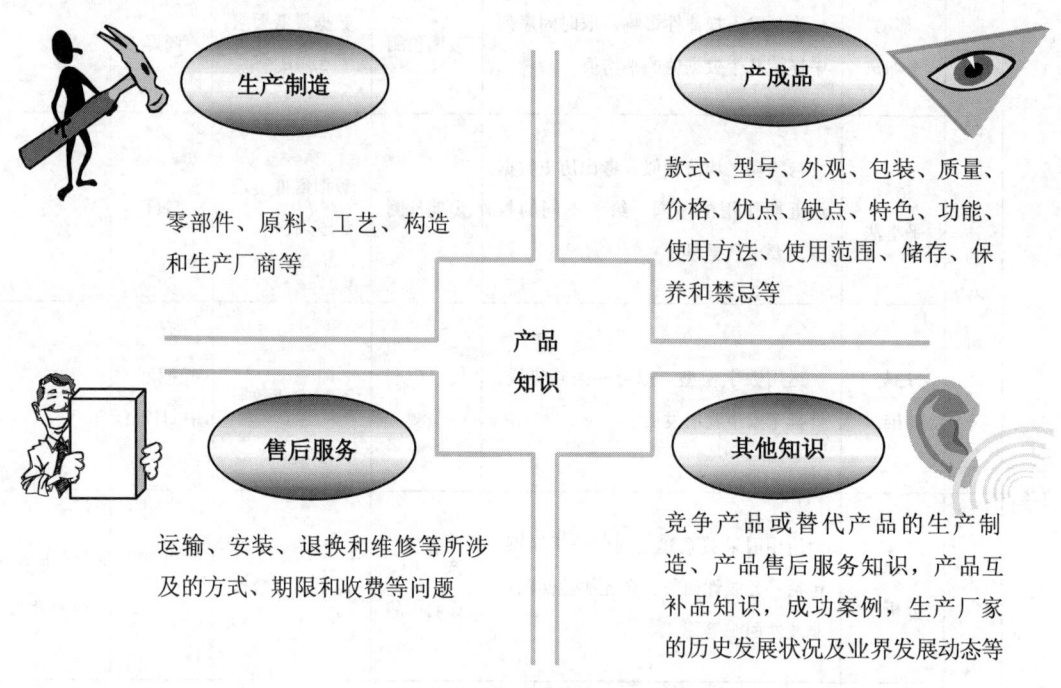

图2—4 跟单员应掌握的产品知识

2. 找准核心卖点

市场上的产品种类繁多,客户在购买某种产品之前,往往会先去了解不同的产品,这就要求跟单员在介绍产品时要主次分明,把握住产品的核心卖点,使客户对产品有一个清晰、全面的认识,这样才能吸引客户。跟单员只有清楚地了解产品的卖点,才能很好地向客户介绍产品。一般来说,产品的卖点有以下四个方面的内容,具体如图2—5所示。

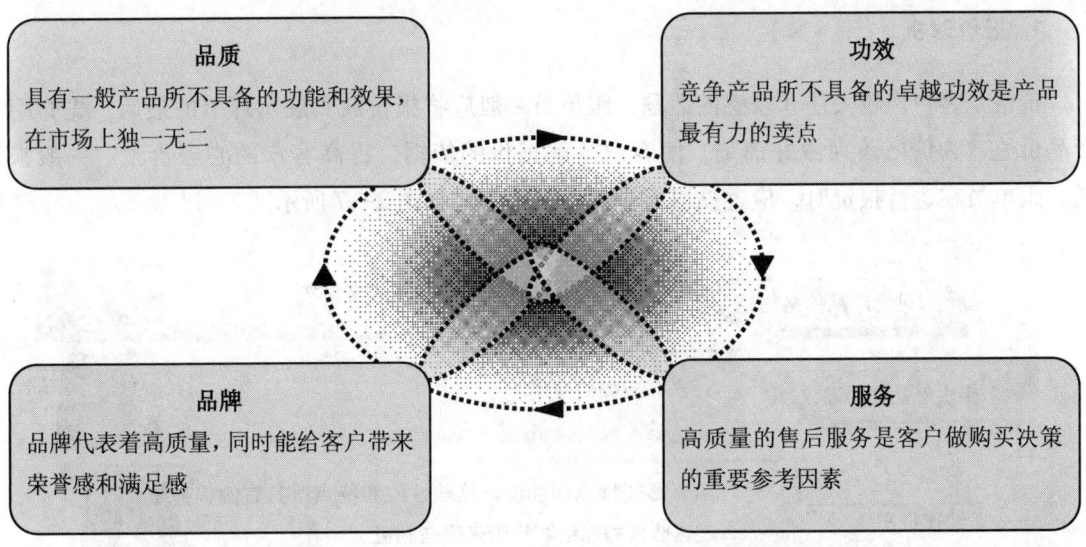

图2—5　跟单员常用的产品卖点

一般来说,寻找和提炼产品卖点要参考以下四个方面的内容,具体如图2—6所示。

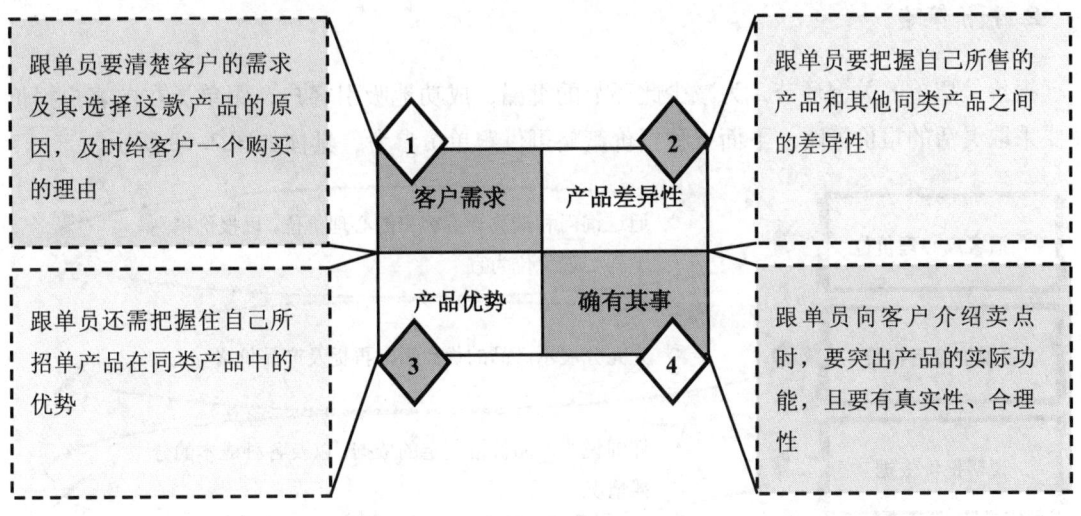

图2—6　提炼产品卖点的出发点

2.2.2　报价的时机策略

在招单的过程中,跟单员不要在向客户展示产品时就急于告诉客户产品的价格,而是应该等到时机成熟的时候再报价。因为大多数客户对价格还是比较敏感的,若跟单员过早地报出价格,客户很有可能在不了解情况时就放弃某些性能好但价格偏高的产品。因此,跟单员在给出报价的时候,一定要掌握好报价的方式技巧。

1. 报价时机

价格是客户比较关注和敏感的话题,跟单员一般应将报价放到展示环节的最后,先介绍产品价值,为价格谈判做好铺垫,使客户了解报价的依据,提高客户的心理价位。一般来说,跟单员在进行报价时,应遵循以下步骤,具体内容如图2—7所示。

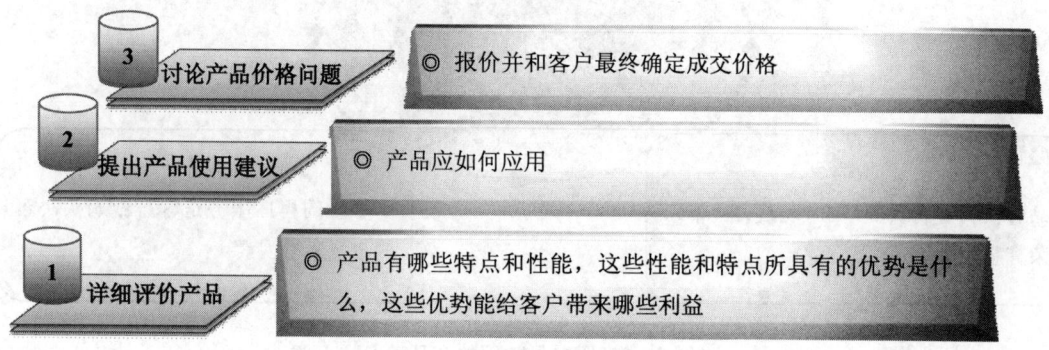

图2—7　向客户报价的步骤

2. 报价策略

报价是招单的关键环节,为减少此环节的纰漏,成功地吸引客户,跟单员在向客户报价时要采取灵活的报价策略。下面五种报价策略可供跟单员参考,具体如图2—8所示。

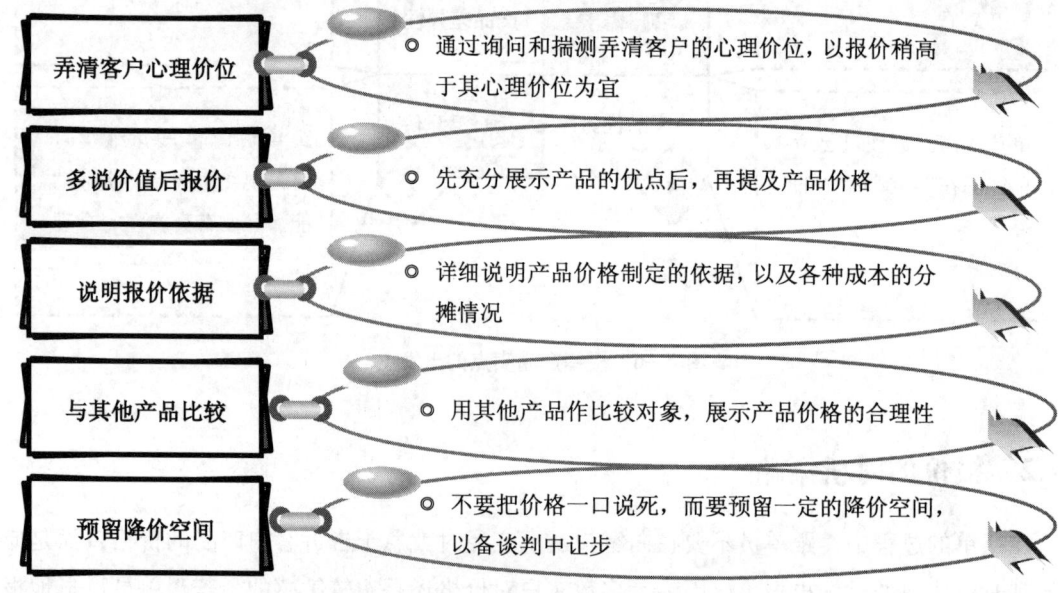

图2—8　跟单员报价的五种策略

2.2.3 样品的展示技巧

样品展示是指把客户引领到样品前,透过对实物的观看、操作,让客户充分地了解产品的外观和操作方法、具有的功能以及能给客户带来的利益,借以达成销售的目的。

1. 样品展示的形式

跟单员一般可以通过以下三种形式,进行样品展示的活动,具体如图2—9所示。

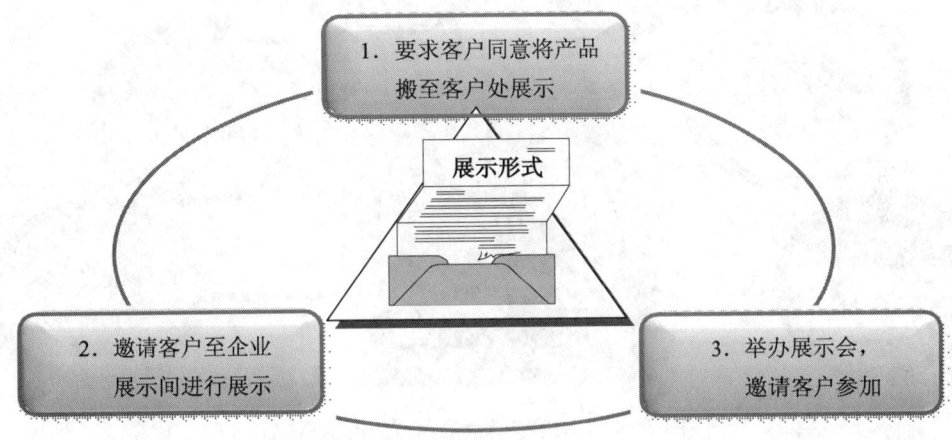

图2—9　样品展示的三种形式

跟单员在样品展示的过程中,通过引导客户使用或亲自操作样品,让客户亲自感受到产品的价值。在邀请客户参与展示时,跟单员需要注意从以下三个方面鼓励客户参与,具体内容如图2—10所示。

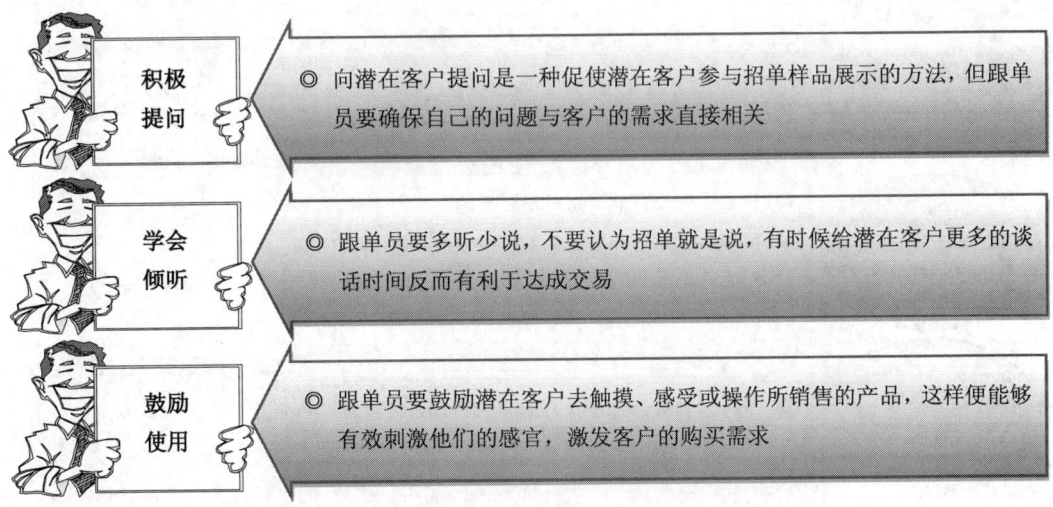

图2—10　鼓励客户参与产品体验的注意事项

2. 样品展示的方法

跟单员在向客户展示样品时，应简单明了地介绍产品，找到最好的展示方法。跟单员选择展示方法的依据如图2—11所示。

图2—11　跟单员选择展示方法的依据

常见的样品展示方法有四种，具体如图2—12所示。

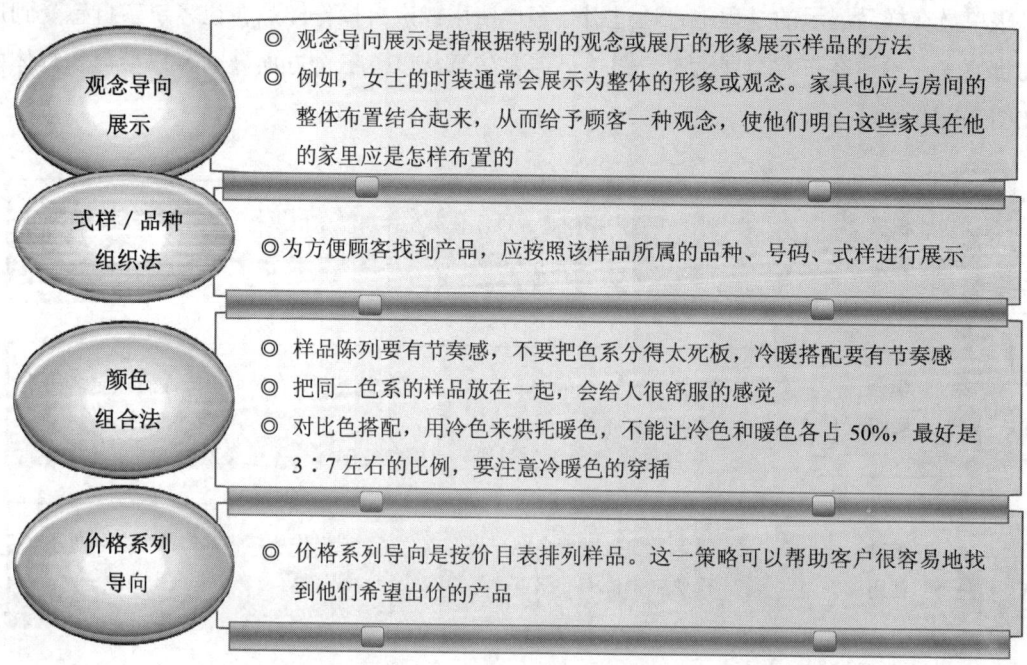

图2—12　样品展示的方法

3. 样品展示的注意事项

跟单员在展示样品时，需要注意的事项从下图中可以略知一二。

先生，我帮您介绍下这款电视机吧！

好啊！

我得表现得专业点！

解码器采用××，技术……

这款电视机的主板由德国先进的SWR生产线生产……

啰里啰嗦些没用的！

跟单员在展示样品时，应注意以下六项事项，具体如图2—13所示。

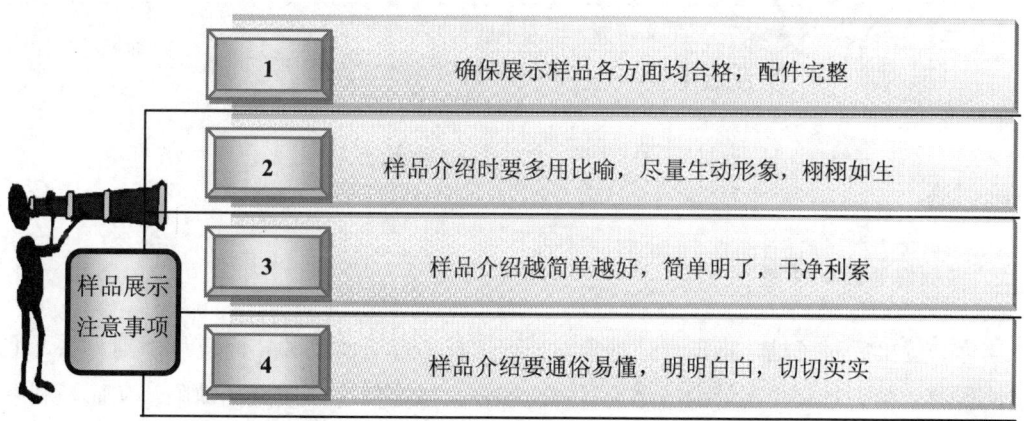

样品展示注意事项	1	确保展示样品各方面均合格，配件完整
	2	样品介绍时要多用比喻，尽量生动形象，栩栩如生
	3	样品介绍越简单越好，简单明了，干净利索
	4	样品介绍要通俗易懂，明明白白，切切实实

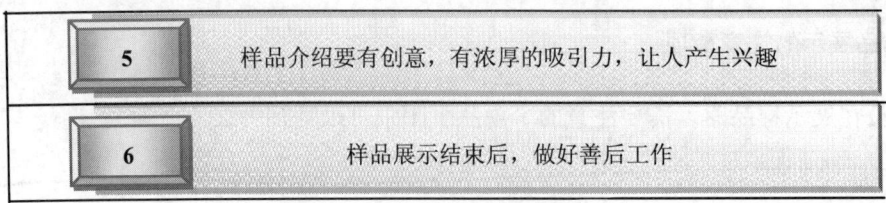

图 2—13 样品展示的注意事项

2.2.4 缺陷的介绍技巧

跟单员在产品介绍中应注意不要过分夸张，因为任何产品都不是绝对完美的，总是或多或少存在一些缺陷和瑕疵。因此，跟单员在向客户展示产品时，不能掩饰、隐藏缺陷，要巧妙地弥补、转化缺陷，以增加客户的信任感，进而降低缺陷的"危险系数"。

1. 巧妙介绍产品缺陷

跟单员在向客户介绍产品时，应根据客户的接受心理，巧妙地介绍产品。具体可遵循以下三个步骤，如图 2—14 所示。

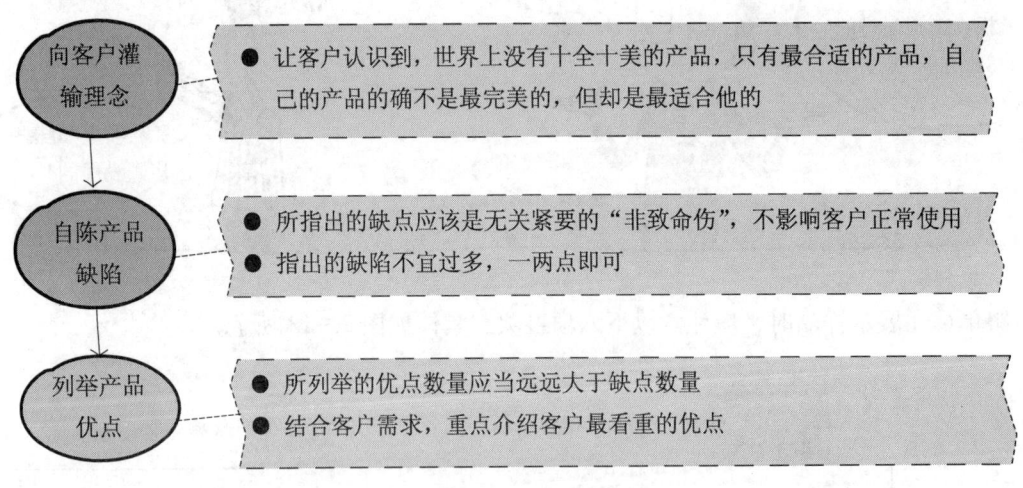

图 2—14 介绍产品的步骤

2. 多列好处转化缺陷

当客户提出反对意见、指出产品缺陷时，跟单员不宜正面反驳，而应从外围入手，渲染产品的好处，用大量客户认可的产品利益打动客户，掩盖掉客户质疑的缺陷，从而顺利拿到订单。其具体方法可参考图 2—15 所示的内容。

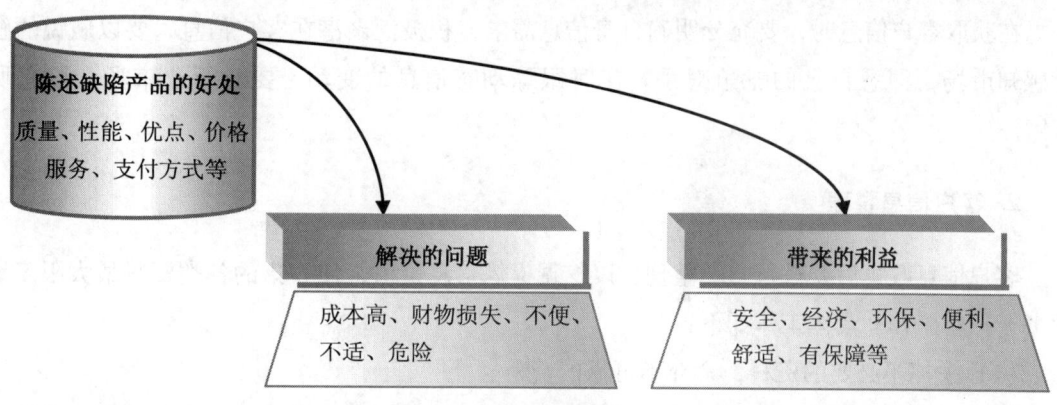

图 2—15　转化缺陷的方法

2.3　意向客户的判断

2.3.1　收集客户信息

在招单过程中，跟单员想要成功拿到订单，就要不断地收集客户信息，去挖掘及开拓客户，然后进行意向客户判断，根据判断结果，采取相应的措施。

1. 客户信息收集

客户信息包括基本信息、具体联系方式、企业与客户的接触记录等。客户信息可通过多种方式进行收集，具体收集方式主要有信息购买、信息租用、信息合作与信息调查等，其方式的具体说明及适用情况如图 2—16 所示。

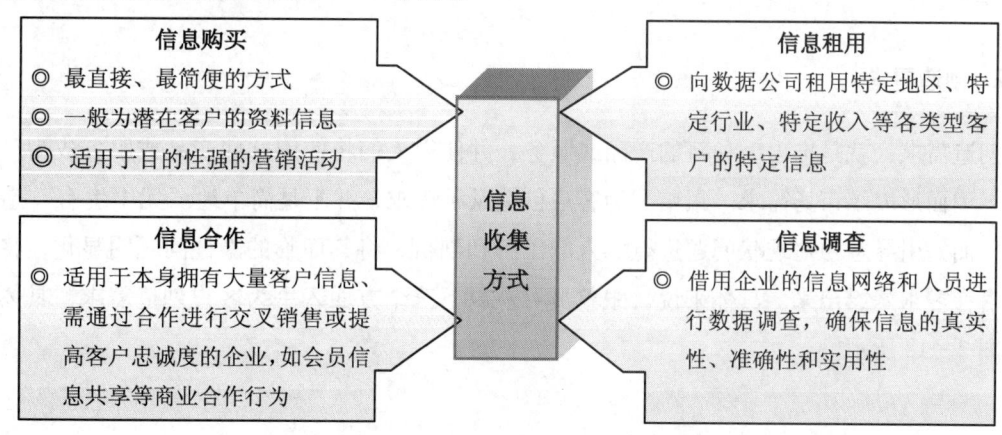

图 2—16　客户信息收集的方式

在获取客户信息时，要充分明确自身信息需求，积极汇聚潜在客户信息，要以敏锐的触觉感知市场，洞悉自己的竞争对手，实时跟踪动态信息的变动，要对行业市场全貌有所了解。

2. 客户信息整理

客户信息收集后要进行归类整理，以挖掘提炼信息价值，使收集的各类资料最大限度地服务于招单工作。具体工作如下：

（1）去掉不必要的资料，舍弃不可靠的资料。

（2）对有价值的资料进行评价，必要时做出摘要，同时检查资料中存在的错误，找出资料的出处或原始资料。

（3）将有效的资料整理成统一的形式，并进行进一步分析利用。

2.3.2　挖掘客户需求

面对客户，跟单员不能急于推销，而应先了解客户的购买心理和需求，然后引导、启发、唤醒客户的需求，再循序渐进地进行推销。具体可采取以下两种策略：

1. 发现需求

客户回答说"不需要"或"没有购买计划"时，可能是客户没有认识到和发现自己的需要，对此，跟单员应通过深入全面的调查了解，发现他们的需求，然后从关心和服务的角度出发，通过摆事实、讲道理，让客户认识并发现自己的需求。

由于客户对需求的意识程度很复杂，有些需求他们能意识到，有些需求他们则意识不到。通常来说，客户对需求的意识程度有以下三个层次，跟单员应区别对待，具体如图2—17所示。

2. 创造需求

创造需求，就是推出一种新的产品或服务，并使得人们将使用这些产品或服务成为一种习惯，因而形成了市场需求。跟单员为客户创造某种需求，并不是简单地"无中生有"造出来的，而是引导客户对现状问题进行深入的了解和剖析，将其面临的隐性问题明显化，将客户的潜在需求暴露出来。具体来说，跟单员可从以下三个方面入手为客户创造需求，具体内容如图2—18所示。

1 有意识需求层次

◎ 客户完全了解自己的需求，他们知道自己需要什么

◎ 向这样的客户招单最容易，因为客户愿意谈论自己的需求

2 潜意识需求层次

◎ 客户不完全了解自己的需求或知道自己的需求，但不愿意细谈，甚至以虚假理由拒绝

◎ 跟单员应通过各种途径消除客户的防备心理，了解其真实购买需求

3 无意识需求层次

◎ 客户根本不知道自己有需求

◎ 客户的购买动机可能经过了长期的发掘或压抑，这时跟单员要找出其中最有影响力的购买动机

◎ 跟单员可通过技巧性发问来激发客户的购买需求

客户对需求的意识程度

图 2—17　客户对需求的意识程度及相应对策

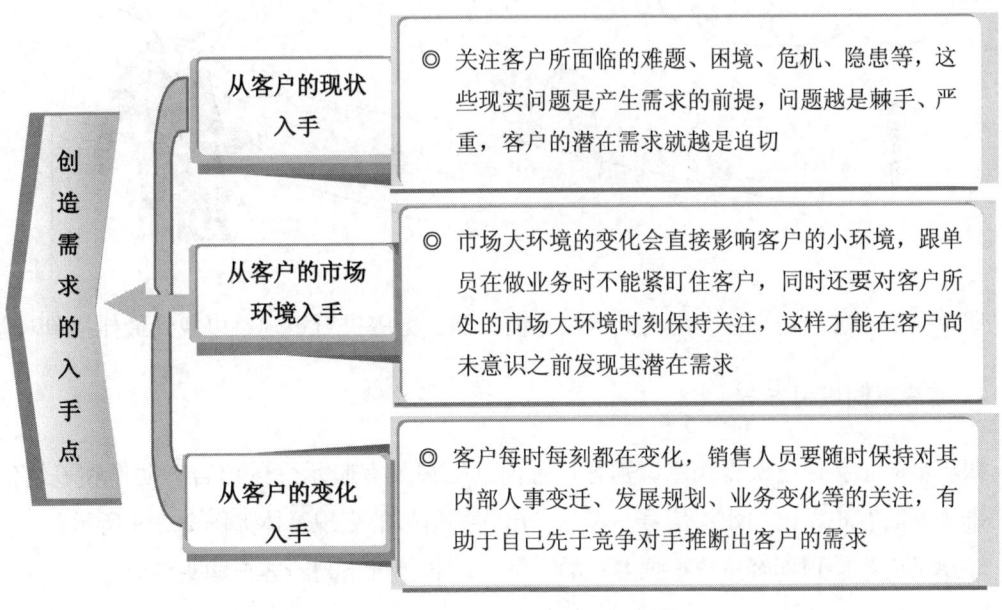

图 2—18　客户对需求的意识程度

2.3.3 客户意向识别

跟单员挖掘客户需求后,应对其购买意向、购买力等进行识别,以找到最佳招单对象。

1. 客户意向识别方法

跟单员应学会通过察言观色识别客户意向,把握具有暗示性的语言、动作和表情信号,从而准确判断客户发出的购买信号。客户发出购买信号的表现具体如图 2—19 所示。

跟单员应学会识别客户,根据客户的一举一动和言行来判断客户购买意向。

2. 意向客户分类及对策

根据客户信息整理及客户购买意向识别结果,可将意向客户分为三类,对不同类型的客户可采取不同的措施,如图 2—20 所示。

客户发出的购买信号

语言信号
- ★ 提出异议，挑剔产品。"挑剔是买家"，当客户提出异议或对产品"评头论足"，甚至表现出诸多不满时，往往是客户产生了购买的欲望，挑剔只是在尽可能多的为自己争取利益
- ★ 褒奖其他品牌。客户是在为自己争取好的谈判地位，以便在下一次购买中得到"便宜"
- ★ 声称认识厂家的某某人，是某某熟人介绍的，其无非是好面子，看重人情世故，想借助关系为自己争取利益
- ★ 打听产品的保养、保修等售后服务。客户最缺乏的就是消费的安全感，所以售后问题是客户必问的问题之一
- ★ 询问送货或到货的时间，特别是对一些没有库存需要厂家订货的，有一定生产和订货周期的产品

动作信号
- ★ 由静变动：在动作上有插手、抱胸等静态的戒备性动作，转向"东摸摸，西看看"的动态动作，这说明客户有了购买意向
- ★ 由紧张到放松：客户在决定抛出订单前，心里大都会紧张，有一种购买前难以决定的不安与焦虑。一旦客户确定下来，其行为动作自然就会表现出放松的状态
- ★ 看客户的双脚：客户的双脚可能透露其真实的订单意愿，当客户因价格不给优惠欲走时，上身已有转身的意思，但双脚还死死地冲着产品时，说明客户还在探测价格底线

表情信号
- ★ 目光在产品上逗留的时间增长，眼睛发亮
- ★ 询问价格能否优惠时，看对方的眼神充满期待
- ★ 眼睛看着产品，表情像是在权衡利弊
- ★ 客户表情由沉思变成明朗、放松、活泼、友好

图2—19　客户发出购买信号的表现

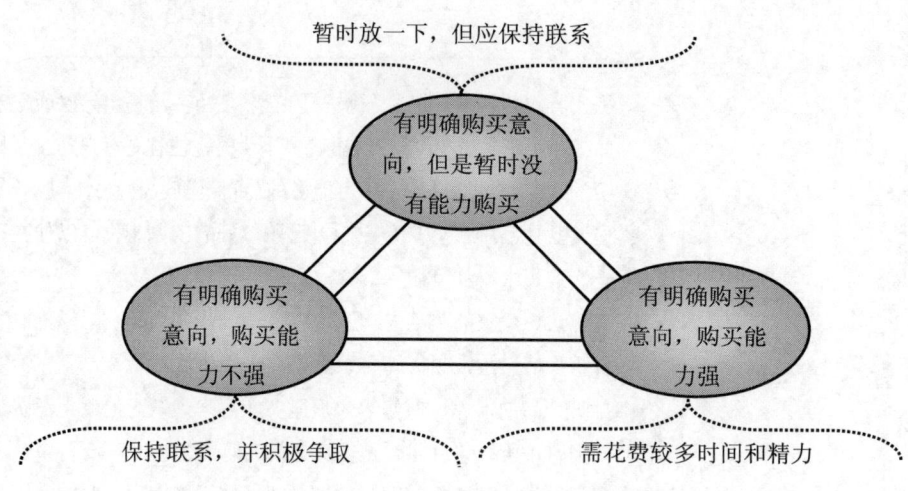

图2—20 意向客户分类及对策

2.3.4 客户分类跟踪

跟单员在对客户进行跟踪时，应重视对具有购买意向的客户的跟踪，同时对没有购买意向的客户也应进行相关跟踪，但不作为重点。

1. 具有购买意向的客户跟踪

对具有购买意向客户的跟踪一般可参考 ABC 客户分类跟踪法实施。具体来说就是跟单员应对意向客户进行分类，及时完善客户资料，并对客户进行跟踪管理，维护好与客户的关系，多与客户联系，及时了解客户对产品的看法，从而改进自己的产品及服务质量。

ABC 分类法又称帕累托分析法，它是根据事物在技术或经济方面的主要特点对其进行分类排队，进行重点和一般的区分，从而有区别地确定管理方式的一种分析方法。ABC 客户分类法就是根据客户对企业的不同价值而对不同的客户进行分类的一种方法，其原理是根据企业的利润额构成来区分客户，根据利润构成比例将其划分为 A、B、C 三类。

作为一名跟单员，其时间和精力有限，面对众多的现有客户和开发新客户的目标，运用 ABC 分类法能帮助其提高工作效率。对客户进行 ABC 分类，具体情况见表 2—7。

跟单员需要明确的是，ABC 三类客户的划分是有时间限定的，即在特定时期会发生变化，三者之间是可以相互转换的。

（1）A 类客户是企业的核心客户、重要客户，在享有企业很多资源的同时必须对企业有相应的贡献，若一定时期内做不到，跟单员应对其降级。

（2）针对 B 类客户，尤其是具有成长潜力的 B 类客户，跟单员应视情况将其升级为 A 类客户。

表 2—7　　　　　　　　　　　ABC 客户分类一览表

分类名称	分类标准	占客户总量的比例	贡献的销量所占比例	对应的管理政策
A 类	◆ 对产品和服务比较认可，满意度高，有需求或需解决的问题时会第一时间找本企业的客户，销售贡献大或潜力大	10%~15%	70%~80%	◆ 资源、时间等重点倾斜 ◆ 重点维护
B 类	◆ 对产品和服务比较认可，较满意，但还有一些异议，有需求时会找本企业，但需排除异议后才会购买的客户，销售贡献一般或有一定潜力	15%~20%	10%~20%	◆ 跟踪工作作为管理的重点，经常拜访，听取其意见并加以改进 ◆ 次要维护
C 类	◆ 处于观望状态，会拿本企业产品与竞争对手产品比较且倾向于竞争对手产品和服务的客户，或企业在某些方面不能满足其需求的客户	剩余部分	5%以下	◆ 不宜有过多的管理，但也不能缺少关注 ◆ 简单维护

（3）C 类客户在一定时期内达到要求时，也可升级为 B 类客户甚至 A 类客户。

2. 无购买意向客户的跟踪

对于无购买意向的客户，跟单员也不能置之不理，因为说不定哪天他会带来一个大单。因此对于此种客户，跟单员应与其定期保持联系，以培养良好的客户关系，增加招单的成功率。一般来说，跟单员可采用以下方式联系客户，具体如图 2—21 所示。

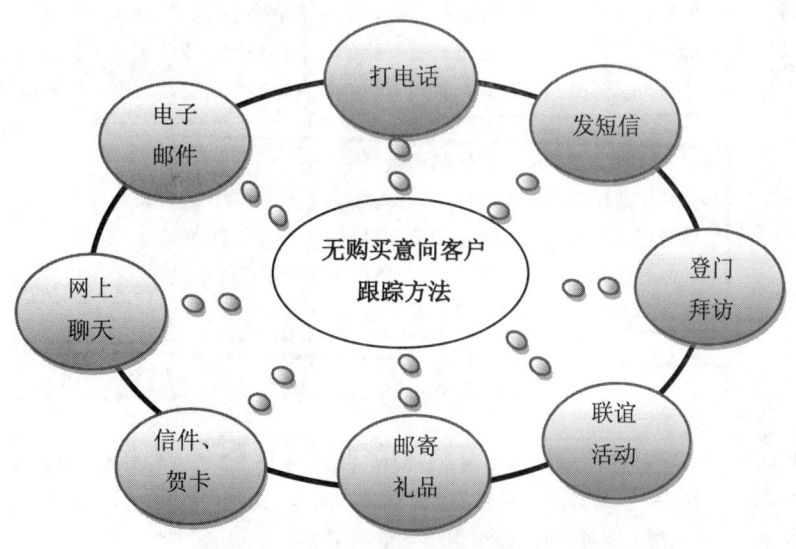

图 2—21　无购买意向客户的 8 种跟踪方式

2.4 确定客户谈判策略

2.4.1 确定议题方法

跟单员在与客户谈判的过程中往往会发现，有些客户比较容易相处，有些则不容易相处；同样的谈判方法对这位客户有效，但对另外一位客户所产生的效果则相反。跟单员遇到的客户形形色色，而要成功招单，其首先要赢得客户的认同。要达到这样的效果，跟单员就要清楚了解客户待人接物的处事风格，进而调整自己的谈判策略。

在与客户具体的谈判过程中，跟单员可借助美国心理学家设计的四种重要性向因子的性格测试方法，即DISC（四项因子分别为Dominance、Influence、Steadiness、Compliance），具体如图2—22所示。

性格类型	主要表现及应对策略
D型/决策高手	◎对产品或服务能否降低成本、增加收入、加快生产进度、缩短投资回报期等感兴趣 ◎惜时如金，闲聊只会事倍功半，跟单员宜就事论事，直奔主题 ◎不容易接受别人建议，所以最好提供多种方案，让客户自己来做决定 ◎不愿意承认错误，与其交谈时，不要因观点不同而与其产生争执 ◎对于投诉要立即处理，有诺必践，必要时可以让高层出面，以示重视
I型/公关高手	◎性格豪爽，表情生动，肢体语言丰富，谈判时多谈论轻松的话题 ◎不喜欢数字和细节，介绍产品时，应该多借助图片、实物演示等形式 ◎喜欢跟单员以较轻松的方式展开招单，非办公地点或非正式场合容易促成交易 ◎常保持联络以表示关心，若对方投诉，要耐心倾听，让其不满情绪得到宣泄
S型/EQ高手	◎温文尔雅，亲切随和，极易相处 ◎虽好相处却难成交，跟单员在招单的过程中最好以产品质量担保的方式来进行抛单，或者用正在使用企业产品的有名客户的例子打消其顾虑 ◎较为迟缓并且害怕承担风险，跟单员需要结识产品的使用者或他们较为信任的朋友展开多方抛单，有时候可帮其做决定
C型/分析高手	◎沉默寡言、感情冷淡，其谈论的话题以工作为主，尤其是在初次见面时不要谈论个人话题 ◎天生对人不信任，希望跟单员提供详细的资料，喜欢以书面协议的方式将各种细节确定下来，跟单员最好列出详细的产品资料分析和提案的优缺点 ◎为C型人服务，必须要告知其明确的服务流程和所需要的时间

图2—22 不同性格客户类型以及应对策略解析

跟单员在面对不同性格的客户时，应采用不同的方式方法确定议题，一步步引导客户，使客户"爱上"产品，最终促使客户提出订单要求，达成交易。

（1）D型。因其更关心结果，跟单员要多介绍产品的利益和能给他带来的好处。

（2）I型。因其更注重感觉，跟单员要着重介绍产品的优势，激发其兴趣。

（3）S型。因其不敢冒风险做决定，跟单员应提供能证明产品优势的证据并运用案例进行说服。

（4）C型。因其关心细节和数字，跟单员需介绍产品的特性和特征，针对其关注点详细说明。

2.4.2 制定谈判策略

跟单员应根据客户的类别及特性等确定谈判策略，以取得良好的谈判效果。常见的谈判策略有以下十四种，如图2—23所示，跟单员应酌情使用。

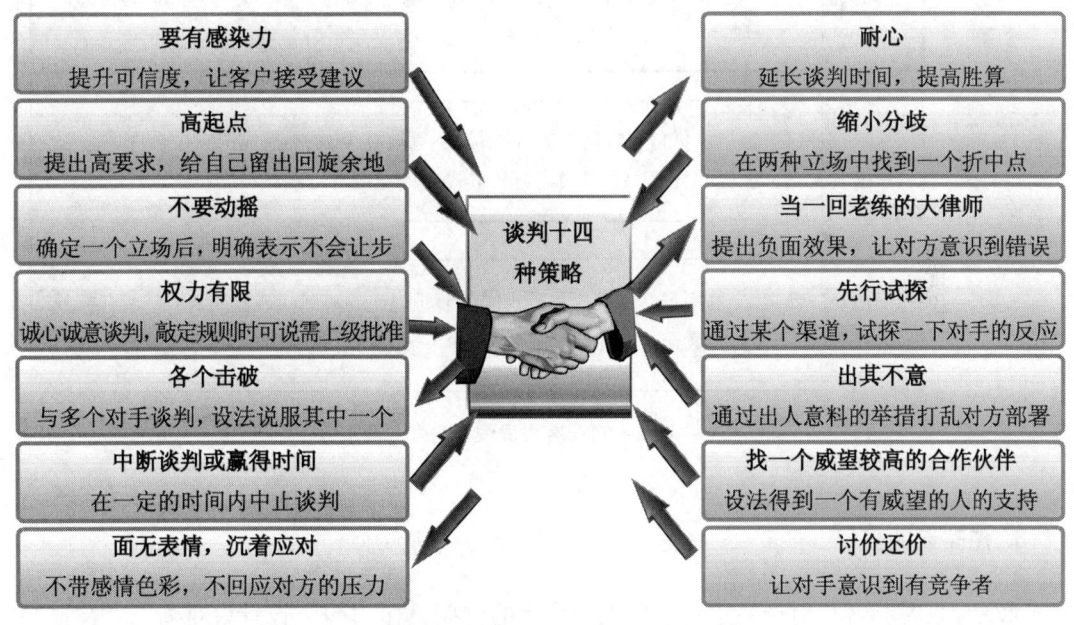

图2—23 谈判十四种策略

2.4.3 消除异议技巧

客户异议是指客户在接受产品推销的过程中针对跟单员、跟单员推销的产品和产品生产企业提出的各种不同看法和反对意见，它是任何招单活动都无法避免的。对此，跟单员必须认真对待和妥善处理，正确认识并巧妙消除异议。

1. 正确看待异议

面对客户的异议,跟单员应正确对待,耐心地听取客户的每一个异议,甚至引导客户发表异议。因为客户提出异议的时候,也是跟单员增进对客户需求心理的了解、加强沟通和建立感情联系的大好时机,并且客户提出的异议往往是客户的关注点,一旦解决了这个问题,成交也就水到渠成。

2. 判断异议的目的并采取合理措施

跟单员应对客户的异议进行分类,以便更加客观、清晰地认识客户异议,判断客户发表异议的目的,从而采取相应对策化解异议。具体来说,客户的异议可分为以下三种,如图2—24所示。

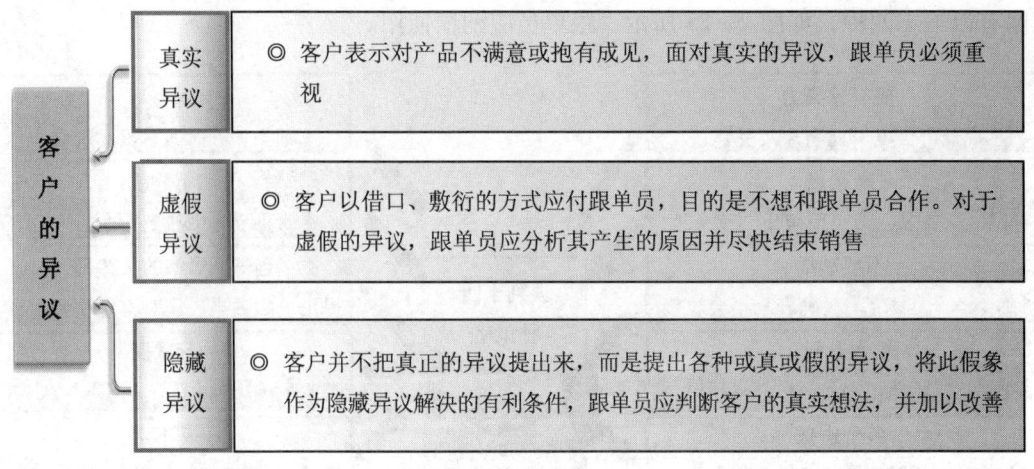

图2—24 客户异议的分类

3. 忽略无关异议

无关异议是指客户对产品进行一些无关痛痒的挑剔,如"包装设计好难看""衣服上有线头"等,或者提出反对或否定意见,但这并不影响他们的购买决定。对此,跟单员只需忽视这些异议,保持礼节性的微笑即可,否则可能会弄巧成拙。

4. 据理反驳异议

当客户异议明显错误或触及企业底线时,跟单员如果仍然一副唯唯诺诺的样子,就只会让客户更加得寸进尺,甚至开始怀疑产品本身,而此时跟单员若据理反驳客户,反而能化解客户心头的疑虑。在据理反驳客户时,应注意以下两点:

（1）反驳客户是为了化解客户异议，树立客户对产品的信心，而不是引发争端。据理反驳客户异议若处理得好，就会有助于纠正客户之前的错误看法，强化其对跟单员和产品的信心；若处理不好，就会影响销售进程，严重时会失去客户。因此，在操作上，跟单员应遵守以下两个原则，具体如图2—25所示。

图2—25 据理反驳客户应遵守的原则

态度友好
跟单员要充分考虑客户的自尊，就事论事地指出客户的错误所在，不可带着情绪进行指责

有据可依
"事实胜于雄辩"，跟单员反驳客户的论据应具有真实性和权威性，最好使用调研数据、行业观点、官方证明等，摆出事实说服客户

（2）在反驳客户时，为增强说服力，跟单员可以使用以下四个小窍门，如图2—26所示。

1．用积极的情绪感染客户
在积极情绪的影响下，客户更容易认同跟单员的观点

2．营造说"是"的氛围
人们说"是"具有惯性，所以先问对方几个容易认同的问题，再抛出主要问题，就可能会得到对方肯定的回答

3．拿出证据
拿出切实的证据，以此证明自己的观点，精确的数据尤其具有说服力

4．巧妙转折
反驳客户时不要用"但是"，而要用"同时"和"而且"等词，例如："我理解您对价格问题的关心，而且我觉得我们更重要的是考虑服务质量问题"

图2—26 反驳客户异议的四个窍门

2.4.4 可让步的尺度

向客户让步是一门艺术，处理得好，客户会觉得自己在商战中获胜，乐意签订成交合同；处理不好，跟单员可能让对方生出得陇望蜀的贪念，促使对方步步紧逼，使自己的赢利空间一缩再缩。因此，跟单员在与客户谈判时，一定要明确让步的尺度，并掌握向客户让步的原则和技巧。

1. 让步的原则

在招单过程中，跟单员难免要向客户做出一定让步，否则招单很难进行。但是和所有沟通技巧一样，让步也必须依照一定的原则进行，毫无原则的让步不仅无益于订单目标的实现，还可能对跟单员自身和企业造成伤害。总的来说，跟单员在招单活动中的让步应遵循以下原则，如图2—27所示。

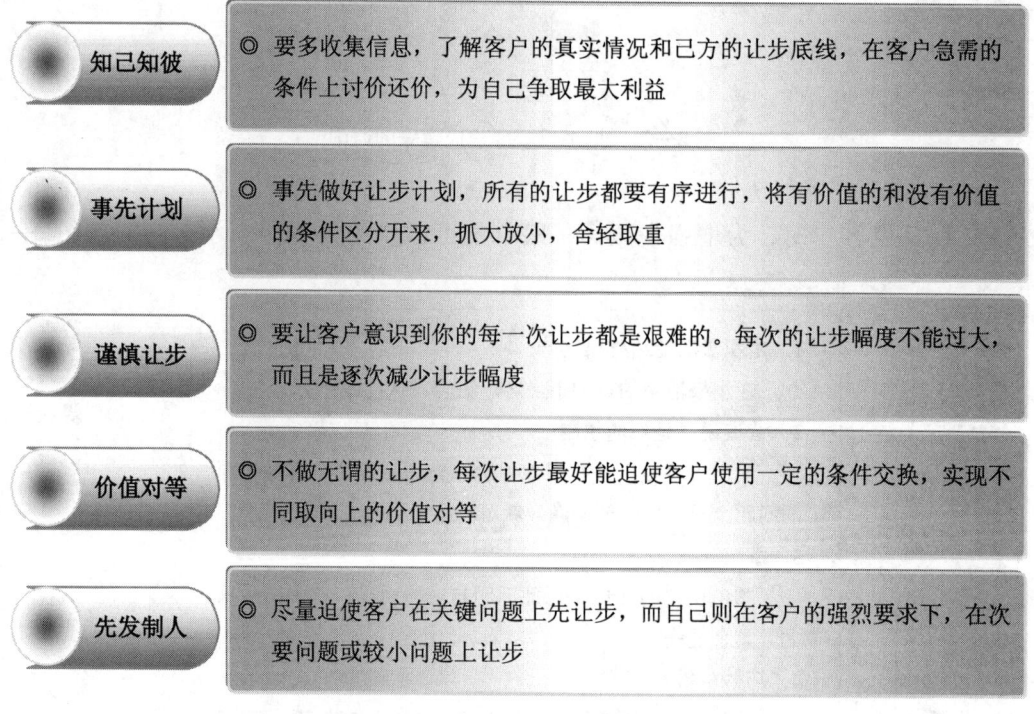

图2—27　跟单员应遵循的让步原则

2. 让步的技巧

跟单员在与客户谈判过程中，需要掌握一定的让步技巧，否则很难达到目的。比如，在让步的同时明确告诉客户，你做出这样的决定非常艰难和无奈，通过请示领导、拖延时间、示弱等方式让客户感到得到这样的让步已经很难得了。再比如，当客户提出某项要求时，即使这些要求可以实现，跟单员也不要爽快答应，而要通过一点一点的微小让步来显示让步的艰难，这样可以降低客户过高的期望。

掌握这些技巧对跟单员十分重要，图2—28所示的让步技巧可供跟单员参考。

跟单员要根据实际情况灵活运用各种让步技巧，切忌生搬硬套。另外，这些让步技巧可以相互结合、综合运用，以便取得最有利的效果。

最后关头做让步	◎ 不到万般无奈的情况时就不要轻易让步，如果沟通一开始就轻易让步，很容易将自己置于极其被动的地位，客户可能会得寸进尺
有回报地做让步	◎ 跟单员最好能在让步之前考虑好由此得到的回报，另外还要在让步的同时向客户提出回报要求，否则就不轻易让步
不要突破双方底线	◎ 跟单员必须在沟通过程中尽可能深入了解客户可以接受的利益底线，在劝说过程中要力求不突破客户接受范围，同时，也要保障自己的利益底线
始终留有沟通空间	◎ 当跟单员与客户因某一问题（如价格或付款方式等）相持不下时，跟单员应注意不要在没有丝毫退步余地的时候与客户僵持，即使客户步步紧逼，跟单员也要为之后的有效沟通留有一定空间，不要使局面绷得太紧

图 2—28 跟单员的让步技巧

第3章

接单跟踪管理

3.1 接单的形式

3.1.1 合同及范本

1. 订单合同概述

合同是指双方当事人就相关事宜达成共识，确定责任、权利、义务的协议。订单合同是一种规定买卖双方关于订单货物购买、供给和货款支付相关约定的购销合同，一般适用于大宗的产品和成交额较大的订单交易。为确保合同内容条款的有效性，订单合同必须满足如图3—1所示的五项要求。

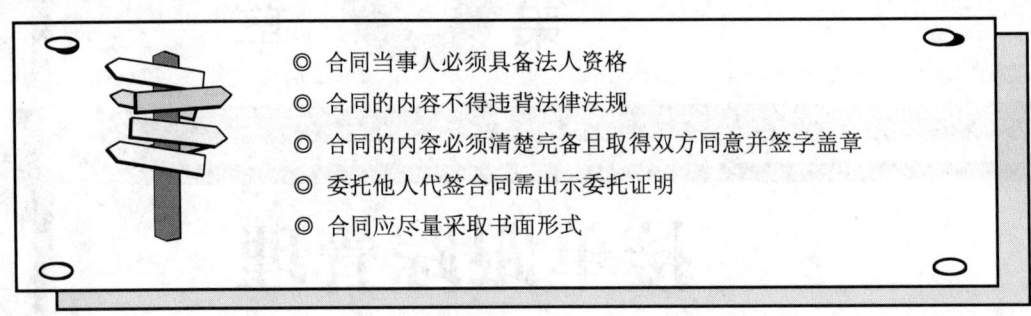

图3—1 确保合同有效性的五项要求

2. 订单合同范本

以下是订单合同的范本，仅供读者参考。

××企业订单合同范本
甲方（客户）：_____ 乙方（本企业）：_____ 甲乙双方在平等、自愿、合作、互利的原则下，经充分协商，达成如下协议： 一、产品名称、品种、规格和质量 1. 产品的标准名称：_____。 2. 产品品种和规格（标准代号、编号）：_____。 3. 产品的技术标准，按照甲乙双方商定技术要求执行。 二、产品的数量和计量单位、计量方法 1. 产品的数量：_____。

2. 计量单位：_____。

3. 产品交货数量的正负尾差、合理磅差和在途自然减（增）量计算方法：_____。

三、产品的包装标准

1. 产品的包装，按照甲乙双方商定执行。

2. 产品的包装物，除国家规定由甲方供应的以外，应由乙方负责供应。

四、产品交货事项

（一）产品的交货单位

经甲乙双方协定，所购产品的交货单位为_____。

（二）交货方法

本合同所定产品的交货方法，按下列第____项执行。

1. 乙方送货。

2. 乙方按照甲方要求代办运输。

3. 甲方自提自运。

（三）运输方式

经甲乙双方协定，所购产品的运输方式为_____。

（四）到货地点

1. 到货地点和接货单位（或接货人）为_____。

2. 甲方如要求变更到货地点或接货人，应在合同规定的交货期限前40天通知乙方，以便乙方编制月度车（船）计划。

五、产品的交（提）货期限

1. 送货或代运产品的交货日期，以甲方发运产品时承运部门签发的戳记日期为准。

2. 甲方自提产品的交货日期，以乙方按合同规定通知的提货日期为准。

3. 乙方的提货通知中，应给甲方必要的途中时间，实际交货或提货日期早于或迟于合同规定的日期，视为提前或逾期交货或提货。

六、产品的价格与货款的结算

（一）产品价格

1. 产品价格具体为_____产品_____元/件；_____产品_____元//件。

2. 在合同规定的交货或提货期内，产品价格若有更改，乙方应提前30天与甲方协商。

（二）货款结算

1. 产品的货款、实际支付的运杂费和其他费用的结算，按照银行结算办法的规定办理。

2. 验货付款的承付期限一般为10天，从运输部门向收货单位发出提货通知的次日起计算。

七、产品验收事项

1. 验收时间。（略）

2. 验收方法。（略）

3. 验收标准。（略）

八、验收异议处理

（一）验收异议

1. 甲方在验收中，如果发现产品的品种、型号、规格、花色和质量不符合规定，应一面妥善保管，一面在10天内向乙方提出书面异议。

2. 在托收承付期内，甲方有权拒付不符合合同规定部分的货款。甲方未通知或者自产品收到之日起10天内未通知乙方的，视为产品合乎规定。

3. 甲方因使用、保管、保养不善等造成产品质量下降的，不得提出异议。

（二）异议处理方法

乙方在接到甲方书面异议后，在10天内（另有规定或当事人另行商定期限者除外）负责处理，否则，即视为默认甲方提出的异议和处理意见。

九、违约责任

（一）甲方违约责任

1. 甲方中途退货，应向乙方偿付退货部分货款___%的违约金。

2. 甲方未按合同规定的时间和要求提供应交的技术资料的，除交货日期需要顺延外，应比照中国人民银行有关延期付款的规定，按顺延交货部分货款计算，向乙方偿付顺延交货的违约金；如果不能提供，按中途退货处理。

3. 甲方自提产品未按乙方通知的日期或合同规定的日期提货的，应按逾期提货部分货款总值计算，向乙方偿付逾期提货的违约金，并承担乙方实际支付的代为保管、保养的费用。

4. 甲方逾期付款的，应向乙方偿付逾期付款的违约金。

5. 甲方违反合同规定拒绝接受的，应当承担乙方由此造成的损失和运输部门对乙方的罚款。

6. 甲方如错填到货地点或接货人，或对乙方提出错误异议，应承担乙方因此受到的损失。

（二）乙方违约责任

1. 乙方不能交货的，应向甲方偿付不能交货部分货款的___%的违约金。

2. 乙方所交产品品种、型号、规格、花色、材质、质量不符合规定的，如果甲方同意使用，应当按质论价；如果甲方不能使用，乙方负责包换或保修，并承担因修理、调换或退货而支付的实际费用。

3. 因产品包装不符合合同规定，必须返修或重新包装的，乙方应负责返修或重新包装，并承担相应的费用。甲方不要求返修或重新包装而要求赔偿损失的，乙方应当赔付不合格包装物与合格包装物的差价。

4. 乙方逾期交货的，应按逾期交货部分货款计算，向甲方偿付逾期交货的违约金。

5. 乙方提前交货的产品、多交的产品和品种、型号、规格、花色、质量不符合规定的产品，甲方在代保管期内实际支付的保管、保养等费用以及非因甲方保管不善而发生的损失，应由乙方承担。

6. 产品错发到货地点或接收人的，乙方除负责将产品运送到合同规定的到货地点或接货人外，还应承担甲方因此多支付的一切实际费用和逾期交货的违约金。

7. 乙方逾期交货的，乙方应在发货前与甲方协商，甲方仍需要的，乙方应照数补交，并负逾期交货责任；甲方不再需要的，应当在接到乙方通知后15天内通知乙方，办理解除合同手续。

（三）因不可抗力违约

甲乙双方中的任何一方由于不可抗力的原因不能履行合同时，应及时向对方通报不能履行或不能完全履行的理由，以减轻可能给对方造成的损失，在取得有关机构证明以后，允许延期履行、部分履行或者不履行合同，并根据情况可部分或全部免予承担违约责任。

十、其他

1. 合同纠纷处理。（略）

2. 合同效力及存留方式。（略）

甲方：_____	乙方：_____
签章：_____	公章：_____
法定代表人签名：_____	法定代表人签名：_____
开户银行：_____	开户银行：_____
账号：_____	账号：_____
日期：___年___月___日	日期：___年___月___日

3.1.2 确认书及范本

1. 确认书概述

确认书是一种简易合同，其格式、条款比正式合同相对简单，主要就订单交易中的一般性问题作出规定，适用于成交金额较小或者是已经订有代理、包销等长期协议的交易。

订单确认书是销售确认书的一种，通常情况下，由卖方寄给买方，上面明列协商过程中确定好的交易条件，经双方签署盖章后，便与正式合同一样具有法律效力。

2. 确认书范本

以下是确认书的范本，仅供读者参考。

××企业订单确认书范本
甲方（客户）：_____
地址：_____　　　　电话：_____
传真：_____　　　　电子邮箱：_____
乙方（本企业）：_____
地址：_____　　　　电话：_____
传真：_____　　　　电子邮箱：_____
买卖双方同意成交条件，兹确认订单产品及成交条款如下：
1. 产品名称：_____。
2. 规格：_____。
3. 数量：_____。
4. 单价：_____。
5. 总价：_____。
6. 包装：_____。
7. 装运唛头：_____。

8. 装运口岸：_____。

9. 目的港：_____。

10. 装运期限：_____。

11. 付款条件：甲方须于___年__月__日前开出以乙方指定单位为抬头的不可撤销、可转让、可分割并无追索权的发票全金额的见票即付信用证，并须注明可在上述装运日期后 15 天内在_____议付有效。允许转船和分批装运。

12. 保险：由乙方投保_____险，按中国人民保险公司条款（不包括罢工险）。

13. 一般条款。

（1）甲方须于本确认书第 10 条所规定之日期前开出本批交易的信用证。否则，乙方有权不经通知取消本确认书，或接受甲方对本销售确认书未执行的全部或部分，或对此遭受的损失提出索赔。

（2）凡以 CIF 条件成交的业务，保额按发票价的 110%投保，险别以本销售确认书中所开列的为限；甲方如要求增加保额或保险范围，应于装船前经乙方同意，由此而增加的保险费由甲方负责。

（3）品质/数量异议：如甲方提出索赔，凡属品质异议须于货到目的口岸之日起 60 天内提出；凡属数量异议须于货到目的口岸之日起 15 天内提出，但须提供经乙方同意的公认机构出具的检查报告，对所装货物提出的异议属于保险公司、轮船公司、其他有关运输机构或邮递机构所负责，乙方不负任何责任。

（4）凡因执行本协议发生的一切争执，应以友好方式协商解决，如果协商不能获得解决，应提交北京中国国际贸易促进委员会对外经济贸易仲裁委员会根据该会的仲裁程序暂行规定进行仲裁，仲裁裁决是终局，对双方都有约束力。

（5）本确认书内所述全部或部分产品，如因人力不可抗拒的原因以致不能履约或迟延交货，乙方概不负责。

（6）甲方在开给乙方的信用证上请填注本确认书号码。

（7）甲方请于收到本销售确认书后立即签回一份。如甲方对本确认书有异议，应于收到后 5 天内提出，否则认为甲方已同意接受本确认书所规定的各项条款。

甲方：_____　　　　　　乙方：_____

签字：_____　　　　　　签字：_____

盖章：_____　　　　　　盖章：_____

日期：___年__月__日　　　　　　日期：___年__月__日

注：销售确认书经签字盖章后与销售合同具有同等效力。

3.1.3　协议书及范本

1. 协议书概述

协议书的界定相对比较广泛，从某种意义上讲合同也是协议的一种。订单协议相对其他形式较为灵活，可以像正式合同一样对权利、责任、义务进行细致规定，也可以像订单一样只对重要因素进行说明。协议除非有"本协议属初步性质，正式合同有待进一步洽商后签订"此种类似意义的明确声明外，一般都具有如同正式合同的法律效力和约束力。

2. 协议书范本

以下是协议书的范本，仅供读者参考。

协议书范本
一、买方：   税号：   电话：　　　　　　　　　　　　传真：   通信地址：   联系人：   二、卖方：   电话：　　　　　　　　　　　　传真：   通信地址：   联系人：   账号：1. 开户行：   　　　2. 企业名称：   　　　3. 开户账号：   　　　4. 法人账号：   本协议由双方协商同意，并达成以下交易条件：   1. 产品详单

产品名称	规格	数量	单价	合计
合计				

2. 质量要求：

3. 付款方式：合同签订后买方＿＿日内兑汇货款，或现金交易。

4. 交货：卖方于收到汇款凭证传真件后当天或隔天发货。

5. 本合同未尽事宜，双方友好协商，如不能达成一致意见，可向卖方所在地法院起诉，费用由败诉方承担。

6. 本协议传真件有法律效力。

买方：　　　　　　　　　　　　卖方：
签字：　　　　　　　　　　　　签字：
盖章：　　　　　　　　　　　　盖章：
　　　　　　　　　　　　　　　日期：　　年　月　日

3.1.4 意向书及范本

1. 意向书概述

意向书是指双方在正式签订合同或达成协议之前,为表明合作意向而作的一种意愿性的文书。意向书具有协商性、灵活性和简单性,它只是合作意向的表达,并不具备约束力。如果客户在签订意向书后突然决定取消订单,跟单员所在企业也不能追究其责任。

2. 意向书范本

以下是意向书的范本,仅供读者参考。

意向书范本					
甲方:(出售方)			乙方:(购买方)		
法定代表:			法定代表:		
电话:			电话:		
地址:			地址:		
甲乙双方协商一致,就乙方购买甲方产品达成以下一致意向:					
1. 购买产品					
产品名称	型号	规格	数量	单价	金额
合计					
2. 供货周期 供货周期为___天。 3. 付款方式 供销合同签订生效后 15 天内支付 20%,发货前支付 60%,通过当地技术监督局验收合格后支付 15%,2 年质保期满后支付 5%。 4. 保质期 自_____通过当地技术监督局验收合格之日起 24 个月。 5. 甲方签订本意向书后,乙方将在意向书有效期限___日内通知甲方是否签订正式供销合同(以下简称供销合同)。 6. 甲方同意在接到乙方正式通知的时间内签订供销合同。 7. 双方签订供销合同时,共同遵守以下约定:					

（1）供销合同应包括本意向书第一条所载明的内容以及符合本意向书的双方均同意的其他条款。

（2）供销合同的核心内容（标的、价格、供货周期、付款方式、质保期等条款）必须与本意向书一致，否则视为无效。

8. 本意向书所有的内容和条款，都经过了乙方的明确解释和说明，甲方已全部知悉和理解，并承诺予以遵守。

9. 本意向书系双方自愿签订。

10. 甲方同意乙方拥有本意向书的最终解释权并同意履行乙方的解释。

11. 本意向书一式四份，甲方和乙方各执两份。双方在签字盖章后开始生效，供销合同签订后，本意向书自动作废。

甲方：	乙方：
签字：	签字：
盖章：	盖章：
日期：___年___月___日	日期：___年___月___日

3.1.5 订单及其范本

1. 订单概述

订单即订货单或书面供货单，是交易双方对最终协商达成的实际交易数量和交易条件等进行确认的书面文件。订单相对简单，一旦经过双方签字盖章后，即具有法律效力。

2. 订单范本

以下是订单的范本，仅供读者参考。

订单范本										
需方资料	名称			供方资料	名称				
	电话				电话				
	地址				地址				
订货产品说明	名称	型号	规格	单位	数量	单价	金额	备注		
合计										

需方须知	1. 产品颜色及花纹等与样板有一定区别，不属于质量问题。 2. 安装地板的正常损耗在总量的3%~8%属于正常情况，特殊户型及特殊要求另定。已经切割的地板或者配件计入实际安装量。 3. 交货日期：＿＿年＿＿月＿＿日。 4. 安装单位：□ 供方专业安装　　　　□ 需方自行安装 （注：如需方自行安装，则供方不为其安装不当导致的问题与损失负责） 5. 需方施工场所要求标准：具体的见包装安装说明。 6. 付款方式： （1）本订单签订日需方须向供方支付定金＿＿＿＿＿＿＿元，交货时此定金可转为货款。 （2）供方送货到指定地点后，需方应支付余款，供方进行卸货，需方清点，安装完毕后，如有余货（整片地板/配件未切割或损坏），由供方按销售价退款收回，填写"质保卡"并由需方签字验收。 7. 违约责任及解决本合同纠纷的方式：按《中华人民共和国合同法》执行。 8. 订单经双方签字盖章之日生效。
需方签字：　　　　　日期：＿＿年＿＿月＿＿日	供方签字：　　　　　日期：＿＿年＿＿月＿＿日

3.1.6　委托订单及委托书

1. 委托订单概述

委托订单又称委托订购单，是指客户由于特殊原因而委托他人下达订单。委托订单与普通订单相比增加了第三方委托人，第三方委托人可以是一般企业、代理商或其他中介机构。委托订单最重要的是委托权限问题，客户委托第三方进行下单业务时，需要出具相应的授权委托书，授权委托书是确保委托订单法律效力的基本前提。跟单员应重点检查授权委托书是否正规，是否具有相应效力，以免使企业遭受损失。

2. 授权委托书范本

以下是授权委托书的范本，仅供读者参考。

第3章 接单跟踪管理

授权委托书

我单位现指定_____为_____采购项目的授权代理方,代表我方全权办理该项目的询价、议价、定价、订单提交、签约、确认等具体事务和签署相关文件。

授权代理方具有议价、定价、最终决策及签订相关合同的权利,我方对被授权人的签字负全部责任。

在撤销授权的书面通知以前,本授权书一直有效。被授权人在授权书有效期内签署的所有文件不因授权的撤销而失效。

被授权人无转委托权,特此委托。

被授权人: 委托人:

签字: 签字:

盖章: 盖章:

3.2 接单的方法技巧

3.2.1 报价方法与技巧

1. 报价方法

接单过程中,跟单员首先面对的便是客户发出的询价要求。跟单员在进行报价时,要注意以下四种报价方法,视客户和订单的实际情况,合理选择,灵活运用。

(1) 高价报价法

高价报价法是指故意以较高的价格进行报价,其目的在于给客户更多的还价空间。此种方法可能会引导客户产生高价高质的观念,还能为企业获取更多的利润,但同时也承担较大的风险。正如下幅漫画所描述的,过高的价格可能会使客户望而却步,导致订单的丢失。

（2）市价报价法

市价报价法是指采用该产品的市场价位进行报价，是一种比较常见、相对比较平稳的报价方法。客户在询价时，一般会对产品的市场价位进行调查，很有可能还会向其他厂商询价。因此，市场报价反而能够彰显企业的正规性，也能在一定程度上避免客户被竞争对手抢走。

（3）底价报价法

底价报价法是指以较低的接近底价的价位进行报价。底价报价一般适用于优质订单，当跟单员无法较好地把控优质订单，担心优质订单会被竞争对手抢走时，可采用此种方法。底价报价不仅能够以较低价位赢得客户青睐，还能彰显企业促成订单的诚意。跟单员在选择价位时，还应考虑优质订单能够带来的利润空间。

（4）影子报价法

影子报价法是指企业通过分析产品成本和赢利目标，依据数学方法计算最佳价格，以向客户进行最优报价。影子报价的优势在于透明性，以最优价格来打动客户，但同样存在风险。影子报价依据的是本企业的赢利目标，而该目标一般不会轻易改变，一旦客户不认同本企业提出的产品成本和赢利标准，便很难与之达成共识。

2. 报价技巧

除了灵活选择上述方法外，跟单员还应学会如何运用以下五种报价技巧：

(1) 果断干脆

报价一定要果断,尽量避免使用含糊不清的词汇,表达必须肯定、干脆。果断干脆技巧的目的在于给客户留下诚恳、正规的良好印象,也间接告诉客户我方对此价位的坚决态度,使其打消过分还价的想法。

(2) 化大为小

较大的数字往往会给客户产生较大的心理压力,化大为小的报价技巧便是改变价位的表达方式,通过改变计量单位,或以单价而非总价来做说明,使价格数字变小。虽然与原定的价格没有区别,但较小的数字往往能够使客户更容易接受。

(3) 先利后价

直接报价往往使客户产生一种支出的感觉,如果先言明产品能够为客户带来的利益,然后再报价,效果就会大不一样。同时,先利后价的报价技巧还能让客户对报价产生认同感,认为价格是合理的。正如下幅漫画所描述的,让客户看到购买的利益所在,能使其认同交易的公平性,因而更容易接受。

(4) 差别报价

差别报价是指针对不同客户给出不同的价位,使其有享受优惠的感受。当人们受到优惠对待时,自然会更容易接受价格。差别报价要根据具体情况,同时要注意价格差别的保密性，否则很容易引起其他客户的不满。

（5）比较报价

比较报价在于将产品与其他产品进行价格比较，以凸显该产品价格的合理性。比较的途径有很多，可以用同类不同质的产品进行比较，让客户明白"一分钱一分货"的道理，也可以与竞争对手的产品进行比较，凸显本企业产品的优势。

3.2.2 还价方法与技巧

1. 还价的方法

客户如果无法接受本企业跟单员的报价，必定会向跟单员还价。跟单员需要根据客户的发价要求向客户进行下一轮还价工作，这就意味着双方已经进入讨价还价的胶着状态。还价可能只需要一轮，也有可能无法达成价格共识而导致订单破裂。因此，跟单员应合理选择还价方法，使价格问题尽快达成共识。

（1）强硬坚持

强硬坚持是指拒绝客户提出的价格要求，坚持最初的报价或上一轮的发价，而且态度坚决，给客户一种难以更改的感觉。此种方法的目的在于彰显本企业的决心，使客户放弃继续压价的想法。跟单员在使用此种方法时，需要注意此方法一般是在客户心里已经认同价格或是确实难以再降价的情况使用，同时避免过分决绝导致订单丢失。

（2）试探还价

试探还价是指对客户的降价要求只做小部分应允，采用试探的方式探知客户的心理价位,并在适当的价位进行坚持。此种方法适用于价格相对较高或还有较大降价空间时使用,此方法的恰当应用,对跟单员观察客户表现,估计客户心理价位的能力要求很高。一旦跟单员该方面的能力不足,便很容易被客户所迷惑,导致无休止的让步。

(3) 差价均摊

差价均摊是指将双方的理想价格进行折中处理。此种方法适用于双方价位差距较大且坚持不下的情况。一般而言,此种方法不能轻易使用,一旦使用,便很容易使对方觉得本企业有妥协征兆,甚至认为折中的价格与本企业底价必定还有很大差距。因此,折中建议最好应由客户提出,避免被动状态。

(4) 合理降价

合理降价是指对于客户的降价要求进行合理的应允。此种方法相对于试探还价,其区别之处在于合理降价的目的是为了更快地达成价格共识,降价是为了起到实质性作用,而非表面的试探。此种方法适用于客户的发价要求较为合理或发价态度较为诚恳的情况,合理降价不一定是完全答应客户的要求,跟单员还应考虑订单的赢利空间。

(5) 坦白底价

坦白底价是指直接告知客户本企业的价格底线,并强调底线无法更改。此种方法适用于客户提出过低价格且始终不愿提高的情况,往往能够快速结束讨价还价的胶着状态。跟单员实际告知的底价标准应相对于预设底价略高,但不宜过高,以免使客户疑心。如若客户的发价依旧不能接近于底价,那么跟单员只能放弃该订单。

2. 还价的技巧

还价是接单过程中的重要环节,是否能够确定合理的成交价格直接影响到订单利润,因此,跟单员除了善用以上五种方法外,还应通晓以下三项还价技巧。

(1) 弹性还价

针对客户的发价要求,跟单员在还价时要讲究弹性,价格的变动幅度不宜过大,也不能让对方察觉出本企业的底价。

(2) 压迫还价

此种技巧在于以压迫的方式进行还价,通常在本企业占据优势或客户对产品有迫切需求时使用。

(3) 错觉还价

跟单员通过改变计量单位、表述方法、关联词汇等方式,使客户产生低价的错觉,进而提升还价效果。正如下幅漫画所描述的,不一样的计量单位有时会使人短暂迷惑,产生较低价格的错觉。

3.2.3 让步方法与技巧

双方在报价还价过程中，必须要经过一定的让步才能达成共识。让步应当讲究方法技巧，使让步能够起到实质性的作用。一般而言，让步方法主要有以下五种：

1. 观望让步

观望让步是指坚持小幅度让步，采用观望的方式查看对方的反应。一般情况下，多次的小幅让步往往比一次的大幅让步效果要好，观望的目的在于观察客户会在第几次让步时发生心理变化，从而便于跟单员进一步定准价格。

2. 妥协让步

妥协让步是指对于客户的发价要求采取妥协的方式，全部或大部分接受让步。妥协让步意味着双方就价格问题达成共识，跟单员在使用这种让步方式时，要确保客户的发价要求在本企业的预期目标之上。

3. 需求让步

需求让步是指针对客户的实际需求，采取能够满足其需求的让步。如果让步不能满足客户需求，客户便会继续提出要求，让步便没有意义。此种方法能够达到较好的效果，但要求跟单员能够准确把握客户的真正需求。

4. 条件让步

条件让步是指在让步的同时附带一定的条件，只有客户接受该条件本企业才作相应让步。条件让步的目的在于争取更多的利益,同时告知客户本企业不会轻易让步。条件让步实质上与还价相差无几。

5. 拒绝让步

拒绝让步是指对于客户提出的交易条件采取拒绝的态度。拒绝让步一般适用于客户的发价要求已经触碰到本企业价格底线的情况,也可用来迷惑客户,证明本企业的价格条件已经最优,使其放弃让步要求。

让步需要根据实际情况有策略地进行,不可做无意义、无价值的让步。跟单员在接单过程中,还应掌握如图3—2所示的四种让步技巧。

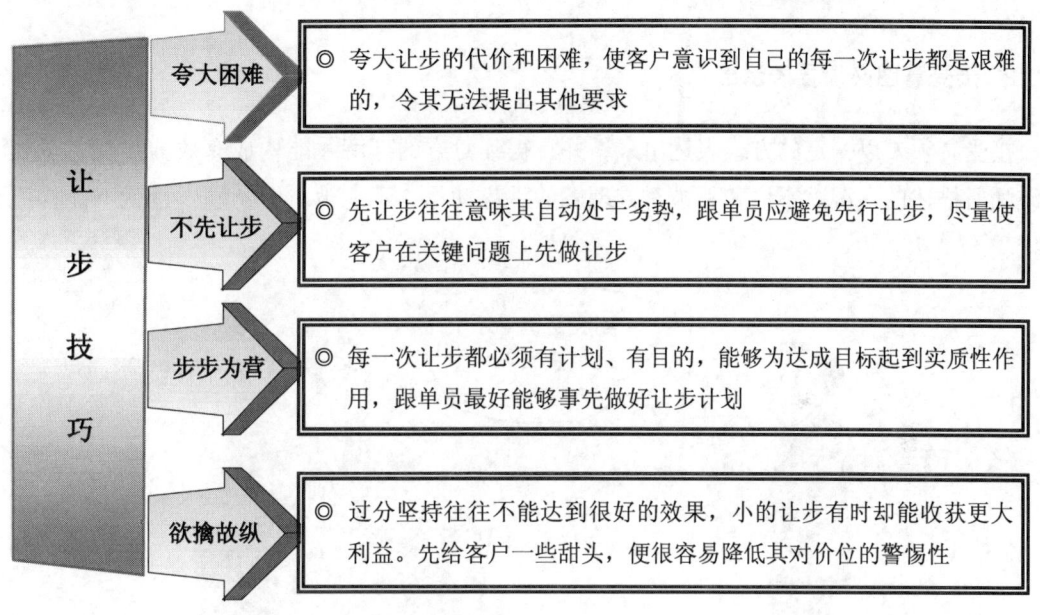

图3—2 让步技巧

3.2.4 接受的确定技巧

接受是指无条件同意对方的发价要求,并愿意以此为基础与对方达成交易。无论是买方还是卖方表示的接受,都意味着交易价格的确定和价格磋商的结束。跟单员应注意,有效的接受必须具备以下四个条件:

1. 接受对象必须为订单客户

跟单员的发价只有对应的订单客户表示的接受才有效,正如下幅漫画所描述的,任何第三者表示的接受都不具有任何效力。

2. 接受意图必须要表示出来

接受必须要以一定的方式表达出来,并且得到对方的理解才能构成有效的接受。正如下幅漫画所描述的,沉默不语和不被对方理解的手势动作,不能被对方认同,也就不能构成有效接受。

3. 接受内容必须与发价相符

所谓接受必须是无条件的、全部接受发价要求,修改发价、部分接受或是有条件接受,都不能构成严格意义上的接受,而只是一种还价方式。

4. 接受时间必须在有效期内

接受必须在发价的有效期内,如果发价未明确有效期,接受通知也必须在合理期限内传达给发价人。逾期接受必须事先经过对方同意,否则不能视为有效接受。

3.3 订单处理的流程

3.3.1 订单接受工作流程

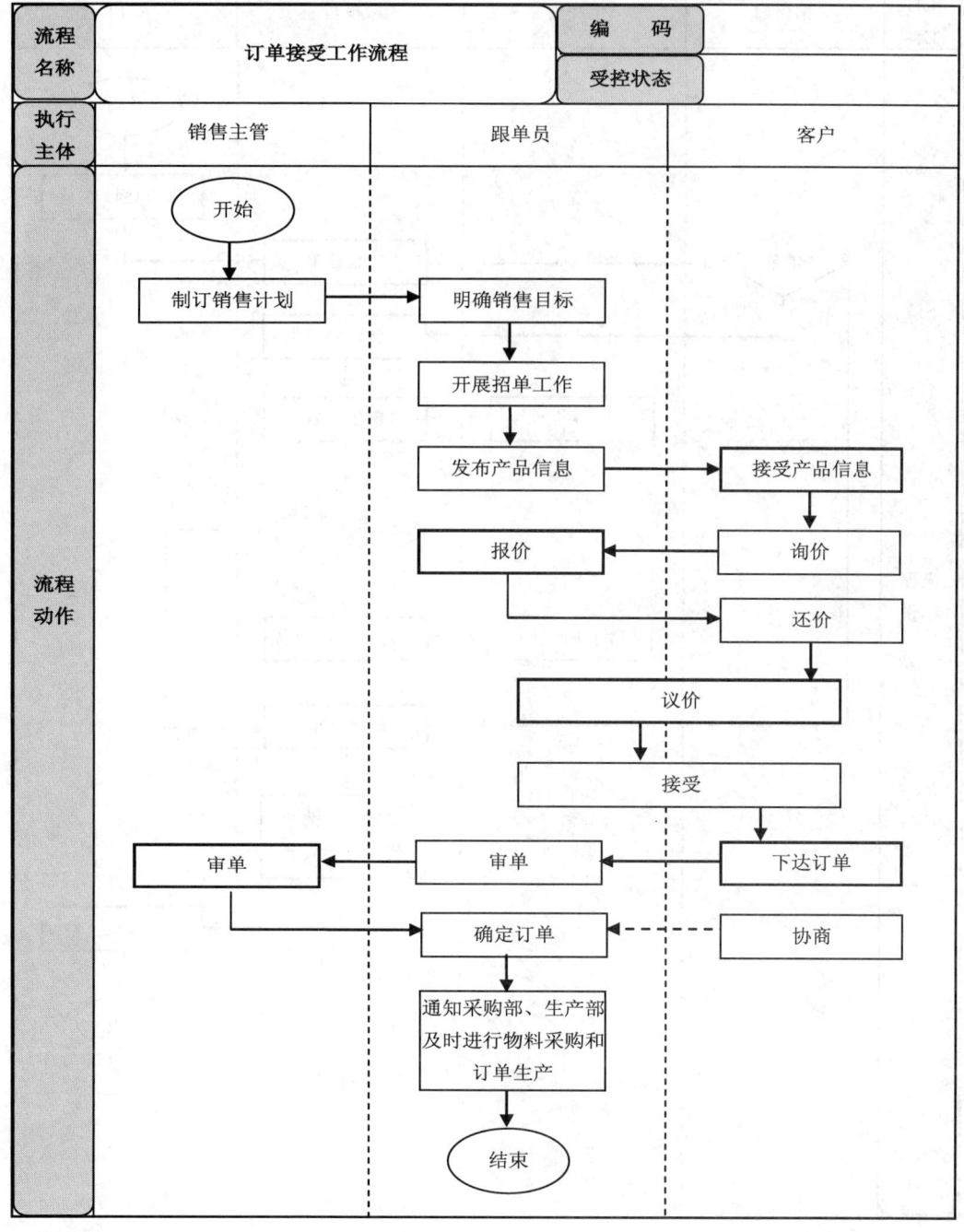

3.3.2 订单取消工作流程

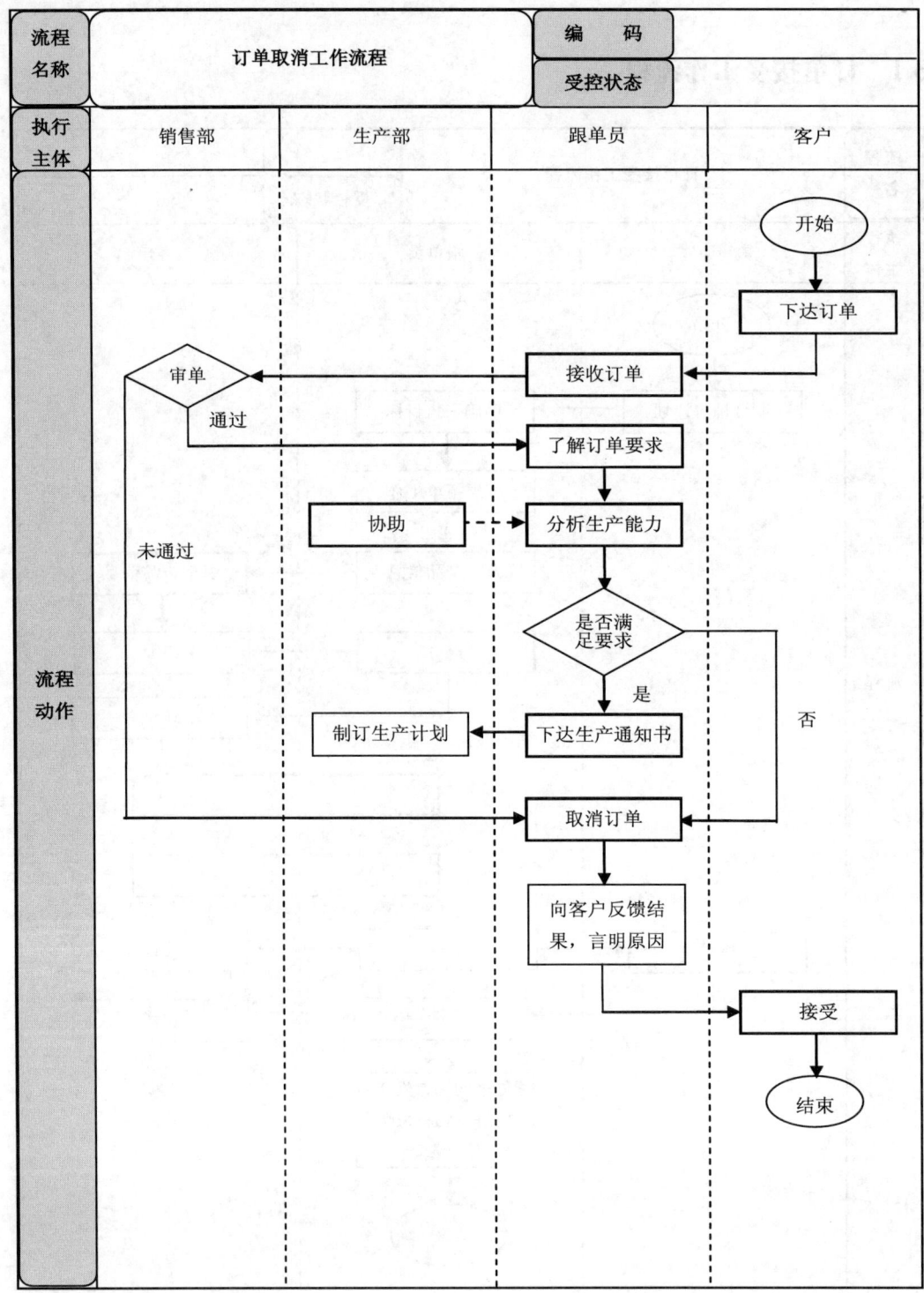

3.3.3 订单汇总分类流程

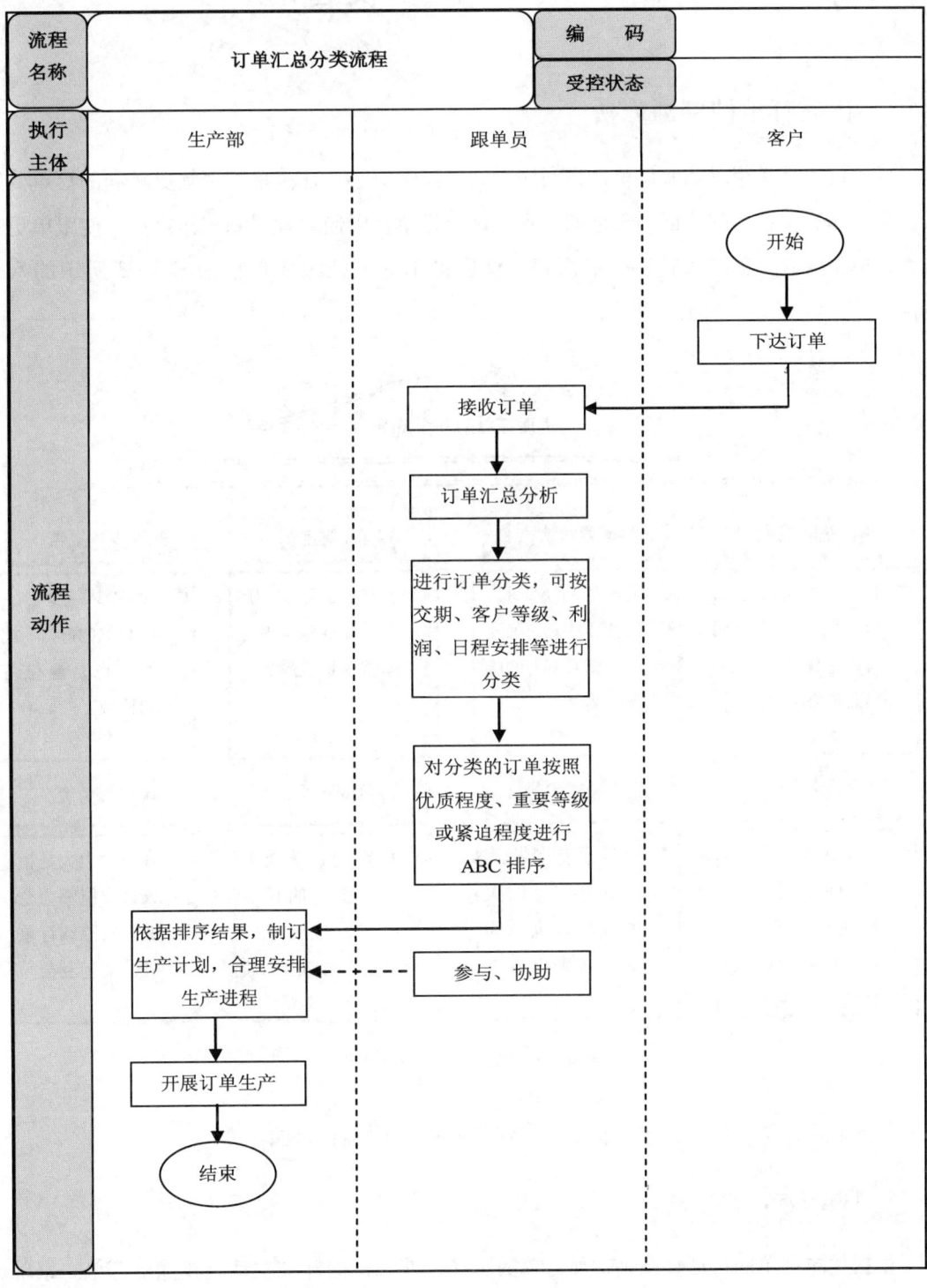

3.4 订单的接收管理

3.4.1 优质订单的判断方法

优质订单是指相对普通订单而言利润更高、风险更小、从接单到回款更顺利的订单。跟单员应掌握优质订单的特征,学会如何判断优质订单,以便合理规划工作重点,使跟单更有效率,使企业获得更高收益。一般而言,优质订单的特征主要包括如图3—3所示的八个方面。

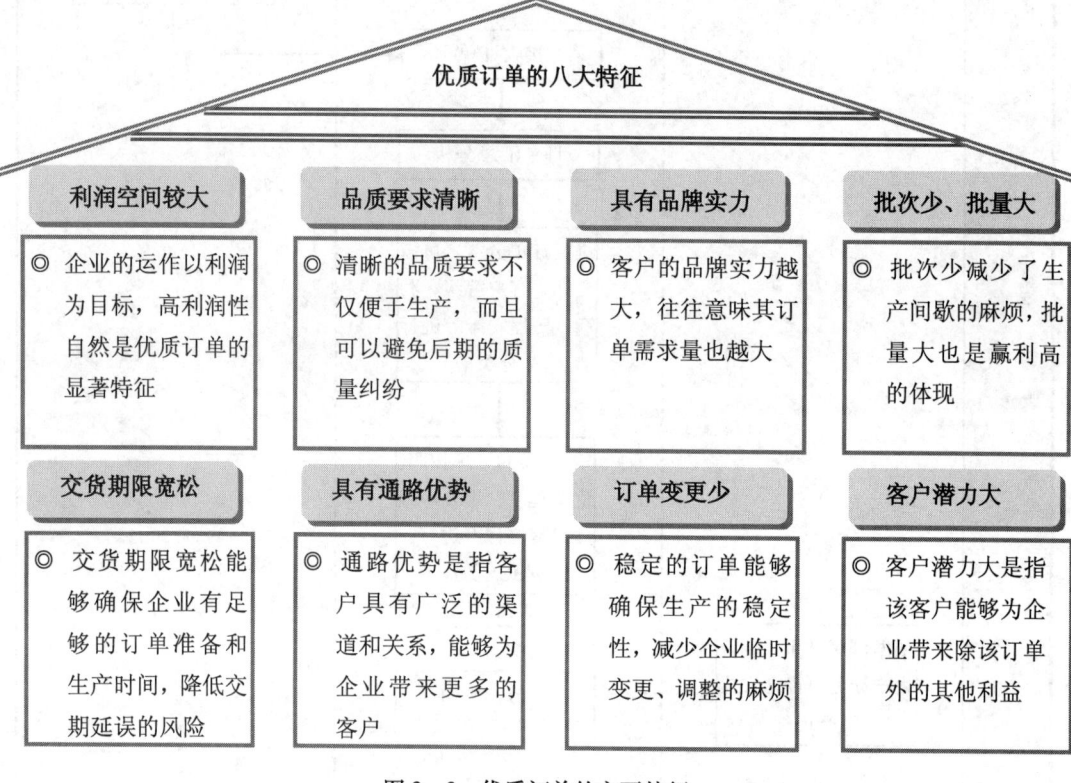

图3—3 优质订单的主要特征

一般而言,优质订单的成功获取,主要需依靠以下两种方法:

1. 明确标准,主动寻找

根据优质订单的特征,明确优质订单的选择标准,根据标准主动寻找优质订单。跟单员在招单过程中，接触和了解的是客户情况，但未必能够知道客户究竟会有什么样的订单要求。所以，主动寻求的方法往往以客户标准进行选择，通过与实力雄厚、信誉良好的客户进行重点沟通，以期获取优质订单。

此种方法的优点是目标性强，工作效率高，有针对性。缺点是目标范围狭窄，未必能够获得较多的订单。再者，优质客户未必代表优质订单，一旦经过重点沟通后的优质客户提出要求过高或超出企业生产能力的订单时，跟单员往往难以拒绝。

2. 全面招收，被动挑选

接单工作完成后，依据优质订单的特征从中挑选。此种方法的优点是订单数量较高，优质订单的判断会比较准确，便于按照 ABC 原则进行订单的优先排序。缺点是跟单员工作量较大，缺乏针对性。

3.4.2 订单要求与回应技巧

客户对订单提出具体要求时，跟单员应进行适当的回应。订单要求的回应要根据要求类别的不同而采取不同的回应技巧。具体的要求类别和回应技巧如下：

1. 质量要求回应技巧

跟单员应判断企业的生产能力能否满足客户的质量要求，不能满足要求时，应及时向客户解释原因，争取客户的谅解。

生产能力能够满足质量要求时，跟单员应及时告知客户，使其放心。如果客户的质量要求较高，跟单员还应与相关部门人员商议，需要提高价格时，应及时与客户沟通，说明情况，争取客户的同意。

2. 数量要求回应技巧

一般而言，数量越多企业的获利也就越大，跟单员应参与订单生产计划的制订，并将准确计划的实际进程告知客户。如果客户的订单数量过大，而交期等又无法满足该要求时，跟单员还应与客户协商，进行适当调整。

3. 交期要求回应技巧

交期要求的回应应视订单数量、物料采购、生产安排等具体情况而定，除了能保证如期交货外，跟单员还应尽量与客户争取较为宽松的交货期限。

4. 包装要求回应技巧

包装要求主要涉及成本问题，跟单员应视具体情况与客户协商提价。如果客户的包装要求过高或是不肯因此加价，跟单员只能向其解释原因，尽量说服其降低要求。

5. 运货要求回应技巧

运货方式主要包括空运、海运、陆运和邮寄四种。运货方式的安排主要以优先满足交期为原则，尽量采用成本较低的运货方式。如果客户指定某种运货方式，跟单员应考虑运费由谁支付、客户等级、订单重要程度等因素，决定是否应该满足其要求，回复方法视具体情况而定。

有些特殊产品有特殊要求，如防震、防潮等，应选择最为合适的运货方式，使产品不至于在运输途中有所耗损。

3.4.3 接单管理的五大要素

跟单员应当明确接单管理的关键要素，以改善接单工作，更好地完成接单目标。接单管理的五大要素如下：

1. 客户需求

明确客户的真正需求，才能为客户提供最适合的产品，这是成功接单的首要要素。

2. 客户要求

不同客户对订单的要求也不相同，跟单员应当洞悉客户的具体要求，无论质量、价格还是包装等都应给以相应回应，使客户能够放心下单，安心收货。

对于过高的要求，跟单员还应懂得如何与客户协商，改变其过分要求，如果企业的生产能力无法满足客户要求，跟单员还应知道如何进行婉拒，而不影响到以后的沟通合作。

3. 订单的利润空间

跟单员要学会分析订单的利润空间，决定是否接受该订单。同时，订单的利润还影响到后续的订单排序工作，利润较高的订单要优先满足。

4. 订单的量

客户的获取途径直接影响到订单量，而订单量可间接影响订单的生产安排。跟单员应明确如图 3—4 所示的客户获取途径，为企业招徕更多的客户和获得更多订单。

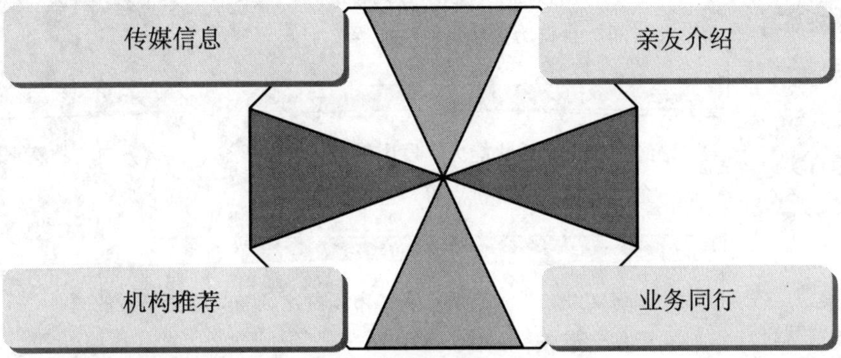

```
        传媒信息                    亲友介绍



        机构推荐                    业务同行
```

图 3—4　客户的获取途径

5. 客户信用度

客户的信用度直接影响到后续的订单变更和订单回款等问题，跟单员应对客户的信用度进行分析，对信用度极差的客户应采取婉拒订单的态度。

3.4.4　订单客户的信息管理

客户信息管理是指跟单员对有订单业务往来的客户的信息进行系统性分类管理。有效的客户信息管理不仅能够更好地维护客户关系，还能从中获取新订单的机会。跟单员在进行客户信息管理工作时，应当做到以下三个方面：

1. 明确信息内容

信息管理首先应明确管理的信息内容。一般而言，跟单员需要对如图 3—5 所示的客户信息内容进行收集管理。

2. 有效分类管理

对客户信息进行有效分类，不仅有利于信息管理和信息利用，还能为客户跟踪和客户服务提供帮助。以下主要介绍了五种分类方式：

（1）按照销售量分类

便于随时关注主要客户的变动情况，有利于对不同客户进行不同级别的监控，并实施相应的营销策略和信用政策。

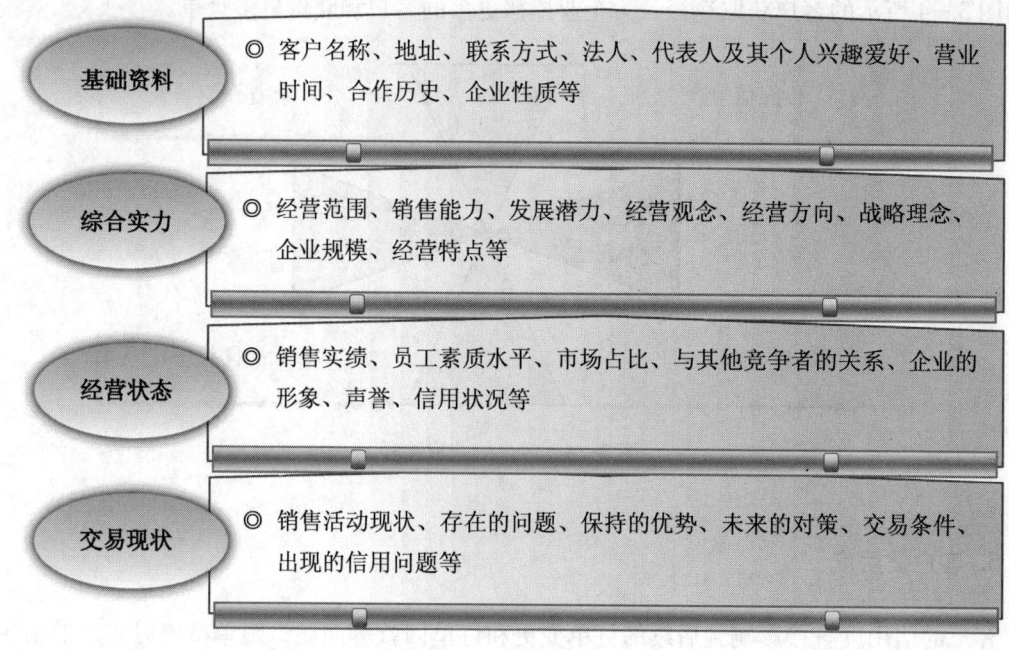

图3—5　客户的主要信息内容

（2）按销售区域分类

便于形成区域间的竞争优势，可根据不同区域的具体情况制定和执行不同的营销策略和信用政策。

（3）按行业领域分类

便于企业根据市场环境和行业发展状况，随时调整营销策略和进行风险防范。

（4）按产品品种分类

便于跟单员关注每种产品的生产和销售状况，是进行市场营销、新产品开发、开拓新市场的重要参考资料。

（5）按客户资信分类

便于客户信用等级考评机制的运行，也有助于跟单员在接单工作中对于信用较低客户的订单能够正确应对。

3. 善用管理工具

一般而言，最常用的客户信息管理工具就是信息资料卡，信息资料卡能够较为完整地记录客户的信息资料，并且方便查阅。以下是××企业客户信息资料卡的范例。

编号：   建卡日期：___年__月__日

××企业客户信息资料卡							
客户名称				客户地址			
负责人				电话			
客户性质	☐有限	☐个体	☐集团	☐合伙	☐国有	☐股份公司	☐其他
等级			☐A级		☐B级	☐C级	

主要经营项目：_____
　　　　　　　_____
　　　　　　　_____

主要联系人：
估计资本额：
估计营业额：

年度					
营业额					

与本公司合作的业务状况：

交易金额记录：

年度					
交易额					

3.5　形式发票及注意点

3.5.1　形式发票的作用

形式发票不同于商业发票，是指在合同签订前列出产品描述、数量、单价等的非正式性参考发票，不能用于托收和议付。通常情况下应进口商的需求开具，其作用主要有以下三点：

1. 作为预估报价单

形式发票上所列的价格，很大程度上相当于报价，但形式发票所列的单价只是对产品单价所做的估计，并不具备约束力和确定性，因此，形式发票可以作为预估报价单使用。

2. 替代销售确认书

形式发票包括产品名称、数量、价格、付款方式、交期等，虽然只是基本要约，但是只要将其他可能产生分歧的重要条款详列清楚，再由双方签字确认，那么形式发票便具备法律约束力，可以替代销售确认书使用。

3. 用于办理外贸单证

国际贸易不同于普通贸易，需要办理相关单证才能保证交易的顺利进行，形式发票可用于买方办理如图3—6所示的相关单证。

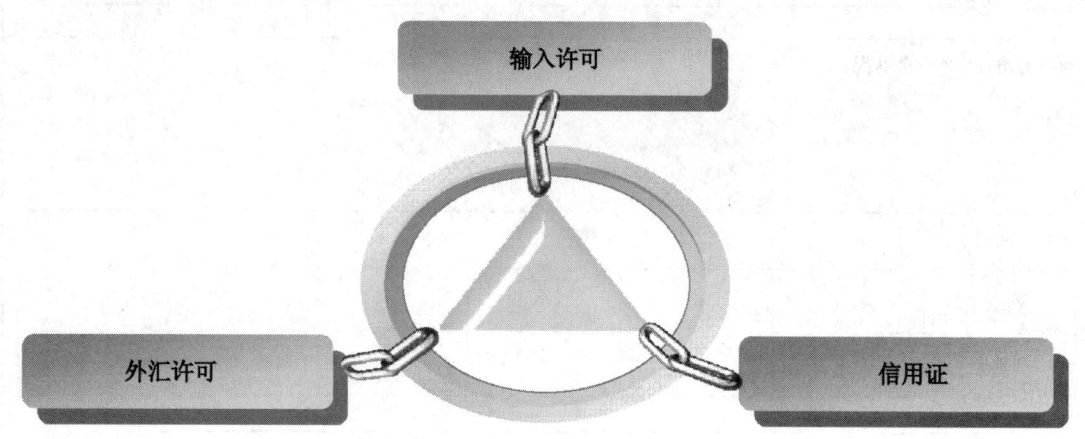

图3—6　买方可凭形式发票申请的单证

3.5.2　单价条款要明确

单价主要包括计量单位、单位价格金额、计价货币和价格术语四部分内容，明确的单价条款应当满足如图3—7所示的四项要求。

- ◎ 单价各个组成部分必须表达具体、准确，并且应注意四个部分在中、外文书写上的先后顺序，不能随意颠倒
- ◎ 计量单位应与数量条款中的计量单位一致，不能产生矛盾
- ◎ 计价货币的名称使用要准确，单价、金额、总金额中的计价货币必须一致
- ◎ 价格术语的选择要适当，价格术语不但确定商品的价格构成，还表明双方在货物交接过程中的风险划分、费用分担以及应办手续的责任，同时还能明确合同性质

图 3—7 单价条款的四项要求

3.5.3 交货日期要明确

交货日期应按照相关规定，考虑产品特性和运输条件等进行确定。明确的交货日期应满足以下两个条件：

1. 明确具体期限

交货日期一定要明确具体，一般情况下都应具体到某月某日。形式发票的交货日期通常只规定到货日期，而国际贸易中的交货日期还会对装运日期做出明确规定。

2. 规范交期术语

交期术语一定要规范，避免使用诸如"迅速""立即""尽快""大约"之类的词语，以免后期纠纷。

3.5.4 付款方式要明确

一般而言，常用的付款方式包括以下五种，形式发票中需要有明确的选择：

1. L/C 付款

L/C 付款即信用证付款，信用证是指银行根据申请人的要求，向受益人开立的一种有条件的书面付款条件，开证银行凭符合信用证条款的单据证明进行付款，这是国际贸易中最常用的付款方式。

此种付款方式以银行做双方交易的保证人，代为收款交单，用银行信用代替商业信用。由于银行的参与，使得这种付款方式较为保险和安全。

2. T/T 付款

T/T 付款即电汇付款，是指汇出行应汇款人申请，拍发加押电报/电传或 SWIFT 给在另一国家的分行或代理行（即汇入行），指示解付一定金额给收款人的一种汇款方式。

T/T 付款属于商业信用，付款的最终决定权在于客户，相比 L/C 付款而言，存在一定风险，但可以省去信用证的相关流程。

3. D/P 付款

D/P 即付款交单，是银行托收的一种，卖方将单据转交银行，买方付清货款后方能取得单据。D/P 付款一般分为即期付款和远期付款两种。

（1）即期付款指出口方开具即期汇票，由代收行向进口方提示，进口方见票后即须付款，货款付清时，进口方取得货运单据。

（2）远期付款指出口方开具远期汇票，由代收行向进口方提示，经进口方承兑后，于汇票到期日或汇票到期日以前，进口方付款赎单。

4. D/A 付款

D/A 即承兑交单，承兑交单是国际贸易常用的一种付款方法。出口商通过托收银行指示代收银行在进口商承兑汇票后，向进口商发放所有权及其他货运文件。出口商将面对进口商不如期结账的风险。

所谓"承兑"就是汇票付款人（进口方）在代收银行提示远期汇票时，对汇票的认可行为。承兑的手续是付款人在汇票上签署，批注"承兑"字样及日期，并将汇票退交持有人。不论汇票经过几度转让，付款人于汇票到期日都应凭票付款。

5. O/A 付款

O/A 即记账赊销，是指在货物交付完成一段时间之后进行付款，对付款时间、价格等双方事先进行协商确认，并达成协议。O/A 付款属于商业信用，卖方必须要承担买方未按时付款的风险。

第4章

订单审核管理

4.1 审单内容方法

4.1.1 产品名称规格审查

产品规格是指对产品特定形式的描述。产品规格描述可能采用一种、多种或不同方式的数字、字母和符号组合。订单产品名称规格的评审工作主要在于如图4—1所示的内容。

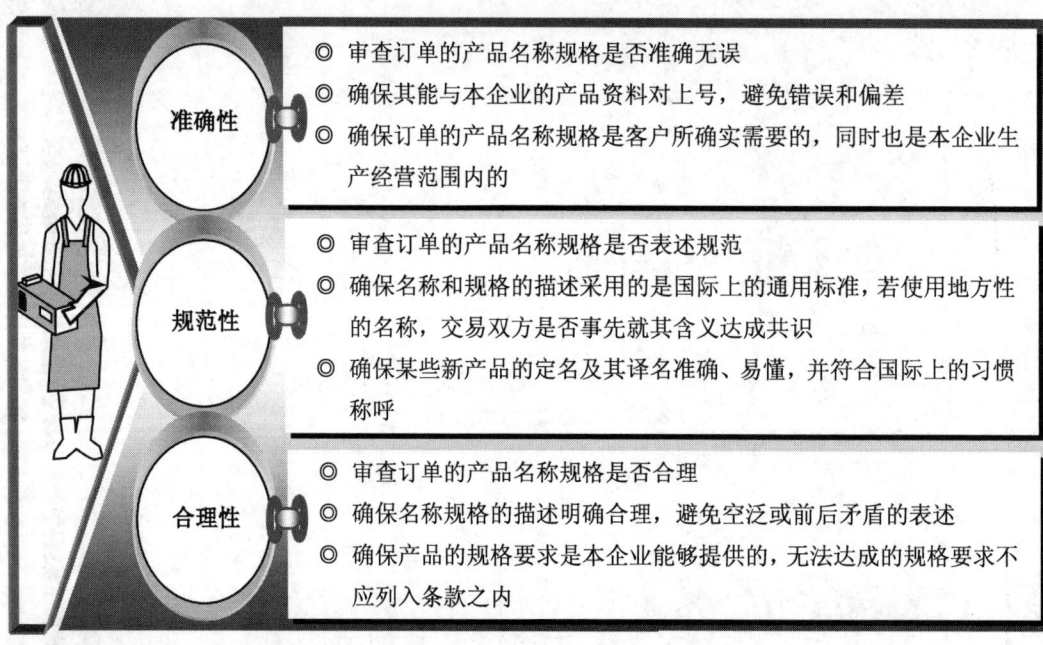

图4—1 产品名称规格的评审内容

4.1.2 质量品质要求审查

对于质量品质要求的评审,跟单员需要注意是否存在不合理或无法达到的要求。具体的评审内容如图4—2所示。

1. 质量品质要求是否明确清晰

◎ 跟单员应注意是否存在矛盾、不明或含混不清的要求表述,质量品质要求的表述应准确具体,且全面规范,能够为后续的生产工作提供完备的标准,关键条款的表述应采用专业术语

2. 质量品质要求是否合理

◎ 依据产品的自身特性,对于过高的质量要求应与客户协商,对于过低的质量要求也应与客户沟通,询问是否存在表述不当或遗漏,以避免后期的质量纠纷

3. 质量品质要求是否超出企业能力

◎ 对于客户所提出的质量品质要求,如果企业现有的设备仪器和技术能力无法达到其要求,应及时与客户沟通,解释原因,并商议可否降低要求,如果不能,只能放弃该订单

4. 特殊质量品质要求是否有明确规定或参照

◎ 客户有时可能会依据自身的实际需求,提出特殊的质量品质要求,由于此种要求的特殊性,跟单员应要求客户对此提供具体的规定和参照,以免出现错误或偏差

5. 质量品质验收标准是否正确规范

◎ 客户所提供的验收标准如果存在不规范或技术落后的情况,很有可能会造成产品验收时的纠纷问题。跟单员应确保验收标准的正确规范,对于存在的问题要及时向客户反映并解决

6. 质量品质事故的责任界定是否明确合理

◎ 此项内容包括质量品质事故责任的确定方法和处理方法,跟单员应审查该项规定是否明确合理,避免客户过分偏向自己,设定不合理要求或责任归咎体系,而导致纠纷争执

图4—2 质量品质要求评审内容

4.1.3 数量规定要求审查

订单的数量规定要求和企业自身的生产效率有直接关系。跟单员在评审数量规定要求时，主要应从如图4—3所示的三个方面内容入手。

产品数量是否达到起订要求
- ◎ 企业为了权衡成本和利润，对每种产品都必然会设定相应的起订要求，如果订单产品的数量过少而未达到该要求，跟单员应与客户进行协商，说明情况。一般采取以下处理办法：
  （1）协商增加数量以达到起订要求
  （2）协商提高价格以满足生产成本
  （3）视客户等级考虑接受该数量
  （4）协商无果只能放弃该订单产品的生产

生产能力能否满足数量要求
- ◎ 过高的数量往往考验企业的生产能力，如果企业在规定交期内无法满足客户的数量要求，跟单员应及时与客户协商，说明情况。一般采取以下处理办法：
  （1）协商减少数量以符合实际生产能力
  （2）协商延长交期以获得更多的生产时间
  （3）寻求外包业务以分担部分数量
  （4）协商更改交货方式，以分批形式交货

具体的数量表述是否正确规范
- ◎ 数量表述涉及具体数字和相应的计量单位，跟单员在审查数量要求时，要注意数字是否正确，计量单位是否前后统一
- ◎ 此外，客户有时为增强交货数量的机动性，会在数量之前使用约数词汇，约数存在不确定性，例如国际上对"约"字的含义解释不一，有的认为是2.5%，有的认为是5%。为避免因误解和分歧所造成的纠纷，跟单员应与客户及时沟通，明确具体的增减幅度，并达成书面协议

图4—3 数量规定要求的评审内容

4.1.4 单价总额的审查

单价总额是订单中的重要内容。客户在下订单时，有时会标出单价，此时跟单员需根据企业自身的单价表，核对相应的产品单价是否一致，查看客户单价打印是否有误，同时复核

总额是否有误。

如果客户并未在订单上标出单价，只标出总额，跟单员应根据企业单价表查对订单产品的相应单价，以此计算正确的总额，并与客户标出的总额进行核对，确保一致。如果是新客户下单，跟单员应依据企业单价表核查以前给此客户的报价是否正确。

此外，由于涉及金额，跟单员还应核查货币问题，要注意必须使用国际上流通的硬通货币，如美元、英镑、港币、欧元等。

4.1.5 价格条款的审查

价格条款不只是表面意义上的说明单价和总额的条款，在国际贸易中，价格条款涉及相应的价格术语问题，除了相应的价格数字和货币单位是否正确外，价格术语也是跟单员价格条款审查工作的主要内容。

价格术语又称价格条件或交货条件，是用来表明进出口商品的价格构成，买卖双方各自应负担的责任、承担的费用和风险及货物所有权转移的术语。一般常见的价格术语主要有如图4—4所示的三种。

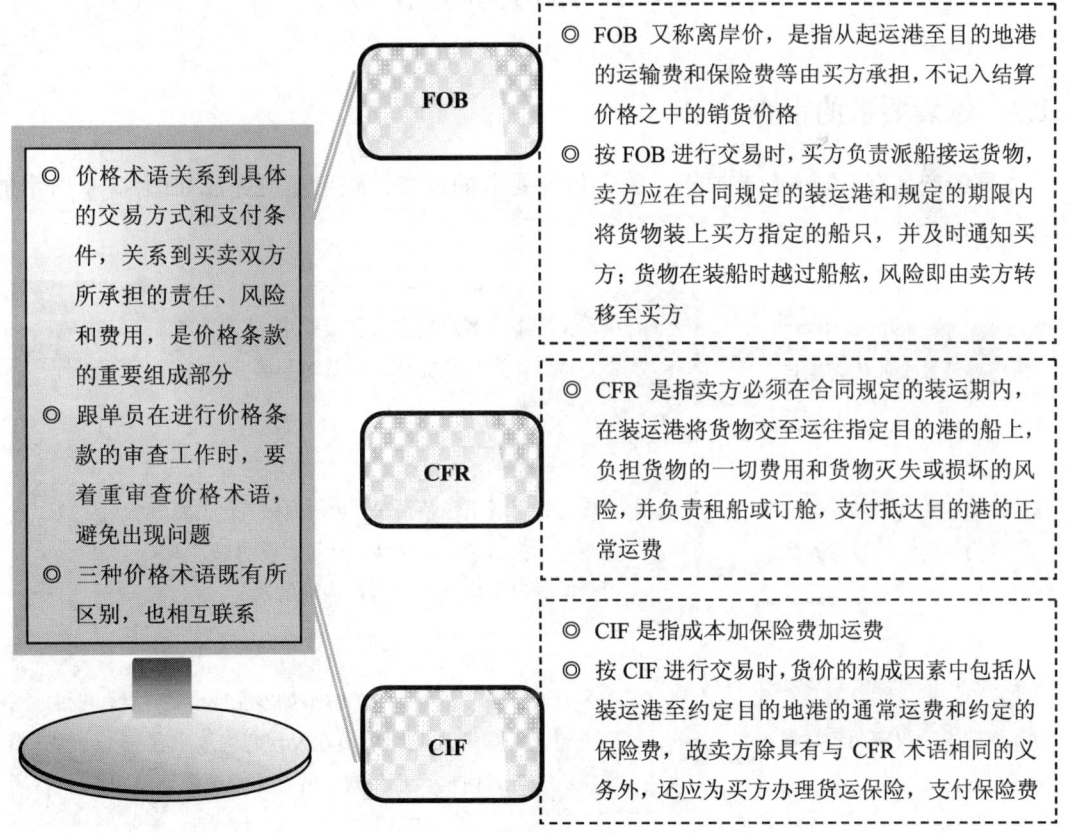

图4—4 价格条款中的常见价格术语

4.1.6 付款方式的审查

付款方式的审查工作主要在于客户的付款方式是否为本企业所接受。由于企业高层领导很多时候会规定有些付款方式是不接受的,如果客户的付款方式刚好在不接受范围之内,跟单员应及时告知客户,并与其协商修改。付款方式的审查主要包括如图4—5所示的三个方面内容。

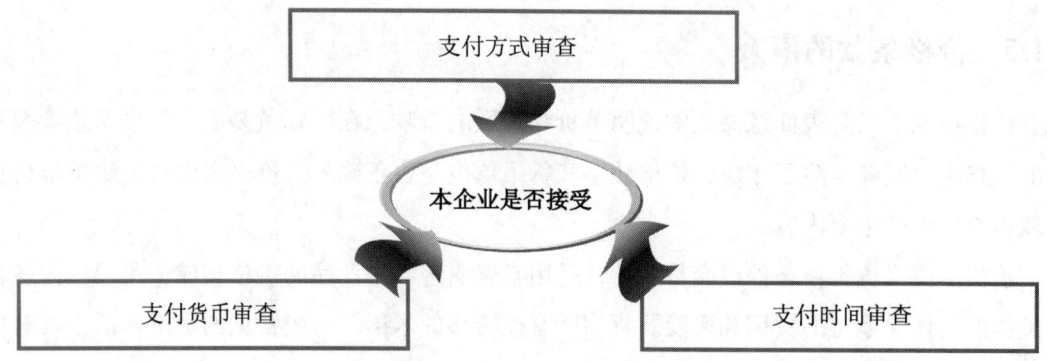

图4—5 付款方式的审查内容

4.1.7 包装要求的审查

不同的产品有不同的包装要求,关于包装要求的审查,跟单员应完成如图4—6所示的主要工作内容。

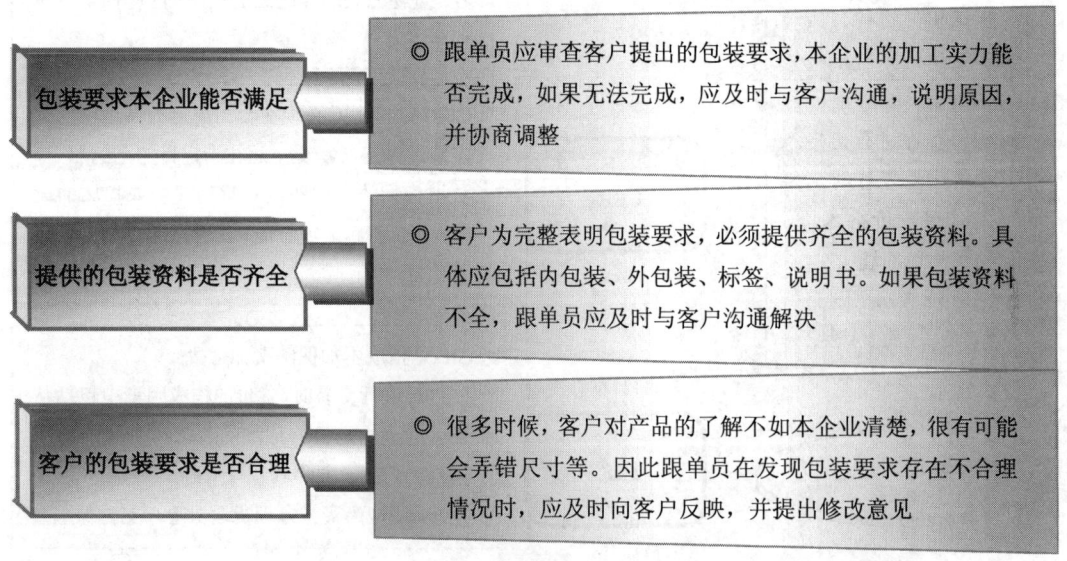

图4—6 包装要求的审查内容

4.1.8 交货期的审查

交货期的审查工作主要在于其合理性问题，如果客户给出的交货期不合理，跟单员应及时与客户沟通协商，提请调整要求。一般而言，合理的交货期应当满足如图4—7所示的要求。

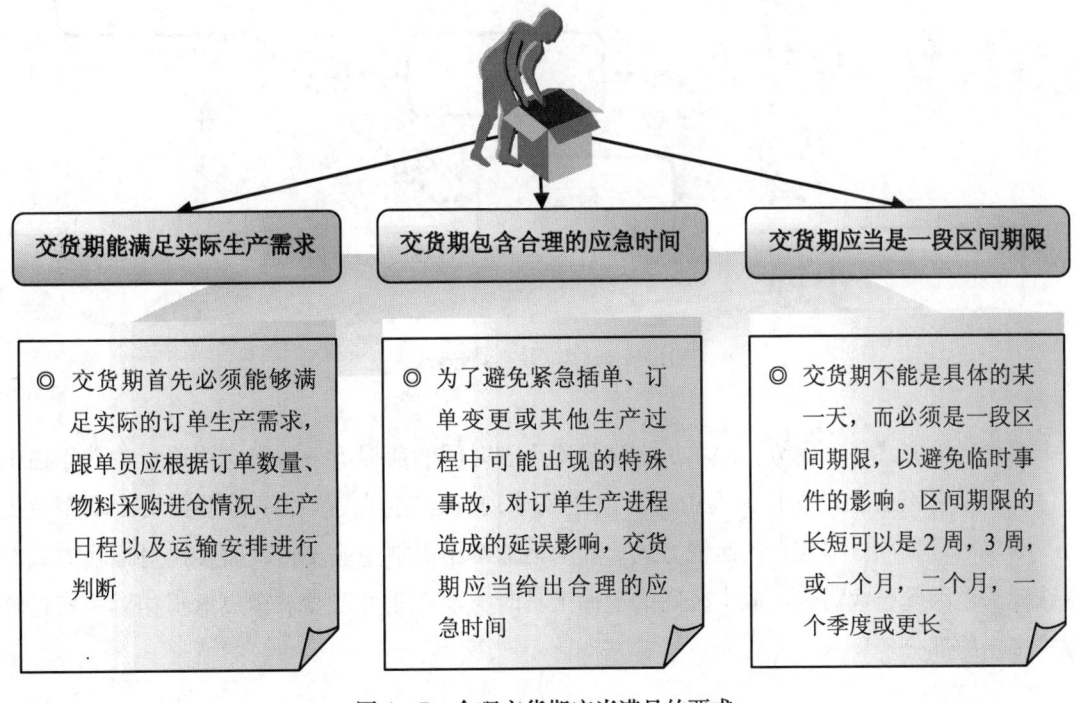

图4—7　合理交货期应当满足的要求

4.1.9 运输方式的审查

跟单员在审查运输方式时,应综合考虑如图 4—8 所示的三大要素。

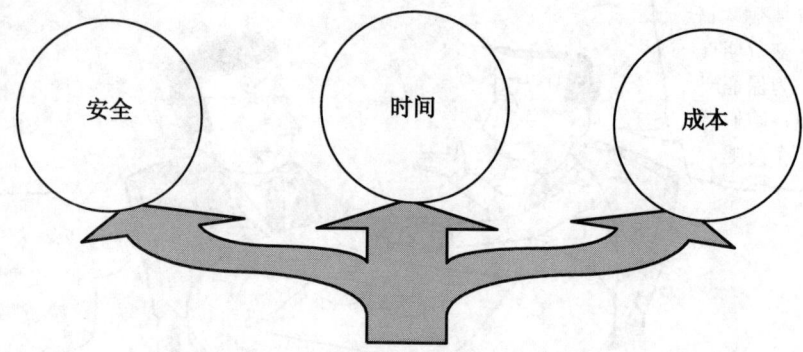

图 4—8　运输方式审查的三大相关要素

安全是首要因素,其次是时间,在保证安全的基本前提下,一切以能按时交货为主。在能满足交期的前提下,尽量选择成本较低的运输方式。一般而言,常用的运输方式主要有如图 4—9 所示的四种。

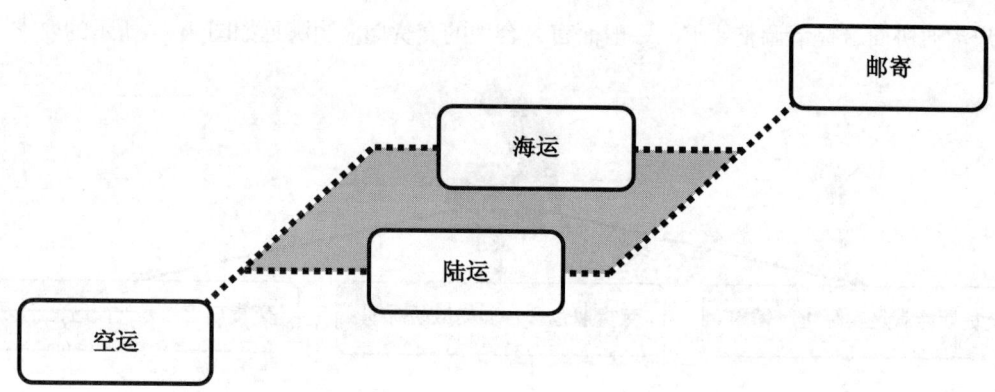

图 4—9　常用的运输方式

四种运输方式各有优势,跟单员在满足安全和时间的前提下,首先应明确运输费用由谁支付。如果费用由客户支付,则由客户决定采取何种运输方式。如果运输费用由本企业支付,则应尽量采取成本较低的运输方式。如果运输费用由本企业支付,而客户对运输方式有特殊要求,因此企业需选取成本较高的运输工具时,本企业可以要求客户承担相对一般运输方式多出的部分费用。

4.2 审单工作要点

4.2.1 明确审单权责

企业划分审单权责，可明确各层次部门及人员在审单过程中的权利和职责，实现权利和职责相统一，提高工作效率。具体来说，企业可对审单权限做如下划分，具体见表4—1。

表4—1　　　　　　　　　　　　审单权限划分一览表

审单主体	权限划分
业务部	评审订单交期、单价、运输包装方式等各项要求，若不能满足客户需求时必须声明
开发部	评审产品的设计与开发能力是否可以满足要求，一般只参加新产品的评审
技术部	评审客户的产品规格要求和其他技术因素在现有技术条件、工艺设备状况下能否满足，若不能满足时必须声明
生管部	评审人力、设备产能、物料供应进度能否满足客户交期要求，若不能满足时必须声明
品管部	评审产品的品质检验、试验、控制能力，若在生产开始前不能满足时必须声明
采购部	评审产品使用的材料是否可以满足要求，主要是针对材料的交货期
财务部	从财务立场评审本企业能否接受客户的准备购买单价及付款方式，并注明原因
总经理	总体评审决策是否可以接受客户的订单

跟单员应明确各订单事项归哪个部门审查,从而可以及时收集、整理各个评审单位的评审意见,确定是否最终接受订单,并将相关信息反馈给客户。

4.2.2 审单时机把握

原则上讲,订单审核必须在跟单员向客户做出提供产品的承诺之前进行,如提交标书、接受合同或订单以及接受合同或订单的更改之前的适当的时间。但实际上,订单评审通常是在接受订单后制订生产计划前的适当时间。

跟单员应做好订单评审工作的跟催管理,力争在不影响各部门现有业务的基础上,催促其快速完成审单业务,同时也应合理规划审单时间,避免一个部门早就审完,而另一个部门迟迟未审核,从而使整个审单结果不能完成,影响以后工作进度的情况发生。

4.2.3 审单方式选择

审单方式一般有三种,即会议评审、传递评审及授权评审。跟单员应根据订单的特性及重要性,选择合理的审单方式。

1. 三种审单方式的使用情形

具体来说,三种审单方式分别适用于不同的情况,具体如图4—10所示。

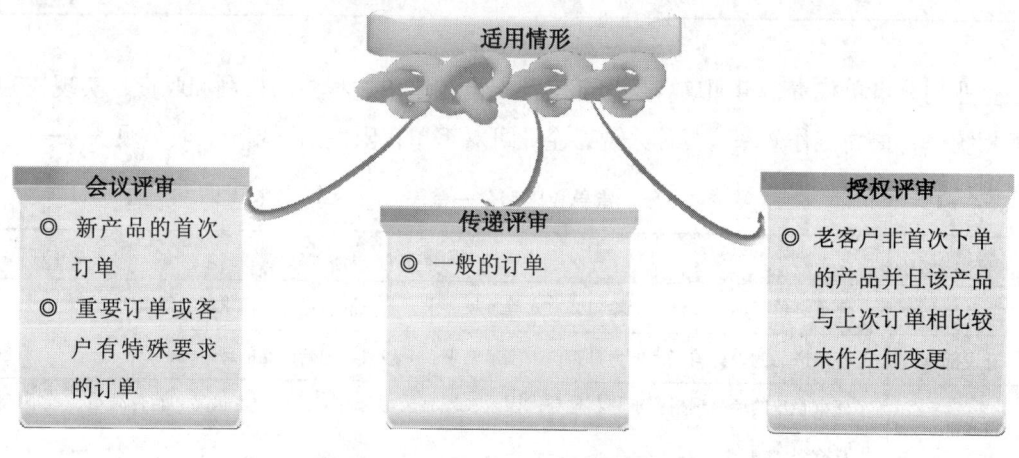

图4—10 三种审单方式使用情形比较

2. 三种审单方式的实施程序

会议评审、传递评审及授权评审这三种审单方式的实施程序分别如图4—11、图4—12、图4—13所示。

第4章 订单审核管理

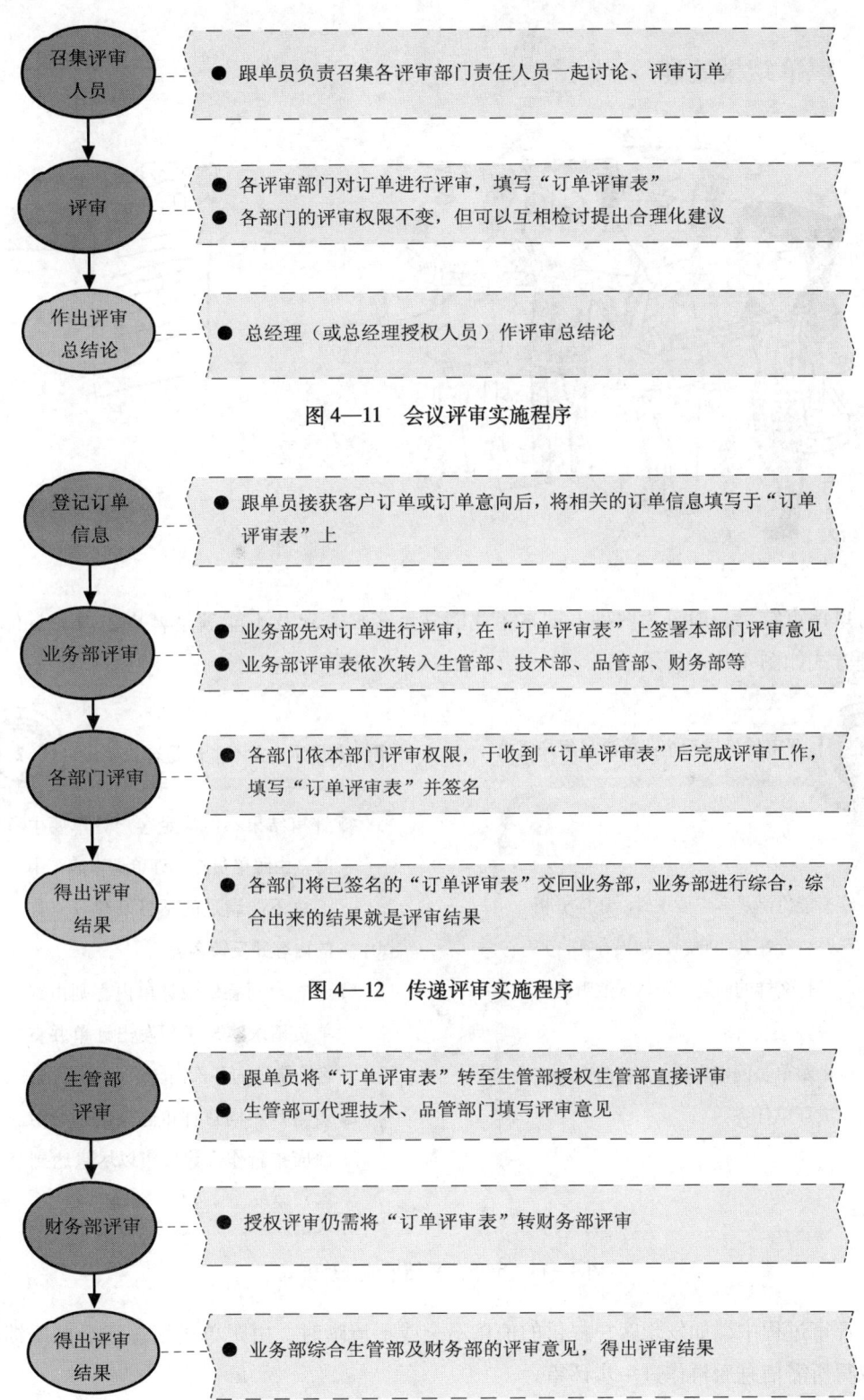

图4—11 会议评审实施程序

图4—12 传递评审实施程序

图4—13 授权评审实施程序

4.2.4 审单结果处理

订单评审结果一般分为两种，即本企业能满足客户需求及不能满足客户需求，具体相关的处理方式如图4—14所示。

1 评审结果显示企业能满足客户要求

- 有能力满足客户要求时，还应分析是否存在其他问题，如果存在，那是什么样的问题，可以采取哪些解决办法
- 由跟单员回馈客户，各部门全力完成订单任务

2 评审结果显示企业不能满足客户要求

- 评审结果不能满足客户订单要求时，由跟单员在"订单评审表"中汇总不能满足的项目及建议修订的内容并反馈客户
- 若客户同意修改订单内容则由跟单员请求客户重新发出订单并将客户资讯向各部门转达
- 若客户不同意评审建议则企业内部应重新作会议评审以尽量达到客户要求

图4—14 审单两种结果的处理方式

在评审过程中，如发现客户提供的信息不全或不清晰时，由跟单员汇总记录并反馈给客户，取得所需信息后再作进一步评审。

形成的评审结果由跟单员整理、归档、保存，然后协调各部门的工作，制订生产计划。

4.3 审单流程制度

4.3.1 订单审核工作流程

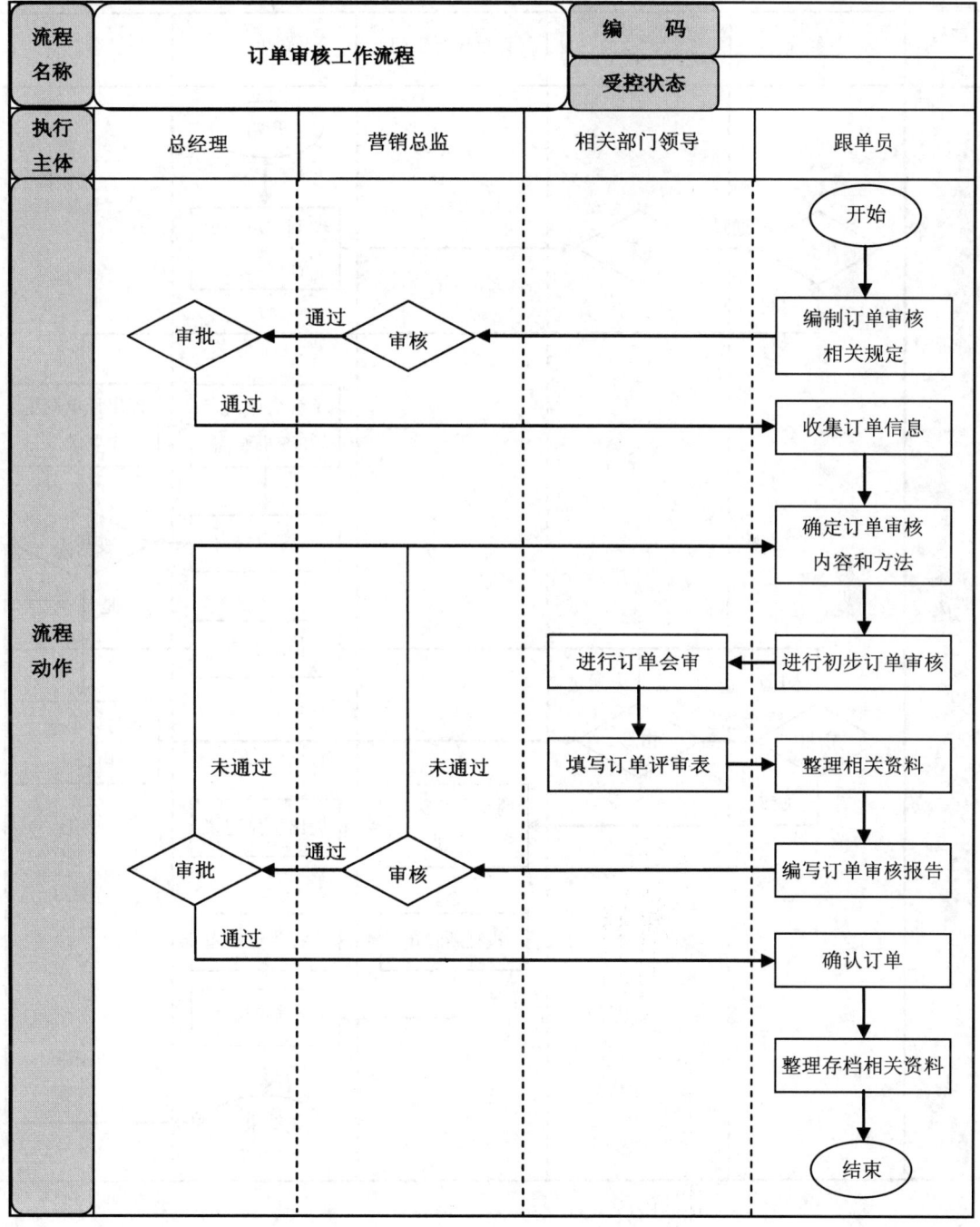

4.3.2 订单变更处理流程

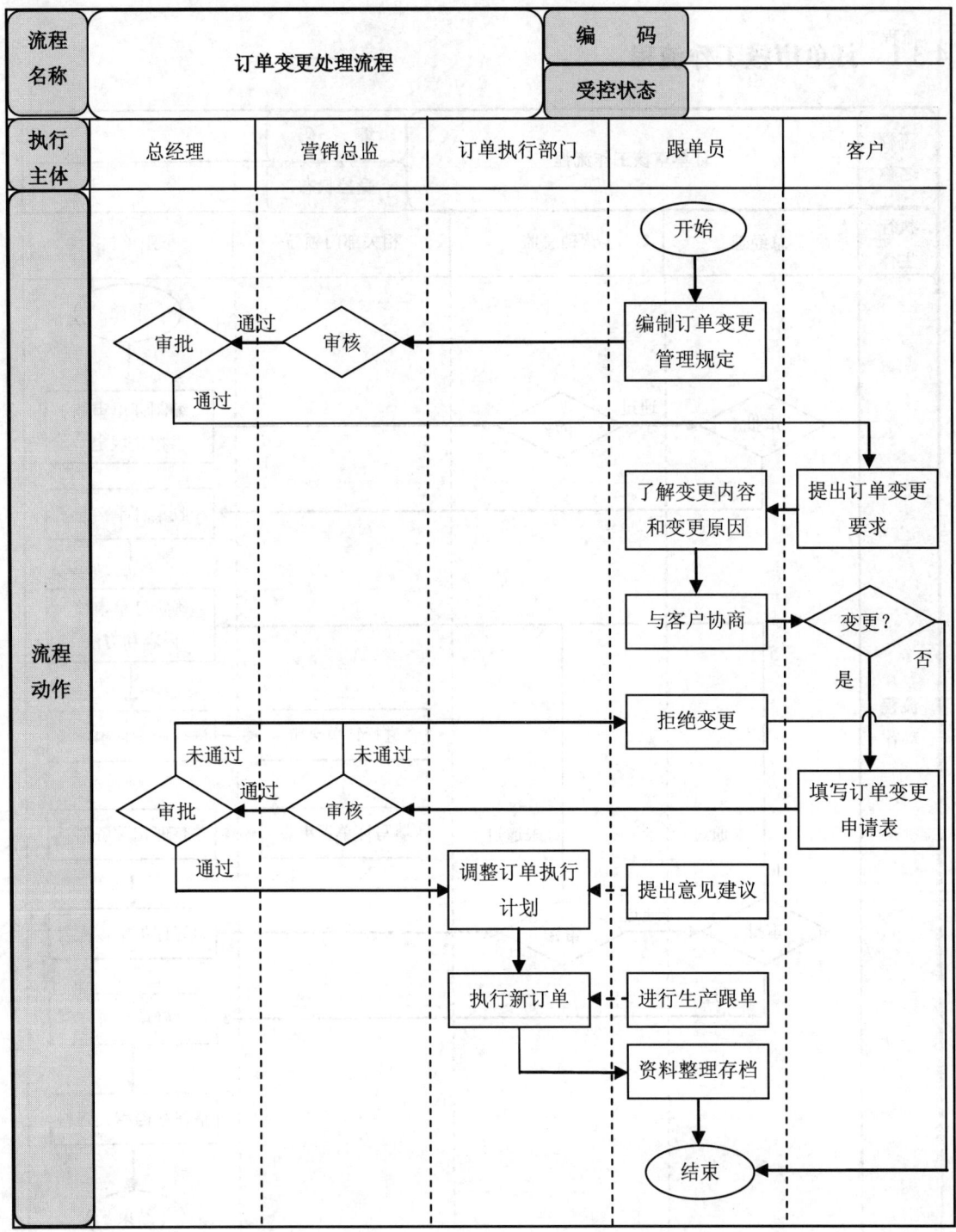

4.3.3 订单撤销处置流程

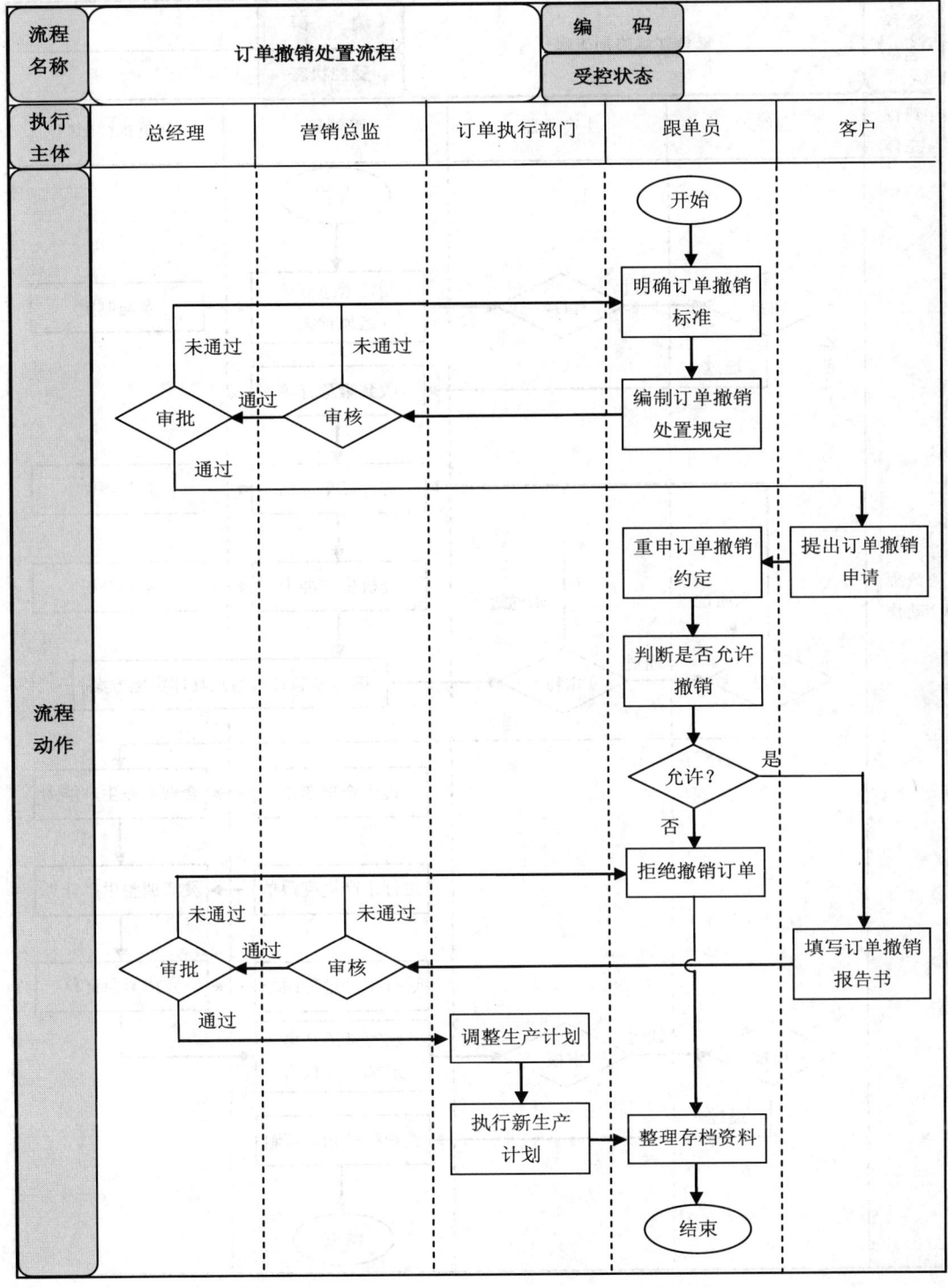

4.3.4 紧急订单追加流程

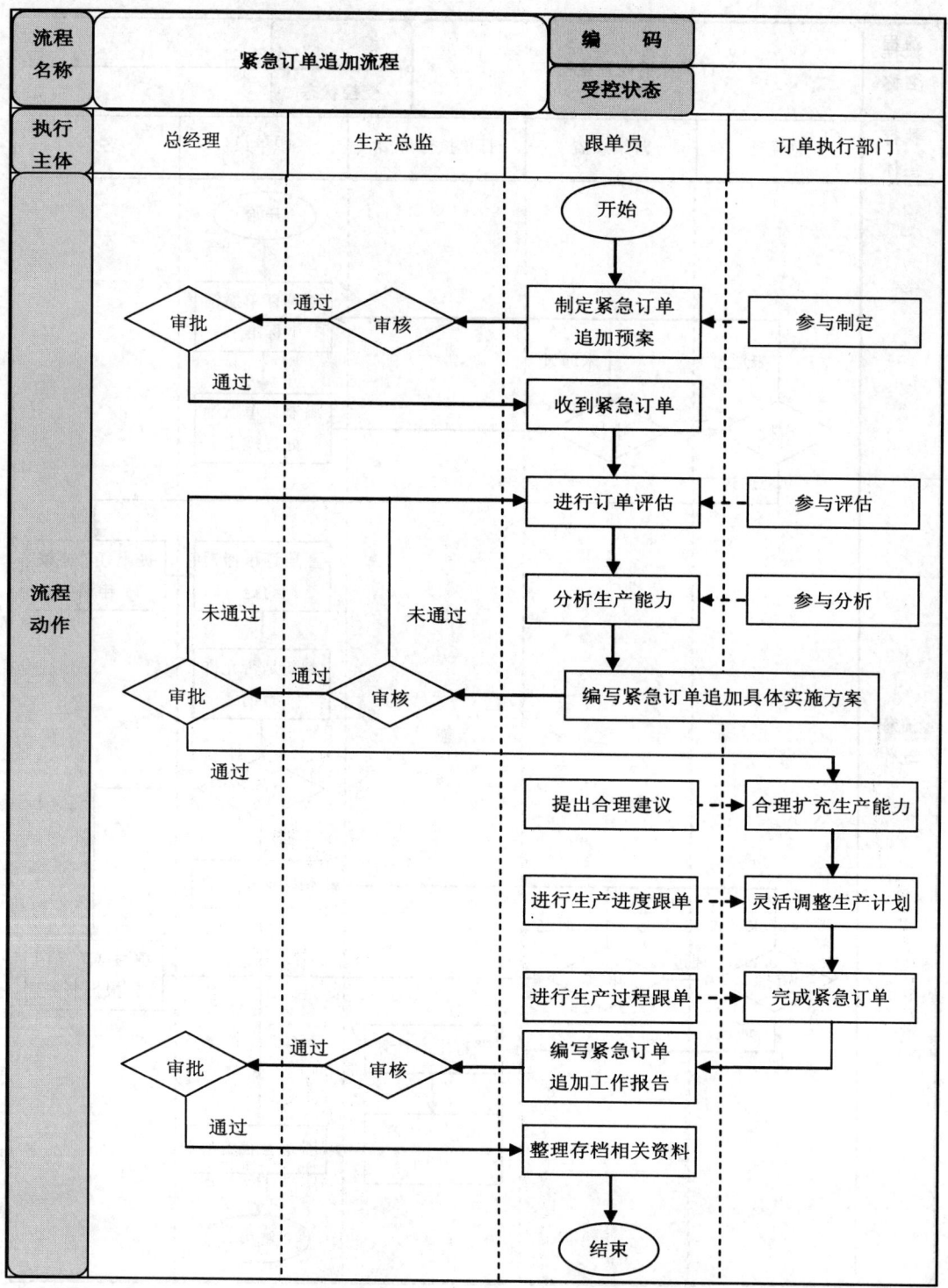

4.3.5 特殊订单处理流程

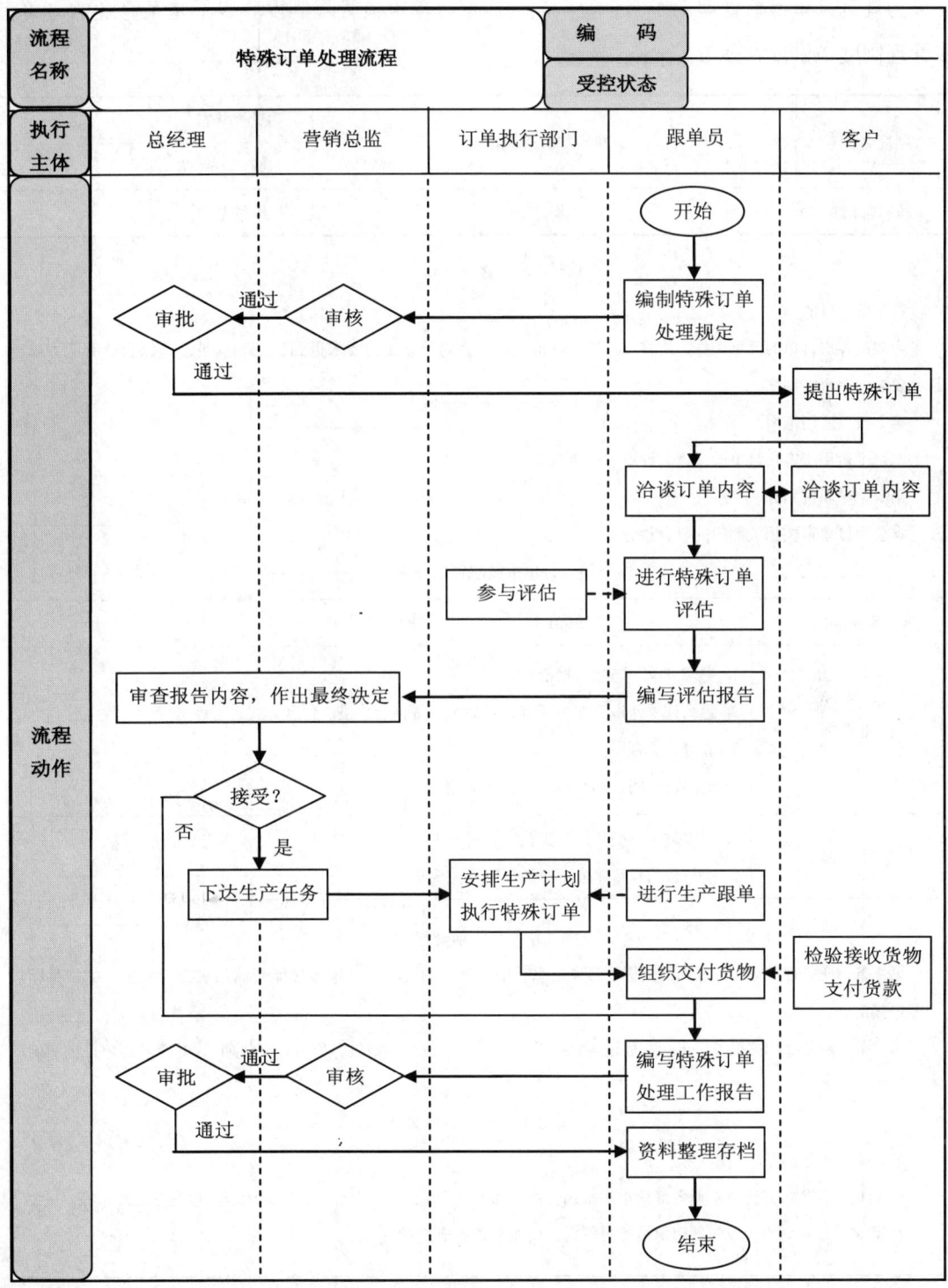

4.3.6 订单审核管理制度

为规范订单审核管理工作,企业一般会制定订单审核管理制度。以下是某企业的订单审核管理制度,供读者参考。

制度名称		订单审核管理制度		受控状态	
				编　号	
执行部门		监督部门		编修部门	

第1章　总则

第1条　目的

为规范客户订单的评审工作,使客户在质量、价格、交货期等方面的要求得到识别和满足,确保企业有能力履行订单要求,制定本制度。

第2条　适用范围

本制度适用于客户订单的受理、评审、变更及管理。

第3条　职责划分

本公司订单审核相关部门的职责划分见下表。

订单审核职责划分表

审核部门	职责划分
业务部	1. 受理订单、与顾客接洽 2. 组织订单评审及变更评审,对品名、规格、价格、付款方式进行评审 3. 签订订货合同 4. 整理、归档、移交合同(订单)资料
生产部	1. 评审数量、交货期、工艺、质量要求等 2. 执行合同及订单变更通知中的相关要求

第2章　评审前受理管理

第4条　业务部针对客户发出的招标、订购信息,依据公司的接单条件来衡量能否满足对方的要求,如满足即可同客户接洽。

第5条　业务部相关跟单员记录、登记客户要求(如品名、规格、数量、价格、交货期),并要求客户提供明确的工艺要求。

第3章　订单评审管理

第6条　业务部评审

1. 价格、付款方式评审:业务部跟单员根据公司"报价表",核对客户订单,核对无误后报业务经理审核。
2. 品名、规格评审:业务部跟单员通过核对公司相关资料册进行审核。

第 7 条　生产部评审

1. 工艺、质量要求评审：生产部依据质量标准进行审核。
2. 数量、交货期评审：生产部主任依据设备生产能力及生产计划情况审核。

第 8 条　如有不能满足客户要求的项目，由业务部与客户协商，达成协议。

第 9 条　评审通过或协议达成后，业务部按《合同管理制度》与客户签订订货合同。

第 4 章　订单变更评审

第 10 条　若客户对已签订的合同内容提出变更，业务部跟单员应组织相关部门对其进行评审。具体评审工作按以下要求执行：

1. 数量、交货期变更，由生产部主任做出评审意见。
2. 价格、付款方式变更，由业务部与客户协商，并呈报业务经理审定。
3. 工艺、质量要求变更，由生产部做出评审意见。

第 11 条　业务部跟单员将"变更要求"和"评审意见"认真记录下来。

第 12 条　业务部跟单员依据各部门的评审意见与客户协商，拟订"变更内容"交业务经理或总经理批准。

第 13 条　"变更内容"审批通过后，业务部跟单员通知相关部门执行变更。

第 14 条　业务部依据"变更内容"估算公司的损失，与客户协商合理的赔偿。

第 5 章　评审通过后的管理

第 15 条　合同确定后，各部门应按合同要求执行，如遇难以克服的困难，应通告业务部，由业务部跟单员与客户协商解决。

第 16 条　订单归档、保管规定。

1. 签订或确认后的有效订单（合同），业务部需按客户类别、订单（合同）号排序归档。
2. 订单（合同）的正本统一保存在资料室，订单变更的资料视为订单保管。
3. 订单（合同）为机密资料，未经过业务主管同意，任何人不得带出业务部。
4. 订单（合同）完成后的次年年底，业务部应将订单资料整理成册，移交资料室保存。

第 6 章　附则

第 17 条　本制度由业务部负责制定、修改和解释。

第 18 条　本制度经总经理审批后，自颁布之日起执行。

编制日期		审核日期		批准日期	
修改标记		修改处数		修改日期	

4.4 订单评审表单

4.4.1 订单资料表

编号：　　　　　　　　　　　　　　　　　　　　　填写日期：　　年　月　日

客户名称		客户等级	
订单金额		订单编号	
签单日期		要求交货日期	
业务员		跟单员	
订单产品资料			
产品编号	产品名称	规格型号	单位	数量	质量等级	备注
生产物料资料			
物料编号	物料名称	规格型号	单位	库存数量	需采购数量	备注
订单要求			
品质要求	
工艺要求	
其他要求	

制表人：　　　　　　　审核人：　　　　　　　复核人：

4.4.2 订单评审表

客户名称：		客户等级：			订单编号：		
订货日期：	年 月 日	交货日期：	年 月 日		交货方式：		
交货地点：		付款期限：	年 月 日		付款方式：		

产品编号	产品名称	规格型号	单位	数量	单价	总价	备注

合计	(小写) ¥ _____ (大写) ____佰万____拾万____万____仟____佰____拾____圆____角____分
产品要求	
产品类型	□ 成熟成品，无须再设计　　□ 需要产品研发设计，预计研发时间为_____天 □ 有充足现货　　□ 有部分现货　　□ 有半成品，需加工　　□ 无现货
生产部意见	签字：　　　　　　　　　　日期：　　年　月　日
采购部意见	签字：　　　　　　　　　　日期：　　年　月　日
质量部意见	签字：　　　　　　　　　　日期：　　年　月　日
营销部意见	签字：　　　　　　　　　　日期：　　年　月　日
技术研发部意见	签字：　　　　　　　　　　日期：　　年　月　日
营销总监意见	签字：　　　　　　　　　　日期：　　年　月　日
总经理意见	签字：　　　　　　　　　　日期：　　年　月　日

4.4.3 订单确认表

客户名称		合同号							订单号	
客户联系人		职位							联系电话	
交付方式		交付地点							交付日期	
订单金额	大写		亿	佰万	拾万	万	仟	拾	圆 角 分	付款方式
	小写	¥_____（保留两位小数）							付款期限	__年__月__日

序号	产品名称	规格型号	质量等级	包装形式	单位	数量	单价	总价	备注
1									
2									
3									

发票形式	□ 普通发票 □ 增值税发票		
运输方式	□ 汽车运输 □ 火车运输 □ 轮船运输 □ 航空运输 □ 其他方式_____		
运费支付	运费金额 ___元	支付方	□ 供货企业 □ 客户
本企业盖章确认		客户盖章确认	
跟单员确认签字		客户代表签字	
确认日期	年 月 日	确认日期	年 月 日

4.4.4 订单生产反馈表

编号：　　　　　　　　　　　　　　　　　　　　　　　　填表日期： 年 月 日

订单号				客户			
生产明细说明							
产品名称	规格	数量	物料采购日期	物料到货日期	投产日期	交货期限	预计完成日期

备注							
签字							
生产主管		车间主任		跟单员		审核人	

4.4.5 订单客户资料表

编号：　　　　　　　　　　　　　　　　　　　填表日期：　年　月　日

客户		地址		联系方式		
经营者概况						
姓名		性别	年龄	籍贯		住址
学历		语言	性情	品性		社会关系
配偶影响程度		其他职位				
以往信誉						
法人代表				与经营者关系		
金融状况						
往来银行		账号		记事		兑现情况
资金现状	□丰裕　□充足　□紧张　□短缺　□危险					
付款情况						
付款态度	□爽快　□普通　□尚可　□延迟　□为难　□欠款					
备注						
财务状况						
参考附页"××企业＿＿＿年＿月的资产负债表及所有者权益变动表"（略）						
经营概况						
经营方针	□积极　□保守　□坚实　□平常　□凌乱					
业务状况	□兴隆　□渐盛　□常态　□衰退　□危险					
营业种类						

进货对象	___牌占__%	___牌占__%	___牌占__%						
销售种类	□门市__%	□机关__%	□批发__%	□其他__%					
销售范围	□本地	□其他							
销售价格	□合理	□略低	□略高	□削价					
营业性质	□专营	□兼营							
每月平均销售实绩									
每月平均销售量									

最高月额	进货				最低月额	进货			
	销售					销售			
	存货					存货			

保全关系						
担保品	名称	所有权者	记事	等级价格	实际价格	抵押手续
店保	商号	资本额	营业执照号	店址	负责人	身份证号	担保手续
个人保	姓名	身份证号	住址	记事	担保手续
经销合约	
资信机构提供资料	
结论	
最高信用程度	

调查或填表者	1	2	3	4	5	6	7	8	9
董事长	总经理		销售经理		销售主管		跟单员		

第5章

物料采购跟单

5.1 采购跟单的基本要求

5.1.1 适当的交货时间

物料采购跟单是指跟单员按采购订单所载明的物料、品名、规格、数量及交期等进行跟踪。其目的是满足企业生产活动对物料的需求,在必要的时候,获得必要的物料,避免停工待料。物料采购跟单的第一个基本要求是适时,即适当的交货时间。

适当的交货时间是跟单员进行物料采购跟单的中心任务。物料交货时间过早或过晚都不利于采购企业的经营运作,跟单员的任务就是使所采购的物料在规定的时间获得有效的供应。具体物料交期不符的不利影响如图5—1所示。

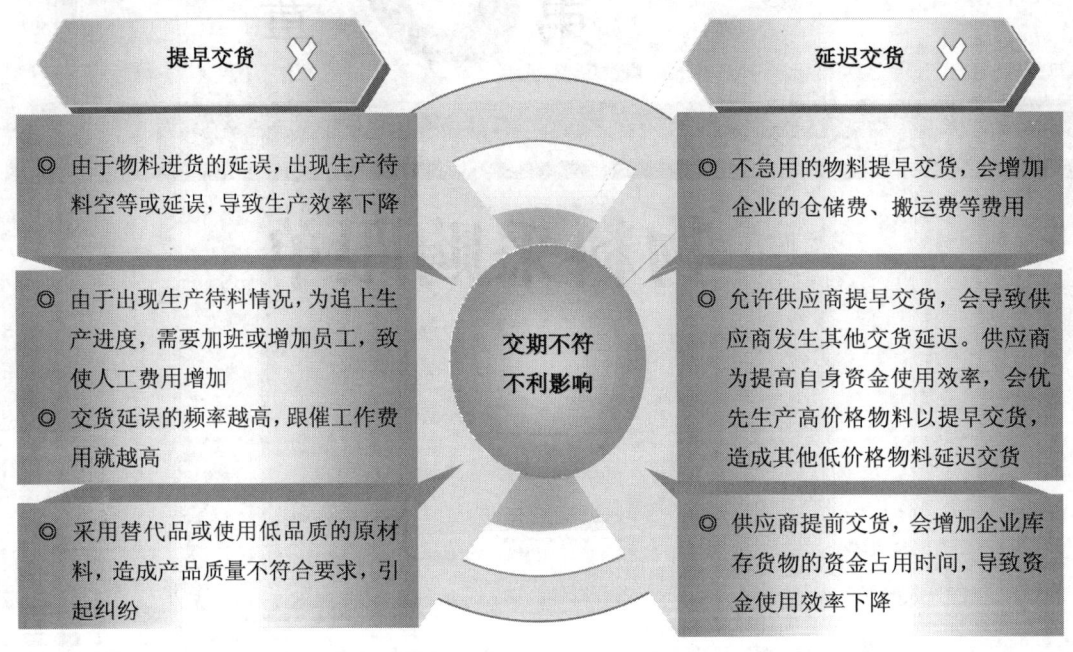

图5—1 物料交期不符的不利影响

5.1.2 适当的交货质量

适当的交货质量,即适质,是指供应商所交的物料可以满足企业使用要求。过低的质量要求是不容许的,但过高的质量会导致成本提高,削弱产品的竞争力,同样不可取。

采购物料达不到企业使用要求,可能会造成以下严重后果,具体如图5—2所示。

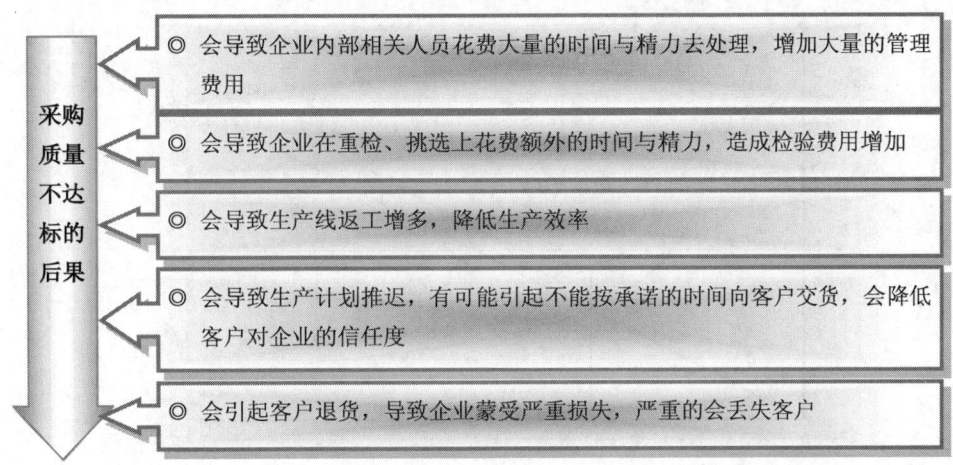

图 5—2 采购质量不达标的后果

5.1.3 适当的交货地点

适当的交货地点,即适地,指为了减少企业的运输与装卸费用,跟单员在进行物料跟单时应要求供应商在适当的地点交货。所谓合适的交货地点,指离企业最近、方便企业装卸运输的地点,比如港口、物流中心、企业的仓库。

因此,跟单员应重点选择那些离企业近、交通方便的供应商。因为交货地点不当,会大大增加物料的运输、装卸和保管成本。

5.1.4 适当的交货数量

适当的交货数量,即适量,指每次交来的物料企业刚好够用,不产生更多的库存。采购所需要的数量,不会或很少产生仓库库存,可以节省仓储费用,避免装卸费用增加。同时,采购所需要的数量,不会发生因产品设计变更或采用替代材料时而出现库存呆料,既节省材料款,又不会使仓储费用持续发生。

跟单员应根据资金、资金周转率、储存运输成本、原材料采购计划等综合计算出最经济的交货量。常用的计算最经济交货量的方法为经济订货批量法,具体原理及公式如下:

1. 经济订货批量计算原理

计算经济订货批量最有效的方法是数学方法。经济订货批量计算原理可用图 5—3 来表示。

2. 确定经济订货量 EOQ 的公式

根据图 5—3 所示经济订货批量计算原理图可知,影响经济订货量 EOQ 的主要影响因素

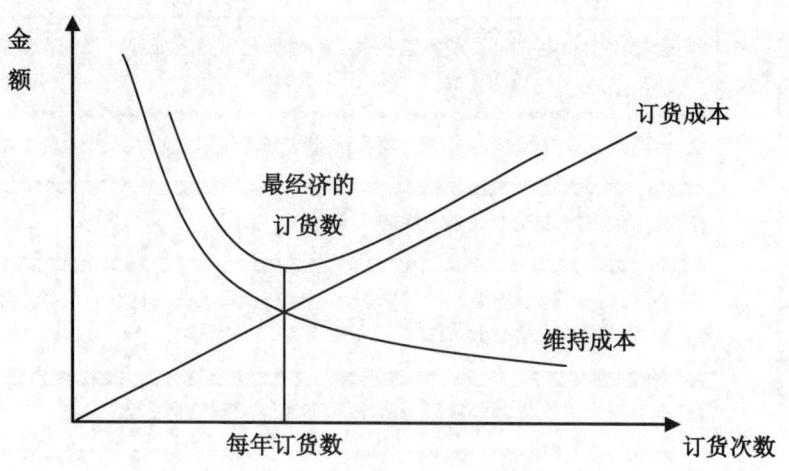

图 5—3　经济订货批量计算原理

为企业年需求总量、每次订货成本以及单位物资年保管成本。根据图5—3可确定经济订货量 EOQ 的具体计算公式如下：

$$EOQ = \sqrt{\frac{2CD}{H}}$$

式中　D——年需求总量；

　　　C——每次订货成本；

　　　H——单位商品年保管成本。

5.1.5　适当的交货价格

适当的交货价格,即适价,一个合适的价格,要经过以下四个环节的努力才能获得,具体如图5—4所示。

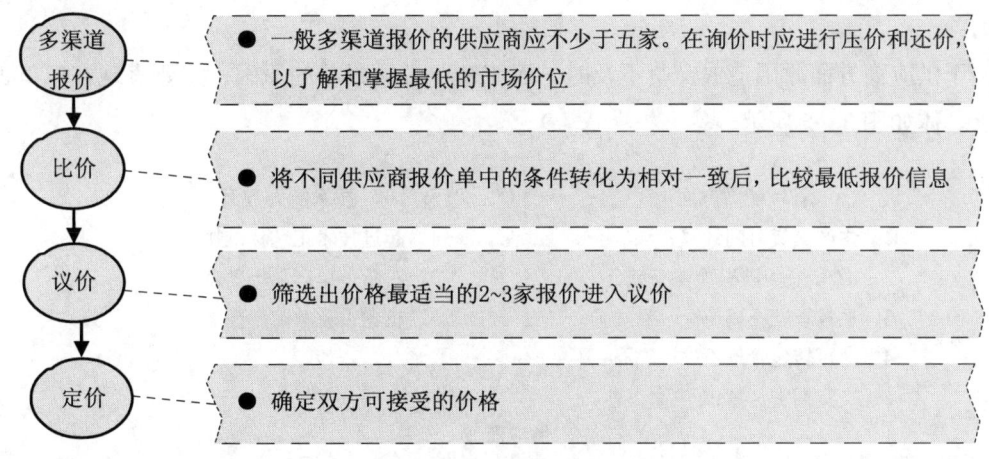

图5—4 适价获得四环节

跟单员一般对每个产品的采购,需保留三个以上供应商的报价,让供应商知道有竞争者,从而使他们努力改善合作关系,企业从中可获得更好的报价和服务。

5.2 物料采购跟单的原因

5.2.1 供应商方面原因

物料到底能不能按时供应，跟单员有大量艰苦细致的工作要做。在物料采购跟单工作中，跟单员要事先预计到可能发生的问题，其关键环节主要在物料供应商、采购方企业等控制方面。

由于供应商方面原因造成交货不及时，而使企业必须跟单的原因，主要表现在以下四个方面，具体如图5—5所示。

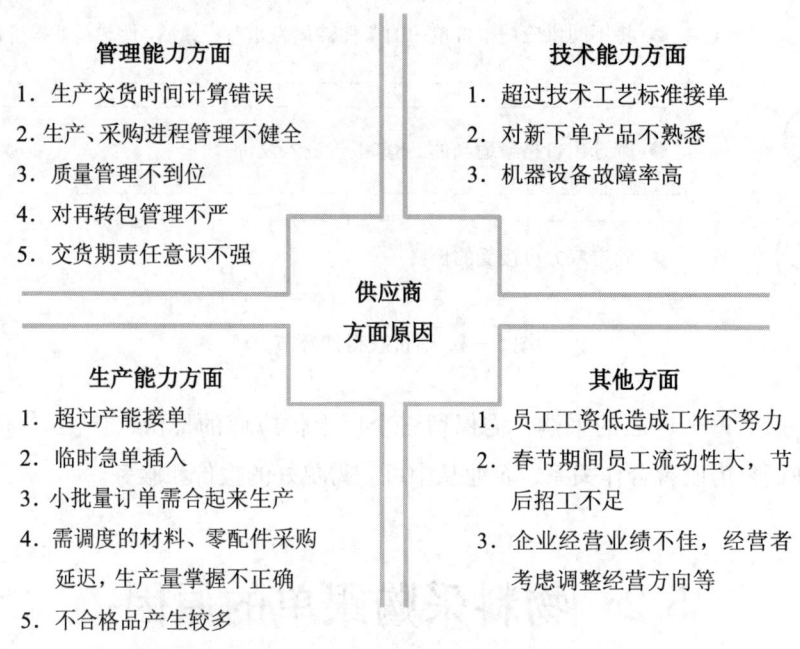

图5—5　供应商方面原因

对由供应商原因导致的交期延误，跟单员应及时进行催货，并要求供应商根据合同条款承担违约责任。跟单员可采取的具体措施，如图5—6所示。

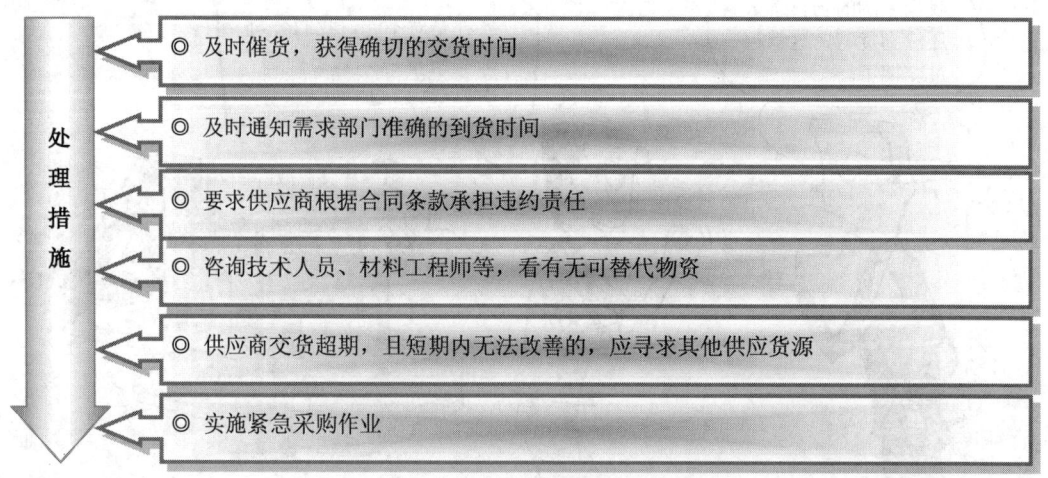

图5—6　供应商导致交期延误采取的措施

5.2.2 企业方面的原因

由于企业方面原因造成交货不及时,而使跟单员必须进行跟催的原因,主要表现在以下七个方面,具体如图 5—7 所示。

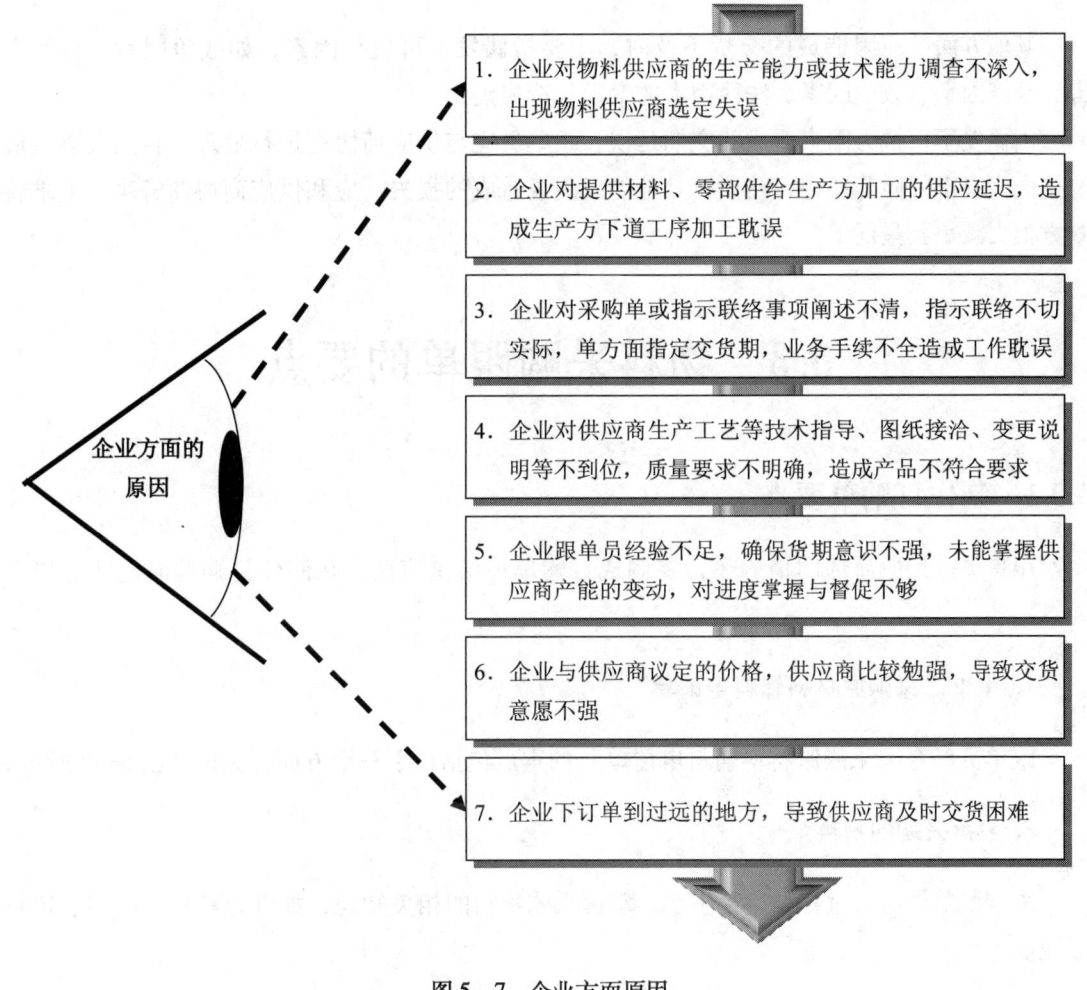

图 5—7 企业方面原因

针对由于企业原因导致的交期延误,应加强跟单员的交期意识,并通过培训提高跟单员的业务素质,并对相关责任人进行批评及处罚。

5.2.3 沟通方面的原因

沟通方面的原因主要指信息交换不及时,即因采供双方沟通不良,未能掌握一方或者双方的产能变化,联络未得到落实,技术资料不充分,质量标准沟通不一,未达成单价、付款、交期的共识等造成延误。

因双方沟通不畅造成的交期延误,跟单员应改进沟通业务水平,加强同供应商的沟通,建立完善、畅通的沟通机制。

5.2.4 其他方面的原因

其他方面的原因造成的交货不及时,主要指偶发不可抗拒因素,如战争因素、自然灾害、经济因素、政治因素、法律因素的变动等造成延误。

因偶发不可抗力因素造成的交期延误,跟单员应与供应商协商进行处理。自然灾害造成的损失应寻求保险公司进行赔偿;其他偶发因素造成的损失,应和供应商协商解决,力求将双方损失减小到最低。

5.3 物料采购跟单的要点

5.3.1 制作订购单要点

跟单员接到所需部门请购单,要制成订购单传给供应商,在制作订购单时应注意以下要点:

1. 审查"采购原材料辅料申请单"

跟单员审查"采购原材料辅料申请单"的重点包括以下三个方面,具体如图5—8所示。

2. 熟悉采购的物料

采购跟单员应通过各种途径了解、掌握采购物料的相关知识,如理化特性、价格、市场紧缺度等信息。

3. 价格确认

跟单员应对采购物料的最终价格负责,跟单员有权向其他供应商了解并寻找最佳供应商,以维护企业最大利益。

4. 确认质量标准

企业与供应商通过采购合同、企业技术标准、企业工艺图纸要求、供应商提供的样品等确定采购物资的质量标准。

审查
重点
申请人
◎ 适当的采购人：采购所需的内容，只有需用部门、业务员最为清楚，因此采购申请应由部门、业务员提出
形式
◎ 以书面方式提出物料的采购
主要
内容
◎ 确定物料要求的内容：包括物料的成分、尺寸、形状、强度、精密度、耗损率、合格率、色泽、操作方式、维护等以及售后服务的速度、次数、地点等
◎ 以型号规格表明采购的标准

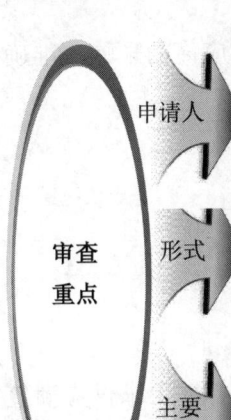

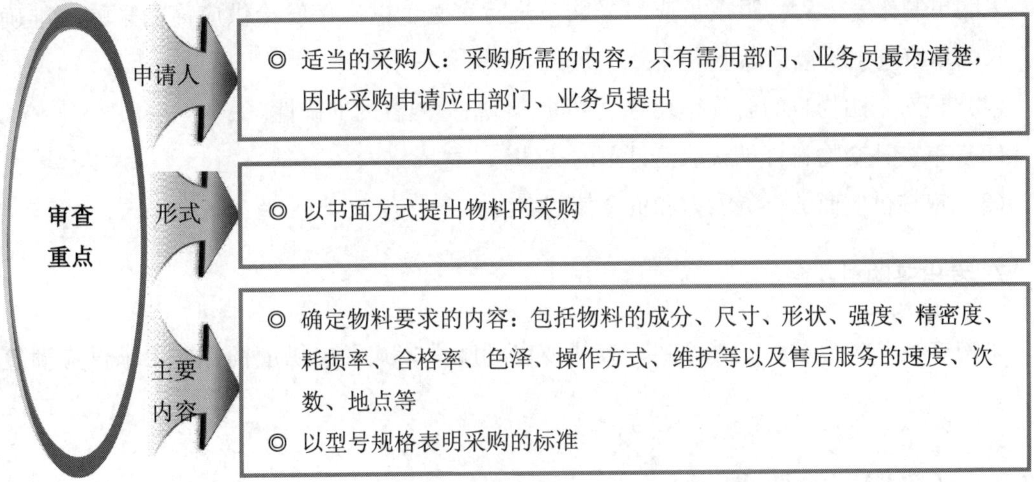

图 5—8 “采购原材料辅料申请单”审查的重点

5. 确认原材料采购量

跟单员对需求部门或业务员的物料采购量进行复核，如发现错误，应及时提出并进行弥补工作。

6. 制定采购单

制定采购单时，应注意内容齐全、表述清晰，采购单的主要内容如图 5—9 所示。

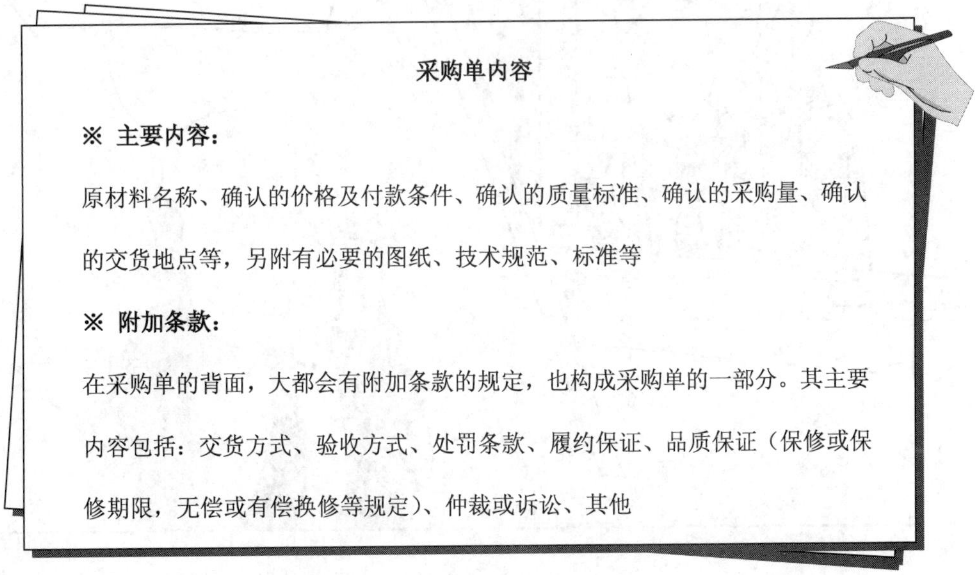
采购单内容
※ 主要内容：
原材料名称、确认的价格及付款条件、确认的质量标准、确认的采购量、确认的交货地点等，另附有必要的图纸、技术规范、标准等
※ 附加条款：
在采购单的背面，大都会有附加条款的规定，也构成采购单的一部分。其主要内容包括：交货方式、验收方式、处罚条款、履约保证、品质保证（保修或保修期限，无偿或有偿换修等规定）、仲裁或诉讼、其他

图 5—9 采购单的主要内容

采购单制作完毕后,跟单员应对采购单进行审查,以确保发给供应商的采购单准确无误。采购单审查主要包括以下内容:

(1)核对采购物料的名称、编号、数量、价格等内容的准确性。

(2)审查补交物料订单或取消订单的文件。

(3)审核供应商的供货能力和资金信用度。

7. 发出采购单

采购单经审核无误后,通过邮寄方式或电子邮件方式发给供应商,并要求供应商签字回传。

5.3.2 订单跟踪的要点

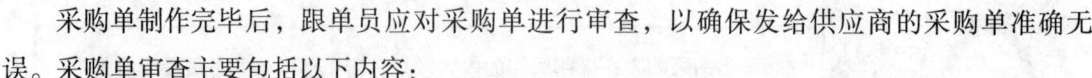

第5章 物料采购跟单

采购订单跟踪是跟单员花费精力最多的环节,对于那些长期合作的、信誉良好的供应商,可以不进行订单跟踪。但是,对一些重要或紧急物料的采购单,跟单员则应全力跟踪。

具体采购订单跟踪的要点包括跟踪加工工艺、跟踪原材料、跟踪加工过程、跟踪组装总测及跟踪包装入库,具体如图5—10所示。

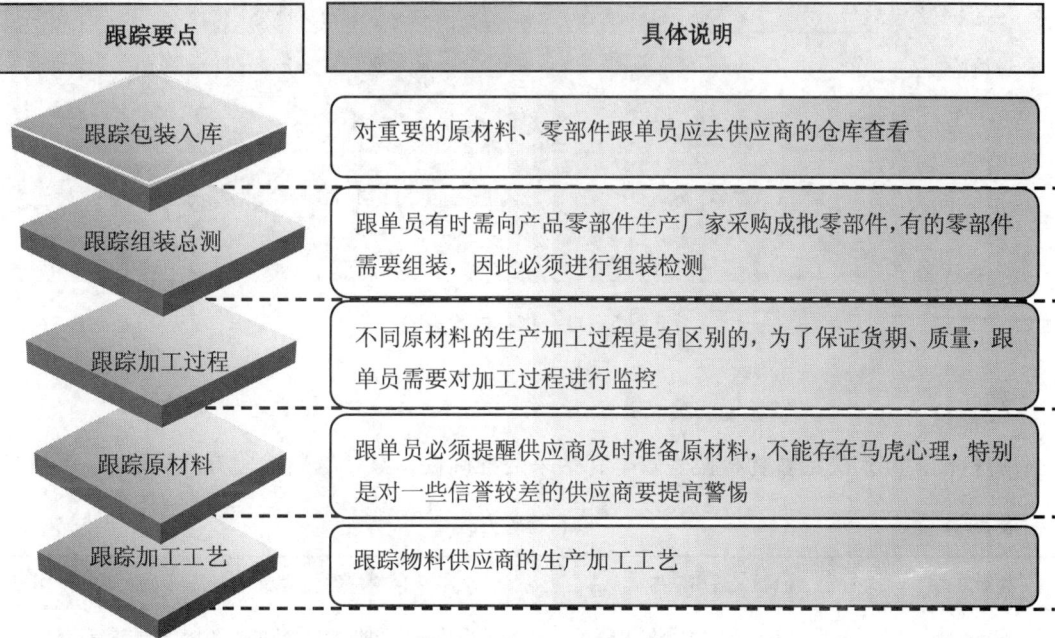

图5—10 订单跟踪要点

5.3.3 物料检验的要点

物料检验要点包括四个：确定检验日期、通知检验人员、进行原材料检验及处理质量检验问题。具体如下所示。

1. 确定检验日期

跟单员应与供应商商定检验日期及地点，以保证较高的检验效率。

2. 通知检验人员

跟单员应主动联系质量检验专业人员一同前往检验地点进行原材料、零部件的检验。安排检验要注意原材料、零部件的轻重缓急，对紧急原材料、零部件要优先检验。

3. 进行原材料检验

（1）检验策略

物料检验应遵循一定的策略，以便节约检验时间，提高检验效率，重点发现问题。具体检验策略如图5—11所示。

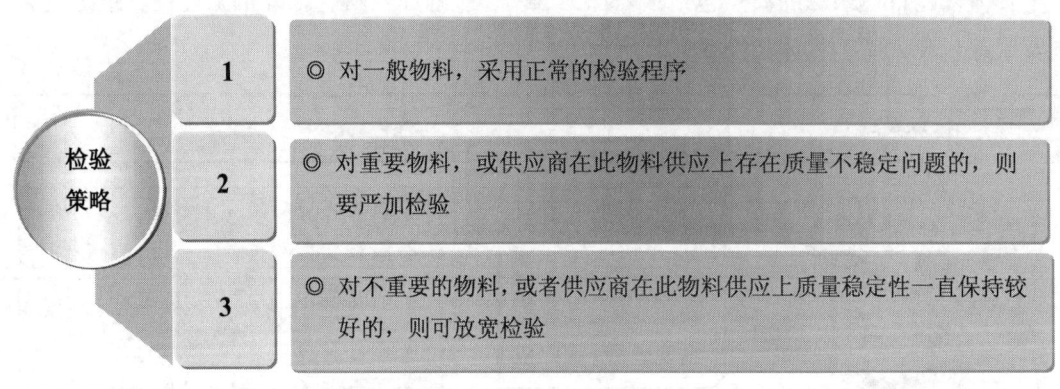

图5—11　物料检验策略

（2）检验方式

物料检验方式决定着物料检验效率和结果的准确性，具体物料检验方式见表5—1。

表5—1　　　　　　　　　　　　物料检验方式

检验方式	适用范围	具体方法
抽样检验	◇数量较多并经常使用的物料	◇从一批采购物料中随机抽取少量样本进行检验

续表

检验方式	适用范围	具体方法
全部检验	◇数量少、价值高的物料	◇按质量检验标准对所有采购物料进行质量检验
免检	◇数量很大、价值低的辅助性物料 ◇经认定的免检供应商提供的物料 ◇生产急用而特批免检的物料	◇免除质量检验程序

（3）检验方法

采购物料检验方法，根据检验的不同原理、条件和设备，分为五大类，具体如图5—12所示。

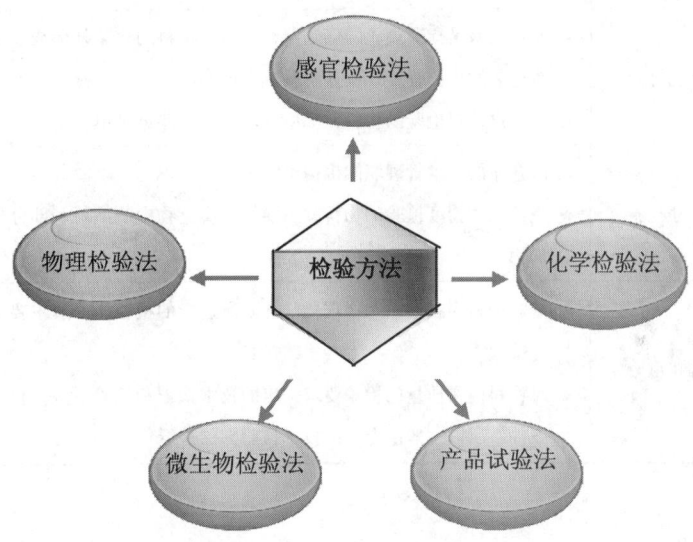

图5—12　物料检验方法

（4）检验内容

物料检验的主要内容，见表5—2。

表5—2　　　　　　　　　　　物料检验主要内容

检验内容		具体描述
数量检验	计件	★一般情况下，计件物料应全部逐一点清，固定包装物的小件物料，如果包装完好，打开包装对保管不利 ★国内货物只检查外包装，不拆包检查。进口物料按合同或惯例办理

续表

检验内容		具体描述
数量检验	检斤	★ 检斤是按重量供货或以重量为计量单位的物料，做数量验收时的称重 ★ 金属货物、某些化工产品多半是检斤验收 ★ 对于进口物料，原则上应全部检斤，但如果订货合同规定按理论换算重量交货，则按合同规定办理 ★ 所有检斤的物料，都应填写磅码单
	检尺求积	★ 检尺求积是对以体积为计量单位的物料，先检尺，后求体积所做的数量验收
	备注	★ 一般情况下数量检验应全验，即按件数供货的进行全部点数，按重量供货的进行全部检斤，按理论重量供货的进行全部检尺，后换算为重量，以实际检验结果的数量为实收数
质量检验	外观检验	★ 外观检验是指通过人的感觉器官，检验物料的包装外形或装饰有无缺陷，检查物料包装的牢固程度，检查物料有无损伤等 ★ 凡经过外观检验的物料，都应该填写"检验记录单"
	尺寸检验	★ 由仓库的技术管理职能机构组织进行 ★ 进行尺寸精度检验的物料，主要是金属货物中的型材、部分机电产品和少数建筑货物
	理化检验	★ 是对物料内在质量和物理化学性质所进行的检验，一般主要是对进口物料进行理化检验 ★ 对物料内在质量的检验要求一定的技术知识和检验手段，目前企业多不具备这些条件，所以一般由专门的技术检验部门进行

（5）检验程序

企业在实施物料检验时，应遵循以下程序进行，如图5—13所示。

（6）检验结果

物料检验的结果分为两种情况：合格物料、不合格物料。不合格材料的缺陷种类有：致命缺陷、严重缺陷、轻微缺陷。检验的结果应以数据检测以及相关记录描述为准。

4. 处理质量检验问题

合格物料一般由仓储人员办理入库，而不合格物料，跟单员应针对物料缺陷程度的不同，采取相应的措施，如要求供应商换货、扣款、质量整改、降级使用、取消供应商资格等。具体常见的处理措施及使用情况见表5—3。

第5章 物料采购跟单

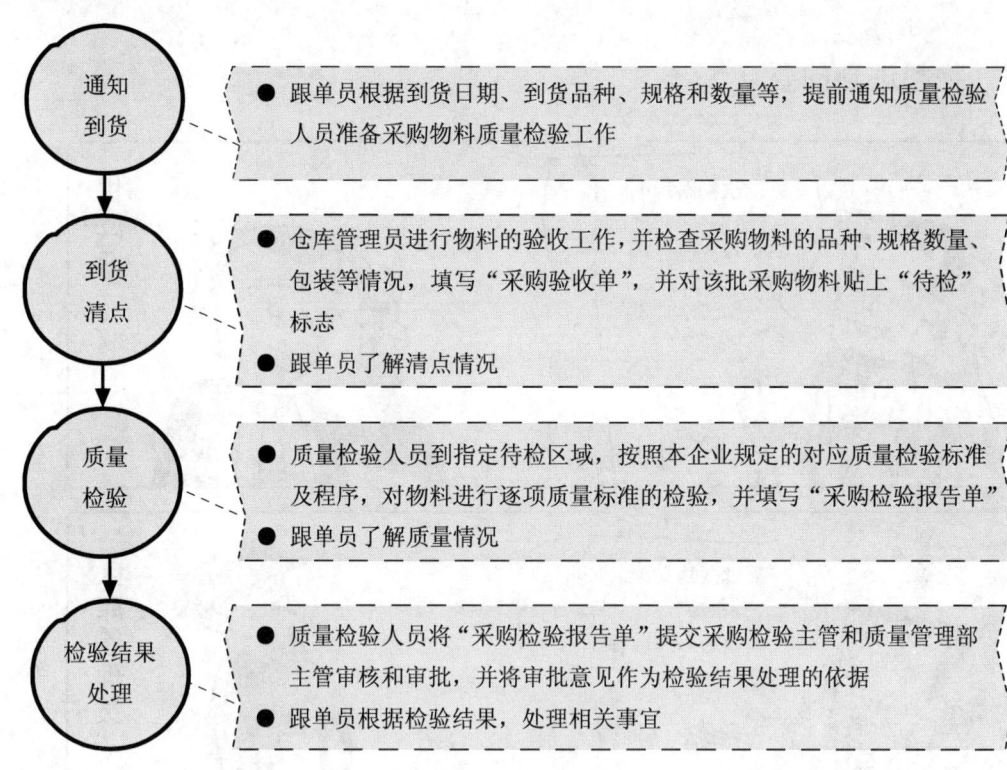

图5—13 检验程序

表5—3　　　　　　　　质量检验问题常见处理办法一览表

措施	适用情况	具体方法
换货处理	◇提供不合格品的供应商过往质量记录良好 ◇请购部门不急于使用采购物资	◇要求供应商换货
扣款处理	◇不影响使用，企业需要该物料	◇降低价格，从而减少部分货款或要求供应商以一定的货款补偿企业的损失
降级使用	◇该物料降低一个标准，企业还可以有其他用途	◇接受物料，但按降低标准后的物料价格进行货款支付
取消供应商资格	◇提供不合格品的供应商过往质量记录不佳 ◇从其他途径获得此类物料供应商较容易	◇取消供应商供货资格，解除合作关系
拒收退货	◇不符合企业质量标准且批次合格率不达标	◇经领导审批同意后，联系供应商办理退货
返工处理	◇当批物资检验不合格，经加工即为合格品	◇由供应商或本企业进行物料再加工，并要求供应商对误工和加工成本进行赔偿
全检处理	◇物资经抽检不合格，但物资急用	◇对该批物资进行全数检验，接收合格品

5.3.4 物料进仓的要点

物料采购跟单的进仓要点包括协调送货、协调接收、通知送货、原材料（零部件）入库及处理接收问题等。具体如下：

1. 协调送货

送货时间需要跟单员与供应商沟通协调确定，如果供应商在没有得到采购方许可的情况下送货，跟单员在没有和供应商协调确定的情况下，都会引起混乱。

2. 协调接收

在供应商送货前,跟单员一定要协调好仓库部门的接收工作,否则会出现供应商送货人员及运输车辆需要等待较长时间的情况,甚至会出现物料被拉回供应商所在地的情况。

3. 通知送货

跟单员在经过以上两项工作后,即可通知供应商送货,供应商在得到送货通知后,应立即组织专职人员进行处理,将物料送至指定仓库。

4. 原材料(零部件)入库

原材料、零部件等物料的库房接收过程有如下九步,具体如图 5—14 所示。

图 5—14 物料入库程序

5. 处理原材料(零部件)接收问题

由于供应商或者跟单员方面的原因,原材料(零部件)等物料在接收环节上可能会出现以下问题。具体常见接收问题及处理对策如图 5—15 所示。

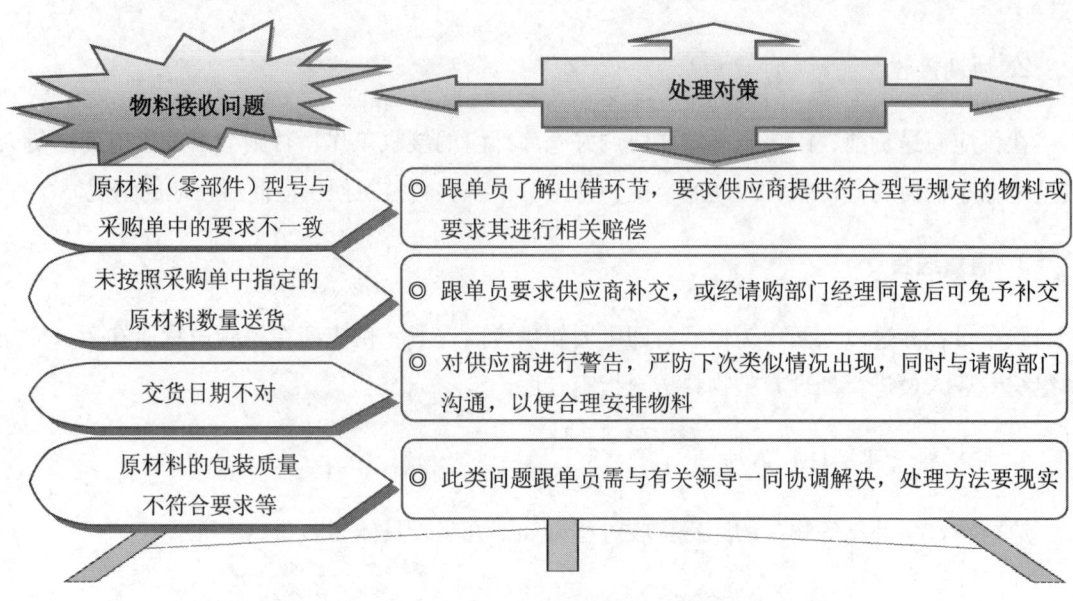

图 5—15 物料接收问题及处理对策

5.4 采购跟单的方法策略

5.4.1 订单跟踪的方式

跟单员需要及时跟踪供应商的备货情况，掌握供应商备货进度。供应商的备货时间包括原材料准备的时间、工艺准备的时间、物资生产的时间以及物资运输的时间等。采购订单跟踪的方式主要有四种，具体如图 5—16 所示。

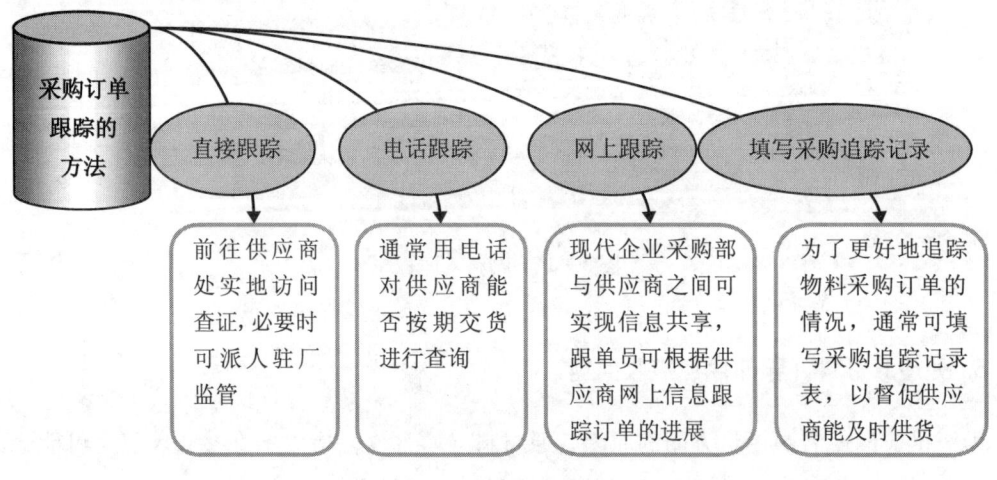

图 5—16 采购订单跟踪方法

5.4.2 物料催单的方法

跟单员需要在预定的交货期开始前数天提醒供应商，一方面给供应商适当的压力，另一方面可及时掌握供应商能否按期交货或能否交够所需数量等情况的第一手资料，从而尽快采取相应措施。催单的方法主要有按采购单跟催和定期跟催两种，具体见表5—4。

表5—4　　　　　　　　　　　催单两种方法说明

方法	方法说明
按采购单跟催	按采购单预定的进料日期提前一定时间进行跟催，通常采用以下方法： 1. 联单法：将采购单按日期顺序排列好，提前一定时间进行跟催； 2. 统计法：将采购单统计成报表，提前一定时间进行跟催； 3. 跟催箱法：制作一个31个格子的跟催箱，将采购单依照日期顺序放入跟催箱中，每天跟催相应采购单，以上方法的目的是保证跟单员不因工作繁忙而遗漏重要事项； 4. 计算机提醒法：利用微软Outlook系统中的日历安排计划功能，将每月需要办理的催单事项，输入日历，每天上班开机，打开Outlook系统，它会自动提醒跟单员当天需要办理的事项
定期跟催	于每周固定时间，将要跟催的采购单整理好，打印成报表定期统一跟催

5.4.3 物料催单的规划

根据采购物料的特性及重要性，物料催单的规划分为一般监控、预定进度管理时间及生产企业实地考察，具体如图5—17所示。

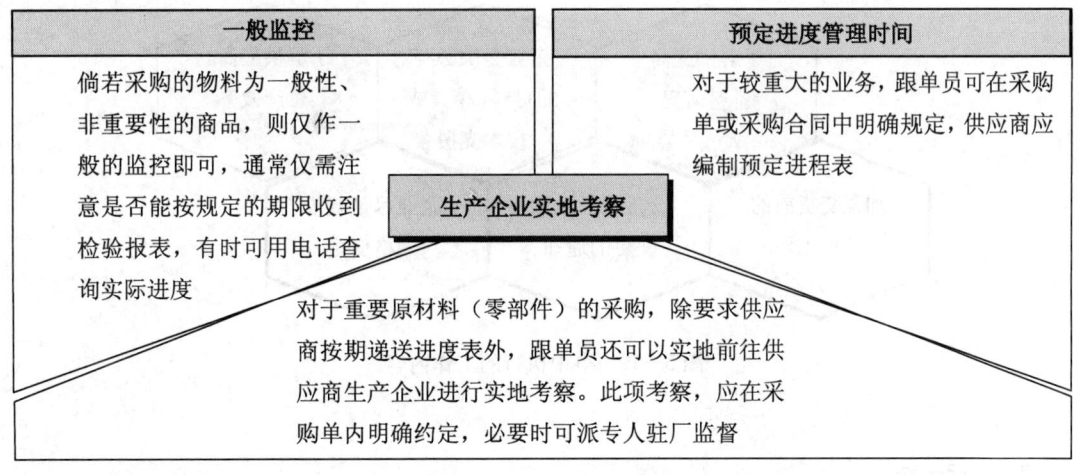

图5—17　物料催单规划

5.4.4 催单的工作要点

跟单员要进行有效的催单，必须要做好交货管理的事前规划、事中执行与事后考核。具体如下：

1. 事前规划

事前规划具体包括以下五项工作内容，如图5—18所示。

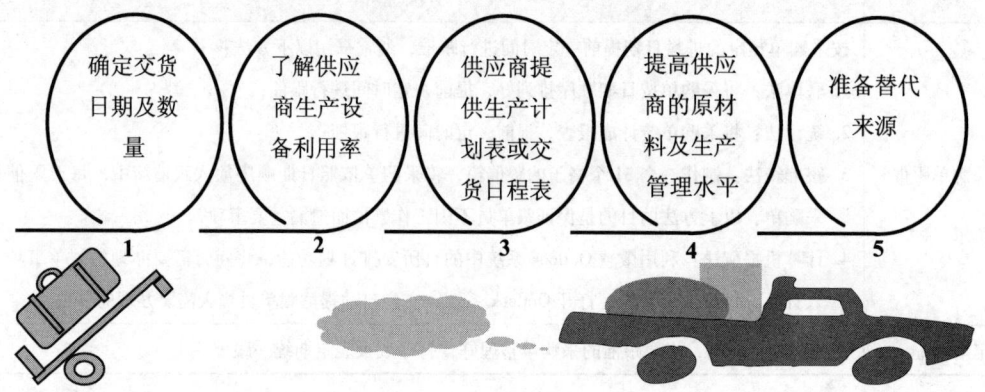

图5—18 事前规划的工作内容

2. 事中执行

事中执行具体包括以下六项工作内容，如图5—19所示。

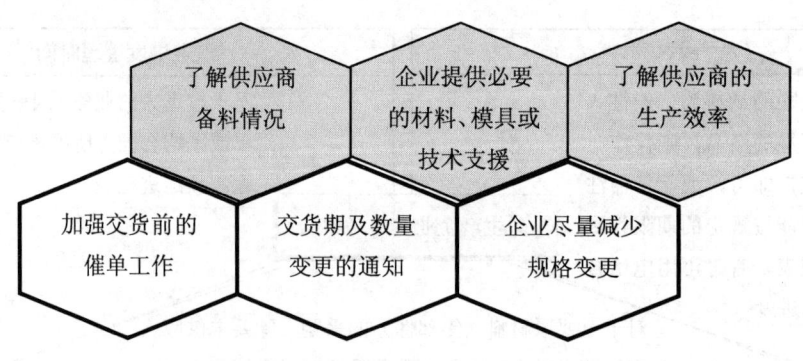

图5—19 事中执行的工作内容

3. 事后考核

事后考核具体包括以下四项工作内容，如图5—20所示。

图 5—20 事后考核的工作内容

5.5 物料采购跟单的工具

5.5.1 物料采购订购单

编号：　　　　　　　　　　　　　　　　　　　　　日期：　年　月　日

订单编号		请购单编号	
供应商名称		联系人	
收货地址			
用途		包装	
交货日期		分批交货数量	
跟单员		订单状态	
编号	品名与型号	规格	等级	单价	数量	总价
总计						
备注						

审核人：　　　　　　　　　　　　　　　　　　　　　制表人：

5.5.2 物料采购跟催工作表

下单阶段		
项目	跟催工作	跟催情况
采购物料	1. 掌握预计订购日 2. 调整预计订购日及交货期 3. 调整供应商	
分析困难物料的原因，制定对策	1. 分析困难物料原因，常见物料出现问题的原因如下： （1）物料等待，不知道从何处获得 （2）调度时间长，导致货期延误 （3）物料采购规范不明确 （4）货品少或缺货 （5）物料采购数量太少或太多 （6）缺少资金 （7）物料要求的规格较高 （8）缺少采购物料检验设备，无法保证物料品质 2. 制定对策 （1）与供应商周旋 （2）及时支付采购金额 （3）制定替代或代用物料制度	
掌握供应商的生产能力	1. 调查负荷状况，负荷的总量与能力一致时，要确认每一批物料的交货期是否有勉强之处 2. 调查机械、设备生产能力	
生产阶段		
项目	跟催工作	跟催情况
供应商生产进度	1. 请供应商提供生产计划或生产日程表 2. 按时通过电话等方式查询进度 3. 建立跟催表或管制卡 4. 以报表的形式，将目前累计交货结果（数量、品质等）通知供应商，促其改善	
入库阶段		
项目	跟催工作	跟催情况
生产物料	1. 确认有无品质不良、数量不足等情况 2. 对未入库部分予以追查并制定对策 3. 协助供应商进行生产改善 4. 调整订购日及交货期	

5.5.3 物料采购订单跟踪表

编号:　　　　　　　　　　　　　　　　　　　　　　　　　　日期:　　年　月　日

序号	订单号	供应商名称	物资名称	采购数量	下单日期	拟交货日期	实交数量	未交数量	预计补交日期

审核人:　　　　　　　　　　　　　　　　　制表人:

5.5.4 物料采购延误处理表

采购订单号					请购部门			
供应商								
采购员					跟单员			
订购情况	规格	品名	数量	原定交期	已交量	延迟天数	备注
延迟事由	
处理方案	
请购部门意见	
最终完成情况	

5.5.5 物料采购检验报告单

编号：　　　　　　　　　　　　　　　　　　　　　　　　记录日期：　年　月　日

物料名称		规格	
批号		数量	
采购日期		到货日期	
供应商编号		供应商名称	
检验记录						
序号	检验项目	检验标准	检验记录	合格	不合格	备注
1						
2						
3						
…						
验收数量		□足		□短缺		
验收总评		□合格		□不合格		

采购经理：　　　　　质量控制主管：　　　　　检验员：　　　　　跟单员：

第6章

生产过程跟单

6.1 生产过程跟单的要点

6.1.1 下达生产通知书

跟单员需要将生产通知书传达给生产部门。生产通知书是将客户订单转化为生产任务的体现，完整的生产通知书应当包括如图6—1所示的基本内容。

图6—1 生产通知书应含内容项目

6.1.2 分析生产能力

生产通知书下达后，跟单员要及时对企业的生产能力进行分析，确定企业的生产能力能否保证按时按量完成订单的生产任务。如果不能完成任务，应及早采取措施，避免交期延误产生纠纷。

1. 分析计量单位，评估生产能力

生产能力是反映企业生产效率和生产规模的重要指标，是反映企业生产可能性的重要参数。由于是能力类的指标，无法直接进行数学测量，所以一般情况下，分析生产能力必须选取能够反映生产能力实际情况的计量单位进行评估。

常用的生产能力计量单位有投入量、产出量、原材料处理量三种，这三项数据都与生产能力密切相关。跟单员可通过分析订单产品关于这三种计量单位的历史数据，来判断企业对于订单产品的生产能力能否满足客户的要求。

2. 分析影响生产能力的各项因素

在实际的生产过程中，生产能力可能会受到多方面的影响而发生改变，如果单纯以计量单位评估生产能力来确保订单能否按时按质完成，那么关键时刻就很有可能会出问题。因此，跟单员还需要对以下影响生产能力的因素进行分析。

（1）技术因素

科学技术是第一生产力，直接影响到企业的生产效率和生产质量。一般而言，企业生产技术不会随意改动，但如果企业有对订单产品的生产技术进行引进或改造的，跟单员要将此影响因素分析在内，不仅要分析技术改进可能造成的生产能力提高，还要注意技术风险可能造成的生产能力下滑现象。

（2）人员因素

完成产品的生产需要不同人员的参与，无论是车间的一线员工还是管理层人员，都对生产进程有影响作用。在订单生产过程中，相关人员的缺勤、休假、调职、升降、招聘、离职、加班等都会影响到整个生产进程，跟单员应对相关人员变动对生产能力的影响进行分析。

（3）设施因素

生产需要设施基础，设施不仅包括仪器、设备，还包括为满足生产需要所建立的机构、组织、建筑等。设备仪器的损坏、维修、新购以及厂房改迁等多种因素，跟单员在分析生产能力时都要考虑在内。

（4）工艺因素

工艺因素不仅包括工艺技术，还包括工艺流程、工艺设计等。工艺因素会影响到设备的使用是否规范、产品的质量是否合格等，进而还可能导致产品检验和返工程序的增加，使产量下滑。

（5）运作因素

生产并非一项单一流程，正如下幅漫画所描述的，它是从原材料的采购入厂、加工到成品出厂的一项系统性过程，一件产品的生产往往需要多项加工程序的紧密结合，因此产品生产的运作因素往往直接影响到产品的生产效率，某一关键环节的卡壳，很有可能会造成整个生产进程的停滞。

（6）管理因素

生产需要管理，从计划到执行，管理应起到良好的引导和控制作用，保证生产计划的正常进行。因此，跟单员在进行生产能力分析时，还需要注意可能存在的管理风险。

（7）其他因素

除以上因素外，生产能力还会受到其他一些因素的影响，如企业自身的经营问题、地方政策的变动、排污限制的要求、不可抗力的影响等，跟单员也需要将这些因素分析在内。

3. 分析结果的处理

跟单员在分析生产能力时，一定要做到缜密、周全，不可因为一些风险的可能性较小就将其忽略。生产能力满足订单要求，跟单员可暂不采取措施；一旦发现生产能力一定或可能无法满足订单要求时，应及时向生产主管反映。此时，由于还未正式开始生产，跟单员可与客户进行协商，询问是否可以延长交期或减少数量。

如果客户坚持按原订单不变，跟单员应分析订单不能完成的程度，如果程度较低，可以通过加班等方式赶进度，如果无法通过该方法完成的，可选择外包处理。

外包分为部分生产程序的委托加工和部分单量的直接外包，跟单员可根据实际情况进行选择，并报上级领导审批。为了使订单能够按时按质按量完成，跟单员对于外包应当做好如下四方面的把控工作：

（1）供应商评选把控

评选外包供应商，首先要对其进行资格审查，确保其技术、规模、能力等符合要求，然后依据外包业务的要求，制定相应的评选标准，对供应商进行二次评选，选出合格的外包供应商。供应商评选一定要客观、规范，使选出的合格供应商能够满足外包业务的要求。

（2）外包价格把控

与评选出的合格供应商进行沟通谈判，双方就外包价格进行商议，跟单员要把控好价格，选择性价比最高的供应商，确保企业能够达到预期的利润。

（3）外包跟单把控

与外包供应商签订外包合同后，跟单员应向其下达订单，并做好外包订单的跟催工作，从订单下达到交货运输，要进行严密的跟踪把控，确保供应商的生产进程和加工程序能够满足订单要求。

（4）外包质量把控

外包供应商的交货质量直接影响到我方对于客户的交货质量，跟单员应当把控好外包质量，在签订外包合同时，要言明质量标准，并签订质量协议。跟单员在跟催过程中，要确保供应商生产制程符合质量要求，收货人员也要做好验收工作。

6.1.3 核定生产计划

生产能力分析完成后，跟单员应协助生产主管及早核定订单的生产计划，以便尽快开始生产工作。生产计划的核定是订单生产过程中的关键，跟单员应完成以下三方面的工作：

1. 制订订单生产计划

跟单员根据订单要求，在生产主管的帮助下，制订订单生产计划。订单生产计划要明确、清晰，保证订单生产的顺利实施，为订单生产工作提供规范性高、可操作性强的指导文件。完整的订单生产计划应当包括如图6—2所示的八点内容。

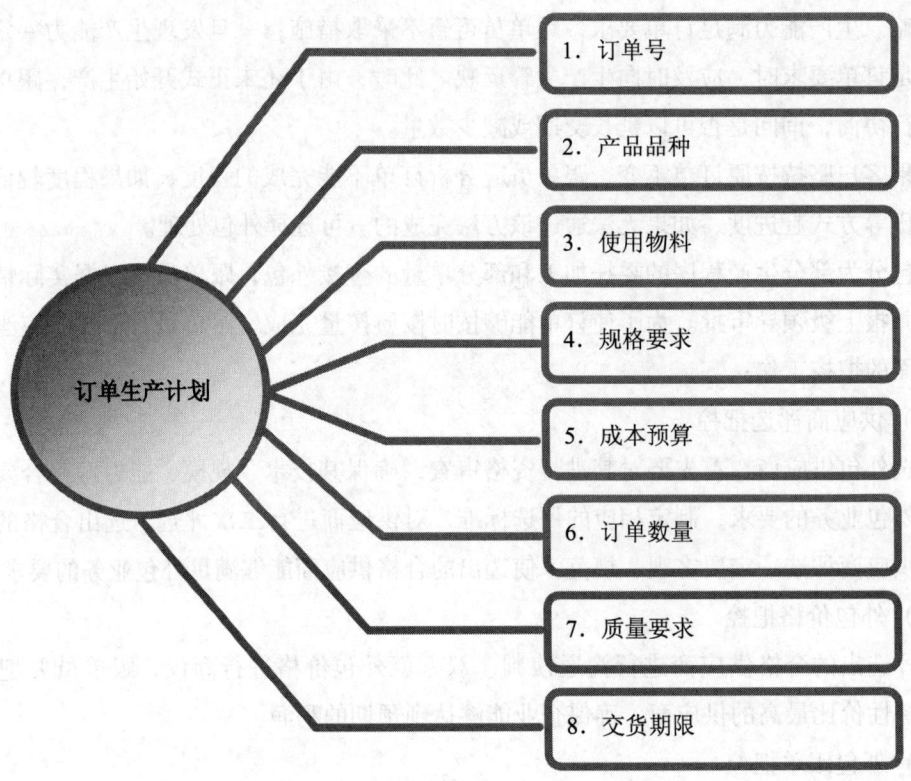

图6—2　订单生产计划的主要内容

2. 核查订单生产计划

订单生产计划制订完成后,生产主管应进行相应的核查工作,确保订单生产计划的合理性,使其能够达到以下三点要求:

(1)满足生产总计划的要求

生产总计划是生产经理根据企业的经营计划和全部的生产订单而编制的总体生产计划,它是兼顾业务分工、合理配置资源、统筹整体进度的结果。跟单员制订的订单生产计划必须满足生产总计划的整体要求,不能与生产总计划产生冲突。

(2)满足客户订单的要求

订单生产计划是依据客户订单制订的,跟单员不能因为企业自身的实际情况而随意变动客户的订单要求,订单生产计划必须完全与订单要求相一致。

(3)满足成本规划的要求

企业的生产经营都有总体的成本规划,订单生产计划的成本预算一定要满足企业的成本规划要求。该要求并非是单纯的成本大小要求,而往往是成本支出的合理性要求,即支出成本所获得的相对利润是否合理。

3. 生产计划的具体安排

核定好订单生产计划后,跟单员需要对订单生产计划进行具体的安排,明确相应的责任主体和任务分配,并将生产计划安排结果以生产任务通知单的形式下达给具体的生产车间,督促其按时执行。在生产计划安排过程中,跟单员还应完成如图6—3所示的六个方面的工作内容。

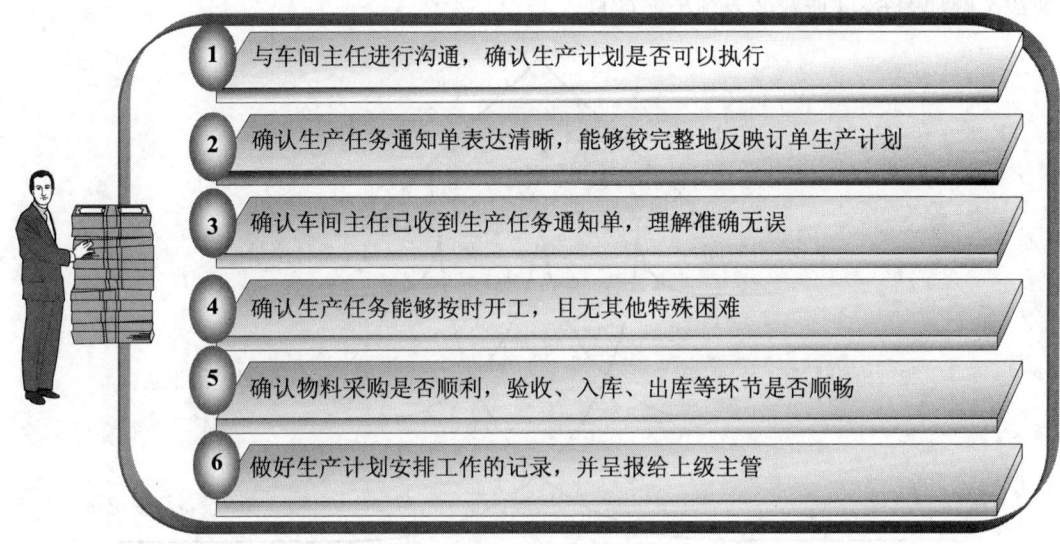

图6—3 跟单员在生产计划安排中的其他工作内容

6.1.4 跟踪生产进度

生产任务安排完成后,生产部门正式开始订单的生产。生产进度的跟踪是生产过程跟单的核心工作,跟单员要及时了解订单生产的实际运作情况,及时发现并解决问题,确保订单生产能够按时完成。生产进度的跟踪主要包括以下五项工作内容:

1. 物料出库跟踪

生产任务通知单下达后,相应的车间主任应派遣人员前往仓储部领取生产所需要的物料,跟单员密切关注物料领取是否及时、正确。如果物料采购受阻,致使物料无法按时领取,跟单员应及时与上级领导商议对策,避免造成订单延误。

2. 正式投产跟踪

物料领取完成后,便正式投产。跟单员要督促生产车间尽快开工,不仅要保证在预定的投产时间内开始生产，还要尽可能减少物料上机前的准备时间，进一步提高生产效率。

3. 生产过程跟踪

生产过程跟踪是生产进度跟踪的重点，也是其中时间持续最久、内容最复杂的跟踪工作，跟单员应详细了解每日的生产情况，仔细整理、分析每日的生产进度表、生产日报表等文件中所反映的生产信息，建立生产过程记录，方便跟进。跟单员每日的生产过程跟踪工作主要应了解如图6—4所示的六项生产信息。

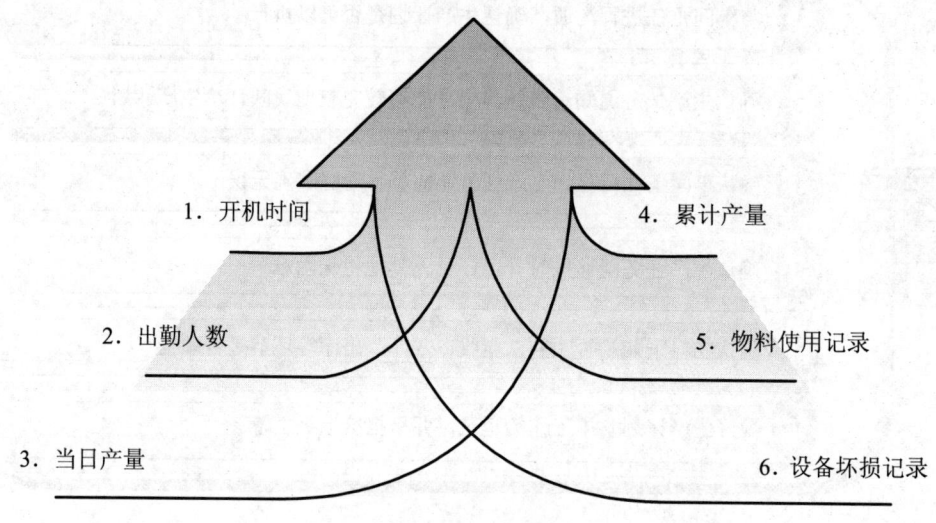

图6—4 每日生产过程跟踪需了解的生产信息

4. 成品检验跟踪

为了确保产品的质量符合订单的要求，质检专员应定期抽查生产成品，检验成品质量，及时做好检验记录。跟单员根据历次抽检结果，定期分析质量情况，查看是否存在质量波动现象。如果成品质量无法稳定满足订单要求标准，跟单员应及时与车间主任、质检主管等相关负责人商议，查明原因，并定期改进。

5. 成品入库跟踪

生产成品应及时入库，妥善保存。跟单员需要跟踪成品生产完成后是否及时入库，入库手续是否规范，入库表单是否准确完备，并定期查看仓库情况，确定成品保管妥善，避免统计遗漏或库存货损导致后期出现不必要的麻烦。

6.2 生产订单的跟单技巧

6.2.1 了解信息的渠道和技巧

跟单员进行生产订单的跟单时，可通过以下四种渠道了解相关信息，从而全面掌握订单生产过程的具体情况：

1. 查阅相关部门的表单记录

从接收订单到实际投产、生产，相关部门都会对具体的工作进度进行统计记录，并填入相应的表单进行归档管理。通过查阅这些表单记录，是跟单员了解实际生产进程的最主要的信息渠道。以下主要列举了六种反映生产进度的相关表单。

（1）生产通知书

订单号：　　　　　　　　　　　　　　　　　　　　　　　　　　订单日期：　　年　月　日

产品 \ 时间		__月		__月		__月		__月	
品名	型号	批量	数量	批量	数量	批量	数量	批量	数量
备注	1. 订单交货期：＿＿年＿月＿日 2. 生产计划周期：＿～＿个月 3. 责任车间：＿＿＿＿＿＿＿ 4. 负责人：＿＿＿＿＿＿＿								

接收人：　　　　　　　　　　　　　　　　　　　　　　　　　　下达人：

（2）生产计划变更表

变更类别	变更依据	重点说明
□ 客户追加或减少订单 □ 客户要求取消订单 □ 客户订单交期变更 □ 物料短缺导致的变更 □ 技术问题导致的变更 □ 品质问题导致的变更 □ 其他问题导致的变更		

变更前	批号	料号	产品名称	数量	交期	包装方式	备注
变更后	批号	料号	产品名称	数量	交期	包装方式	备注
分发部门	生产部			接收部门	□ 采购部 □ 质检部 □ 仓储部 □ 销售部		

审批人： 　　　　　　　　　　　　　　填表人：

（3）生产日报表

车间：　　　　　　　　　　　　　　　　　　　　　　　　日期：　年　月　日

编号	产品名称	预定产量	本日产量		累计产量		耗费工时		半成品	
			预计	实际	预计	实际	本日	累计	本日	累计

人事记录	应到人数		新加工时	
	请假人数		应有工时	
	调出人数		停工记录	
	调入人数			
	新进人数		异常状况报告	
	离职人数			
	加班人数		新进（离职）人员	
	实到人数			

（4）生产进度周报

生产车间：　　　　　　　　　　　　　　　　　　　　　　　　月第　周

产品名称	型号	批号	计划数量	变动数量	完成数量	盈余数	备注

生产状况综述					
备注					
制定		核查		批准	

（5）订单生产统计表

订单号：　　　　　　　　客户：　　　　　　　　统计日期：　　年　月　日

产品编号	产品名称	产品规格	主要材料	生产车间	投产时间	生产量	停产时间	备注

主管副总：　　　　生产部经理：　　　　车间主任：　　　　统计员：

（6）异常停工报告单

编号：　　　　　　　　　　　　　　　　　　　　　　　　　　年　月　日

停工部门		停工范围	
停工时间	年　月　日　时　分至　年　月　日　时　分		
停工人数		停工损失（元）		产品订单号	
停工时间		停工产品		进度状况	
停工原因	□机器故障　　□品质异常　　□待料　　□安全事故　　□其他		
停工应对措施			
责任者		主管		厂长	

除上述六种表单外，跟单员还应仔细查阅生产计划表、生产日程表、单工序工票、加工线路单、设备维修记录、物料检验记录、成品抽检记录以及采购部的物料采购验收记录和仓储部的物料、成品出入库记录等。由于生产过程相当复杂，涉及的作业程序较多，因此需要了解的信息也较多，跟单员在查阅表单时，要做到全面、细致，对每项进程信息仔细记录，不可遗漏或随意忽略相关环节。

2. 与相关人员的定期沟通

除查阅各部门的表单记录外，跟单员还可通过定期与订单生产相关人员进行沟通，了解实际情况，询问是否存在问题或困难，进一步了解详细的生产信息。跟单员了解生产信息的主要沟通对象如图6—5所示。

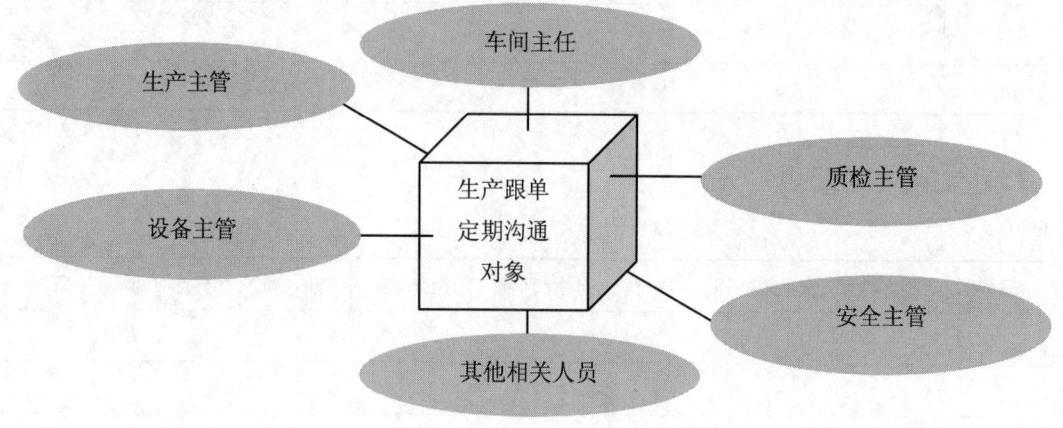

图6—5　跟单员了解生产信息的主要沟通对象

3. 部分流程的亲身参与

订单生产过程中，生产通知书的下达、生产能力的分析和生产计划的核定，都需要跟单员的亲身参与，这些流程的参与能够使跟单员更加清楚地了解后续订单生产将如何进展以及订单生产的整体规划。

4. 不定期的现场巡查

跟单员在生产过程中，还应不定期进入生产车间进行巡查工作。巡查的目的在于了解实际情况，发现隐患问题，这也是跟单员了解实际生产信息的重要渠道。巡查工作要有目标、有方法，不可流于形式，也不可妨碍生产。

生产进程跟单是一个系统性强、复杂性高的过程，不仅信息烦琐复杂，而且前后了解的信息需要进行对比才能分析出问题。因此，跟单员为了合理利用各项生产信息，全面了解生产进程，必须要掌握相应的信息处理技巧，即制作生产进度的信息资料汇编，将复杂、烦琐的生产信息资料进行系统性的分类管理，方便查找和利用。制作生产进度信息资料汇编主要包括如图6—6所示的四大模块的内容。

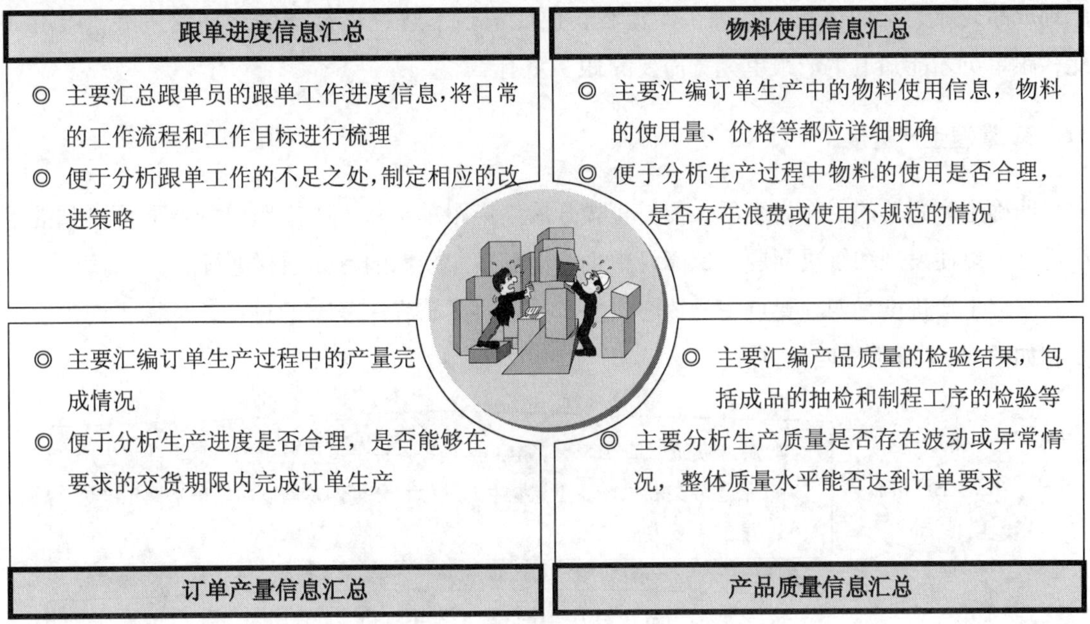

第6章 生产过程跟单

跟单进度信息汇总
- 主要汇总跟单员的跟单工作进度信息,将日常的工作流程和工作目标进行梳理
- 便于分析跟单工作的不足之处,制定相应的改进策略

物料使用信息汇总
- 主要汇编订单生产中的物料使用信息,物料的使用量、价格等都应详细明确
- 便于分析生产过程中物料的使用是否合理,是否存在浪费或使用不规范的情况

订单产量信息汇总
- 主要汇编订单生产过程中的产量完成情况
- 便于分析生产进度是否合理,是否能够在要求的交货期限内完成订单生产

产品质量信息汇总
- 主要汇编产品质量的检验结果,包括成品的抽检和制程工序的检验等
- 主要分析生产质量是否存在波动或异常情况,整体质量水平能否达到订单要求

图 6—6 制作生产进度信息资料汇编的主要内容

6.2.2 生产跟单的要点与方法

订单生产是一项系统性的工作,生产跟单则贯穿于订单生产的各个阶段。生产跟单工作主要包括以下四大要点:

1. 变订单为任务

客户的订单只是需求,要想使订单能够投入生产并按时完成,首先必须将订单转化为任务。任务具有目标性、责任性和期限性,如此才能将订单转化为生产。

该要点的实施方法为制订生产计划、明确生产排程和落实生产责任。生产计划是订单要求的直接体现,生产排程则是对生产计划具体作业过程的安排,而生产责任的落实则是为了保障生产排程能够按时进行、按期完成。

2. 明确工作内容

生产跟单需要关注整个生产过程的具体进展,为确保生产跟单的时效性和全面性,必须准确掌握生产跟单的具体工作内容,知道什么时候应该关注什么事,注意什么问题。

该要点的实施方法为掌握生产流程。生产流程是指订单产品生产的全过程,是从物料投产到成品完成的全面体现。掌握生产流程，便能清晰了解整个订单生产如何进展，唯有如此，跟单员才能知道生产跟单究竟需要"跟"些什么。

3. 掌握生产进度

明确生产跟单的工作内容后，便要正式开展生产跟单工作。生产跟单的本质便是掌握生产进度，以便发现和解决问题，保障订单生产能够按照预期的目标顺利进行。

掌握生产进度是四项要点中的核心，生产是耗时久、程序复杂的过程，掌握生产进度主要有如图6—7所示的四种方法。

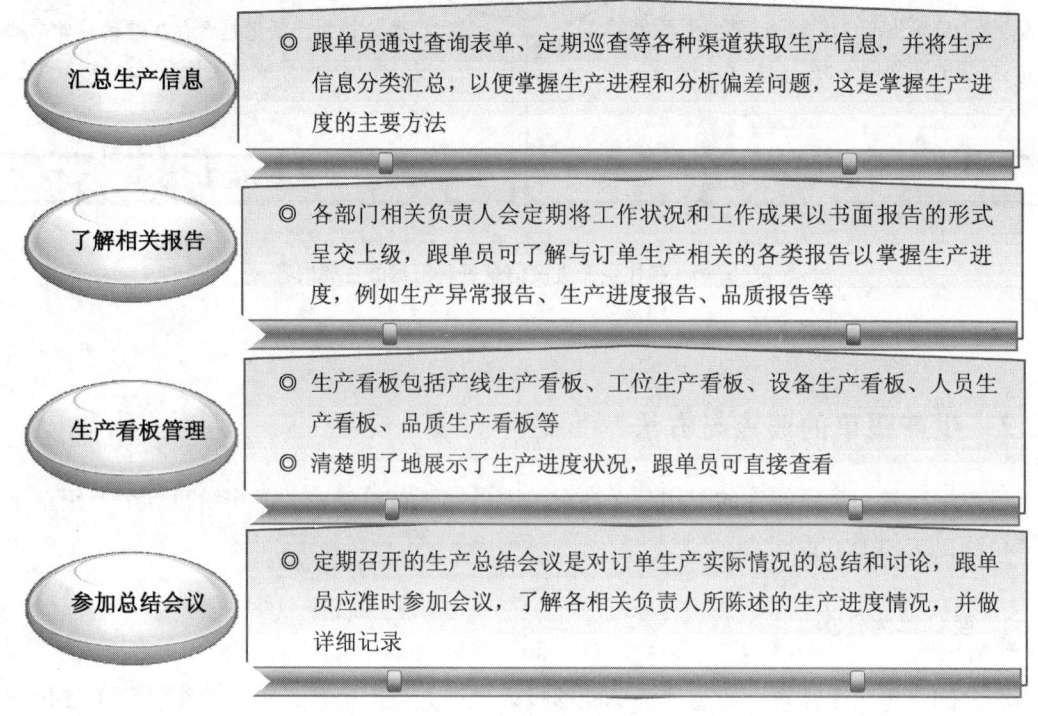

图6—7 掌握生产进度的方法

4. 处理异常问题

通过掌握生产进度，一旦发现异常问题要及时向相关部门反映，通过商议、分析和解决问题，确保订单生产的正常进行。

一般而言，订单生产中的异常问题主要指进度落后和质量偏差两种。进度落后的处理方法为加大生产力度，如增加开机台数、增加作业工时等；质量偏差的处理方法，则需要质量管理部门的相关人员分析出偏差原因，并对症下药。

同时,跟单员还应注意,不能为了解决生产进度落后问题,而以牺牲生产质量为代价追赶进度,正如下面漫画所描述的,在生产的天平上,质量要重于进度,高质生产才是企业生存发展的关键。

6.2.3 跟单的管理与过程监控

生产跟单贯穿于订单生产的全过程,工作内容复杂烦琐,跟单员必须做好如图6—8所示的五项跟单管理工作,以确保生产跟单的效率和效果。

时间管理	◎ 有效的时间管理是产生效率的基础,跟单员必须管理好自己的工作时间,确保重要订单、紧急订单能及时跟催
目标管理	◎ 跟单员应当明确工作目标,对跟单工作有所计划,知道自己每天应该做什么,做一件事是为了什么
流程管理	◎ 跟单员应当明确工作流程,知道自己跟单的步骤有哪些,应该先做什么,后做什么
作业管理	◎ 作业管理包括具体的作业方法、作业内容以及相关的技巧、经验等,跟单员通过作业管理明确具体工作如何去做,如何做好
成果管理	◎ 跟单员应当对每日的工作成果进行系统性管理,生产跟单是长时间的持续过程,每日的成果需要汇总、分析才能反映整体的跟单效果

图6—8 生产跟单的管理

跟单员通过有效管理跟单工作，提高跟单效率和跟单水平，同时还应重视跟单过程的监控。生产跟单不单单是全面了解、跟踪生产进程，了解订单生产的运作情况，更重要的是及时发现订单生产过程中存在的偏差，制定控制措施，确保订单生产按照原定计划要求正常进行。跟单过程监控必须以订单生产计划为标准，完成如图6—9所示的五项监控工作。

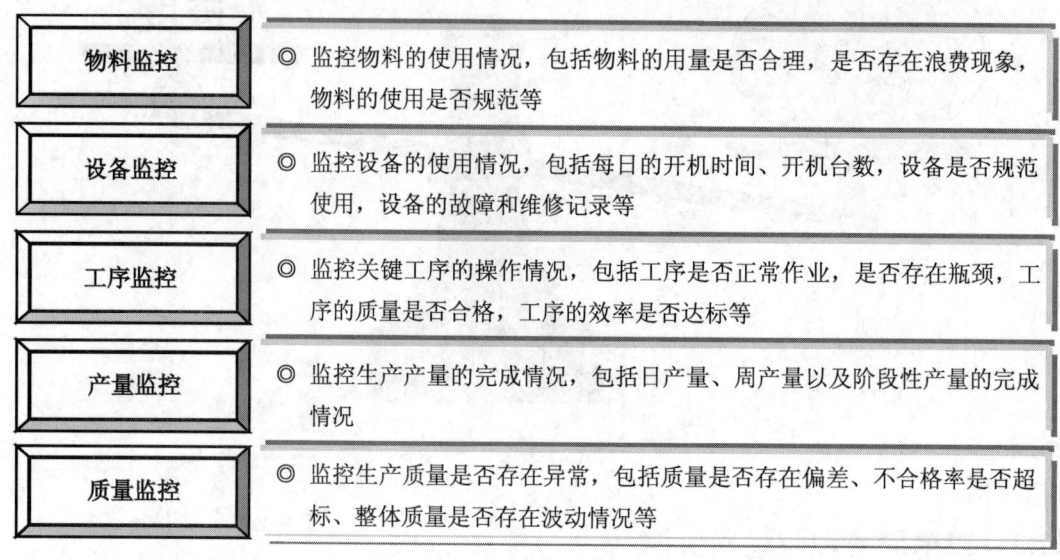

图6—9　跟单过程的五项监控工作

6.2.4　订单生产中内外部沟通

订单管理过程中，跟单员为了进行及时、有效的信息传输和反馈，以便更好地完成订单生产，必须适时进行内外部沟通。具体订单生产过程中内外部沟通的主要内容如图6—10所示。

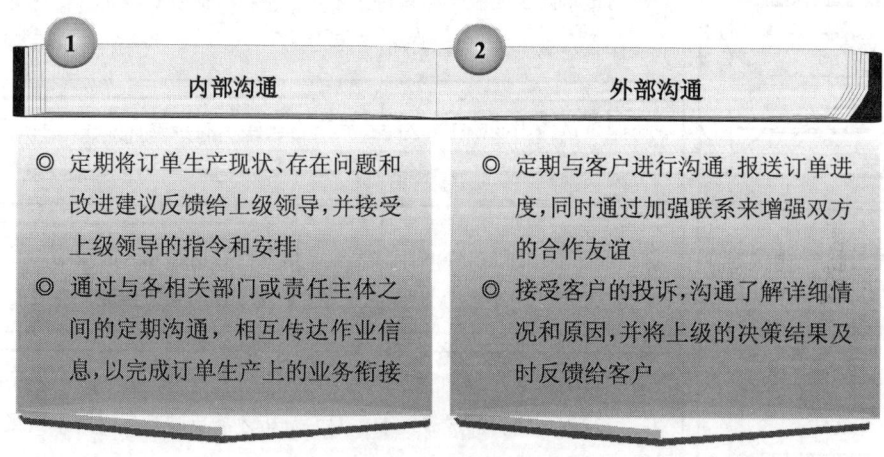

图6—10　订单生产中的内外部沟通主要内容

订单生产过程中的内外部沟通，无论其目的还是沟通对象，都主要围绕着如图6—11所示的六大主题进行。

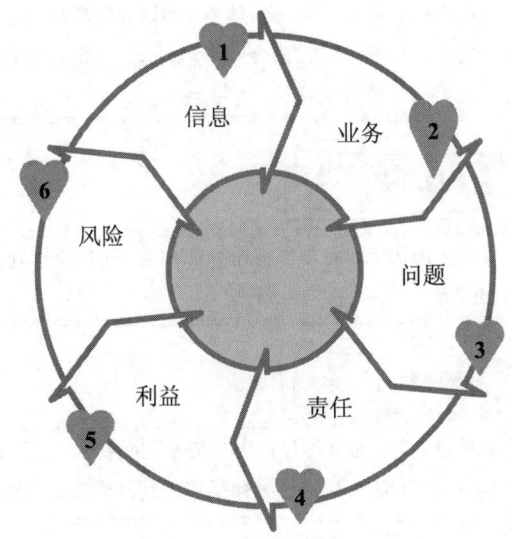

图6—11　订单生产过程中的沟通主题

6.3　生产过程问题处理

6.3.1　紧急插单问题处理

紧急插单是指客户由于市场或自身经营的改变，临时增加新的订单，一般界定于生产计划安排完成后的插单情况。紧急插单往往会打破原有的生产步调，当出现紧急插单情况时，跟单员首先应判断是否应该接受该订单。由于紧急插单往往是客户自身的原因，所以企业不一定非要接受，判断是否应该接受紧急插单时，需要综合考虑如图6—12所示的四个因素。

经过分析判断后，如果决定拒绝该订单，跟单员应及时向客户解释原因，言明实际生产状况，力求取得对方谅解，避免客户理解偏差而影响到以后的合作和企业的声誉。

如果决定接受紧急插单，跟单员应立即与各相关部门沟通，以便采取行动。具体来说，跟单员应按照如图6—13所示的流程处理好该订单，力求既完成该订单而又不影响到原订单的进度。

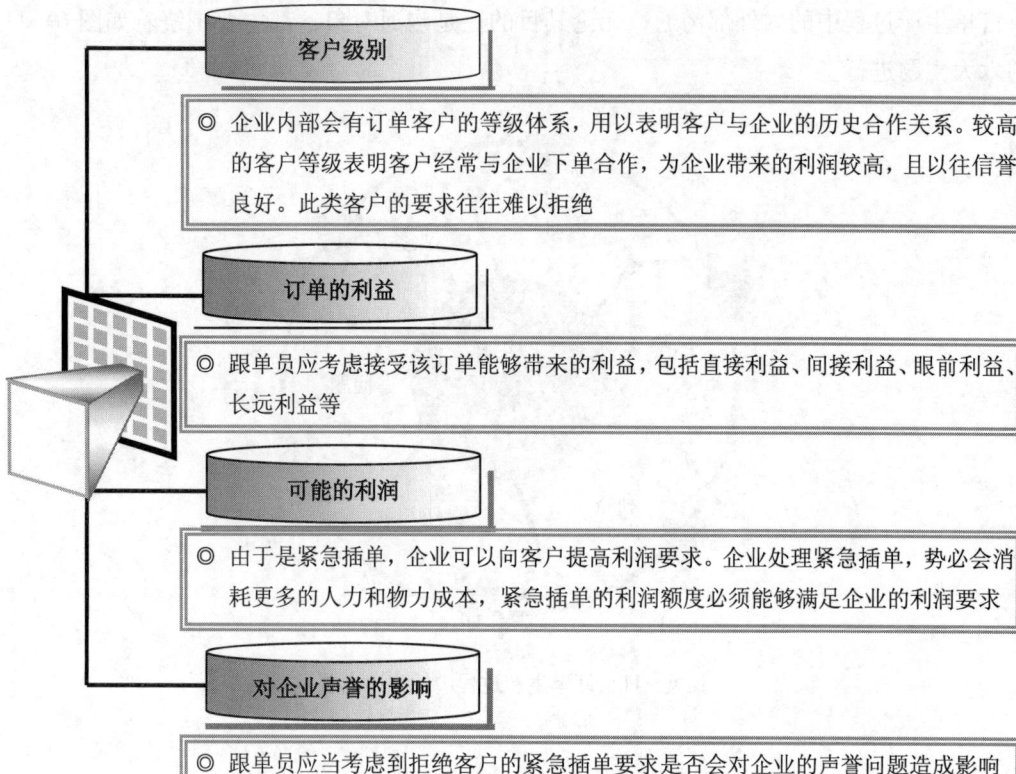

图6—12 是否接受紧急插单的判断因素

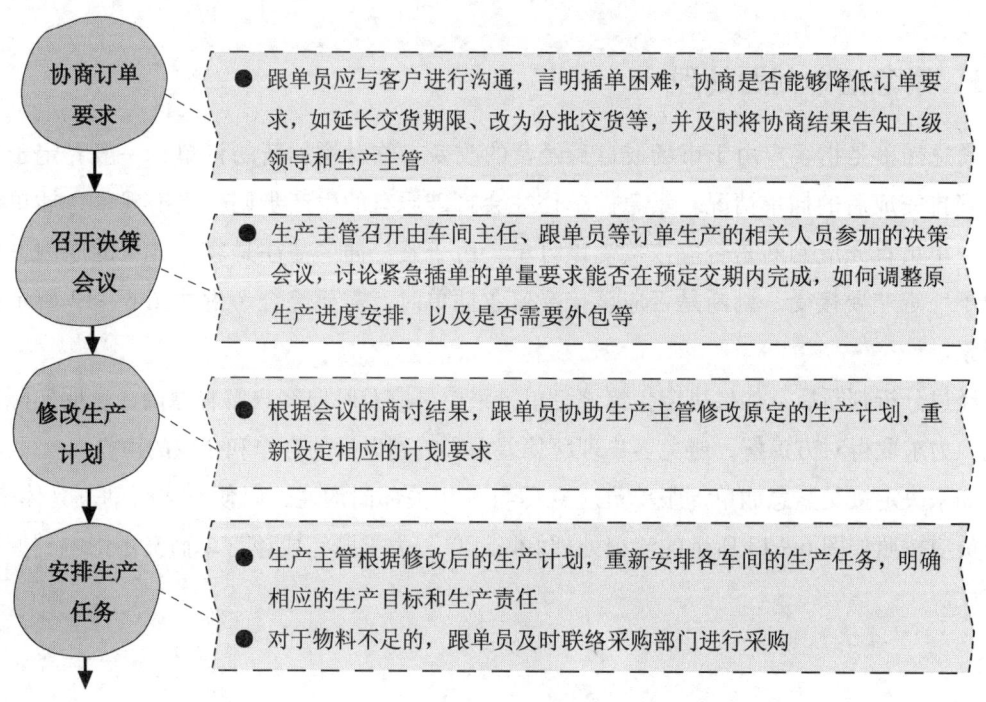

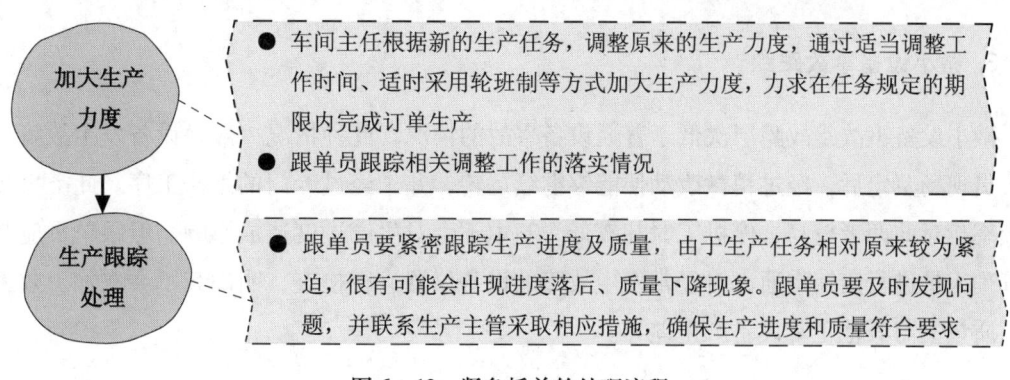

图 6—13 紧急插单的处理流程

6.3.2 生产设备事故跟踪

由于操作不规范或使用时间过长等多种原因，均有可能导致生产过程中的设备事故。一旦设备出现问题无法继续正常运行，势必会影响到生产进度。跟单员要密切跟踪生产设备事故的处理过程，确保设备的停机维修能够在预期的合理范围内，不至于造成生产进度的拖延。

一般而言，生产设备事故分为以下三种级别，跟单员应根据不同级别采取不同程度的设备事故跟踪措施。

1. 重大设备事故跟踪

重大设备事故是指设备损坏严重，无法维修或短时间内难以维修的情况。企业根据生产进度安排，必要时采购新的生产设备以满足需求。跟单员要密切跟踪新设备的采购验收情况和出库使用情况，督促进度，使新设备能够尽快投入生产，不至于影响到整体的生产进度。

新设备投入生产后，跟单员一方面需要跟踪新设备的运行状况，确定新设备能够正常运转，产品加工符合要求；另一方面，跟单员需要对新设备运行后的生产进度进行跟踪，如果发现进度有延误现象或延误趋势，应及时与车间主任沟通，采取相应措施。

2. 普通设备事故跟踪

普通设备事故是指设备损坏，但能够通过普通维修解决故障的情况。对于此种情况跟单员应密切跟踪设备的维修进度，督促设备的及时维修。普通设备维修的停机耗时一般在分析生产能力和核定生产计划时已经考虑在内，所以一般不会对生产进度产生太大影响。但跟单员还是需要留意设备维修完成后是否能够正常运转。

3. 微小设备事故跟踪

微小设备事故是故障层次低于普通设备事故的情况。此种情况一般是设备发生故障，维修人员现场鉴定后，经过稍微改动便能够继续运转，并未经过专门的维修工序。此类事故发生频率相对前两者较高，停机工时却较低，基本不会对生产进度造成影响。但跟单员应与设备管理人员进行定期沟通，对经常发生故障的设备仪器进行检查，明确其不会在加工效率和加工质量上与其他正常设备产生差异。

6.3.3 物料延误问题跟踪

物料延误是指物料采购过程出现问题，导致物料延误，无法投入生产，致使订单生产无法按时开展。物料延误的原因可能是供应商未能按期完成物料生产，也有可能是物料运输或物料验收过程中出现问题。此时跟单员应做到如图6—14所示的四项跟踪工作，详细了解供应商物料供应的真实情况。

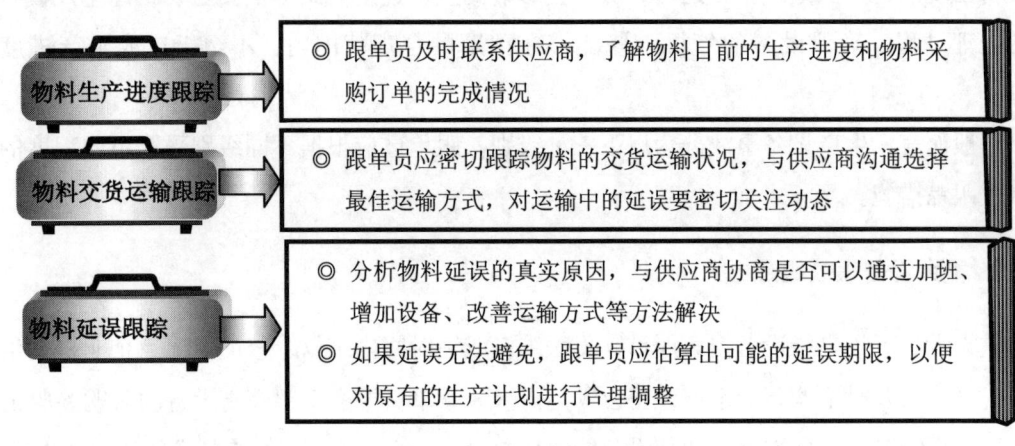

图6—14 物料延误问题跟踪的内容

当供应商无法自行解决物料延误问题时，为了使物料延误不影响到订单的按时完成，跟单员可与生产主管商议，采用以下四种方式解决问题：

1. 采用分批交货方式

为了满足订单生产的需要，企业可临时允许供应商分批交货。跟单员根据订单生产进度和目前可交付的物料量，与供应商协商设置物料的交货批量和相应时间。供应商先运输交付已经生产完成的物料，再通过调整生产进度等方式完成剩余的物料生产。

分批交货的方法实际上就是延长了供应商的物料交期，同时又保证了订单生产可以按时开工。跟单员对各批物料的数量和质量是否满足原采购订单要求及不同批次物料的质量波动情况进行跟踪。

2. 调整订单生产计划

对于延误期限较短的情况，跟单员可与生产主管协商，通过采取调整订单生产计划的方式解决，如通过增加工时或开机台数等方式，加大日生产进度，以弥补延误时间。

3. 其他渠道紧急采购

如果延误时间较长而分批交货也不能妥善解决时，跟单员应通过其他渠道紧急采购不足物料，同时要注意不同供应商的物料质量差异。

4. 做好自身的绸缪性工作

除以上方法外，跟单员还应做好物料延误的绸缪性工作。一般而言，跟单员应做好如图 6—15 所示的两项工作，以应对物料延误情况。

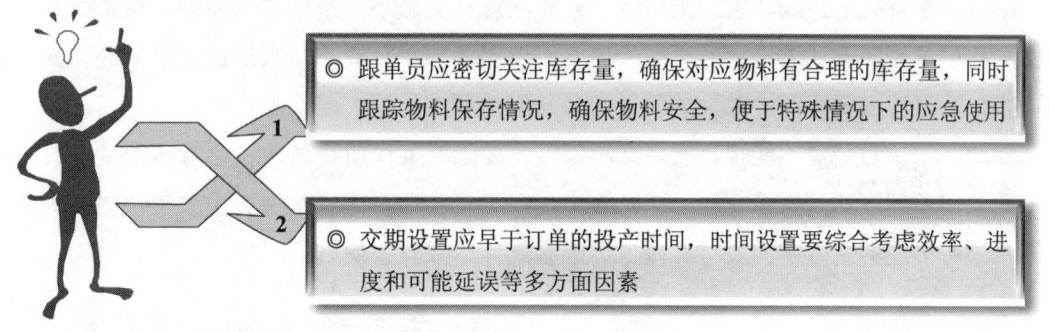

图 6—15　物料延误的绸缪性工作

6.3.4　质量偏差问题跟踪

当成品检验或制程检验等发现质量偏差问题时，跟单员要及时与质检人员进行沟通，分析原因并商议解决对策，然后协助生产主管解决质量问题。一般而言，生产过程中出现质量偏差时，跟单员应完成以下跟踪工作：

1. 偏差发现跟踪

除了质检人员通过检验发现质量偏差外，跟单员也有通过生产过程跟单，了解实际生产情况，发现生产质量问题的义务。因此，跟单员要仔细统计分析关于生产质量的信息数据，从中发现存在的质量偏差，对于质检人员发现的质量偏差问题，也应及时跟进了解。

2. 原因分析跟踪

发现质量偏差后，质量管理部相关人员会就质量偏差进行分析，找出本质原因，并拟订相应的解决对策。跟单员应跟踪了解具体情况，并做好相应记录。

3. 纠正改善跟踪

跟单员将质量管理部拟订的解决对策，及时反馈给生产主管，并督促、协助生产主管展开工作，以纠正偏差，改善质量。同时，跟单员应对相关工作的具体情况进行真实记录，以为日后相关工作提供依据和借鉴。

4. 解决效果跟踪

解决对策实施后，跟单员密切跟踪质量变化情况，关注解决对策的实际效果。如若发现偏差依旧存在，应及时反馈给质量管理部相关人员，以采取下一步措施。

跟单员在进行上述四项跟踪工作时，还应注意有关微小质量偏差的问题。所谓微小偏差是指产品质量较原定的质量标准虽有所偏差，但偏差较小，尚不足以形成质量问题。对于此类偏差，虽然暂时不会产生较大的质量问题，但很可能是重大偏差的前兆。

因此，跟单员绝对不能轻易忽视微小偏差，要随时关注质量情况，留意偏差变动，一旦发现质量偏差问题达到预警范围，应及时与生产主管和质量主管沟通，采取解决措施。正如下幅漫画所描述的，较小的质量偏差也可能会累计造成较大的质量下滑。

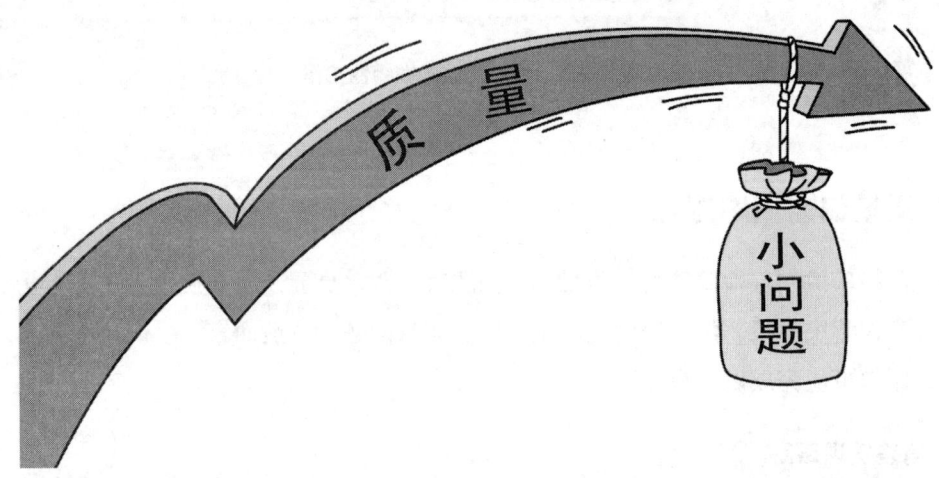

6.4　确保订单交期跟单

6.4.1　生产节拍调节控制

1. 生产节拍与生产周期

所谓生产节拍是指每满足客户订单需求的一件产品所必须消耗的有效生产时间,随客户订单需求而改变,通常由人为制定,用以调节生产力度,控制生产平衡。其计算公式为:

$$生产节拍 = \frac{完成产品生产所需要的有效生产时间}{产品的客户需求量}$$

其中有效生产时间,是规定生产时间扣除停工时间、放宽时间等剩下的净生产时间。客户需求量即客户订单的实际产品需求数量。两项数据的计算必须在同一时间跨度内,否则便失去意义。

生产节拍的计算会因为企业的生产模式和产品构成而有所区别,以下对两种情况的生产节拍计算方法进行了说明。

(1) 单品种生产

当生产线只生产单一产品时,计算方法最为简单,只需直接按照计算公式确定生产节拍即可。

(2) 多品种生产

当生产线生产多种产品时,通常采用劳动量比重法。此种方法是按照各产品在生产过程中所占的劳动量比重来分配有效生产时间,然后分别计算各产品的生产节拍。

生产周期与生产节拍不同,生产节拍实际是一种目标时间,是随需求数量和需求期的有效工作时间变化而变化的,是人为制定的。生产周期则是生产效率的指标,比较稳定,是受到一定时期的设备加工能力、劳动力配置情况、工艺方法等因素影响决定的,只能通过管理和技术改进才能缩短。

2. 利用生产节拍进行调节控制

生产周期大于或小于生产节拍都会对生产造成不良影响。具体不良影响如下:

(1) 如当生产节拍大于生产周期时,生产能力相应过剩;如果按照实际生产能力安排生产就会造成生产过剩,导致大量中间产品积压,引起库存成本上升、场地使用紧张等问题。如果按照生产节拍安排生产，就会导致设备闲置，劳动力待工等现象，造成生产能力浪费。

（2）当生产节拍小于生产周期的情况下，生产能力不能满足生产需要，这时就会出现加班、提前安排生产、分段储存加大等问题。

跟单员应尽可能地缩小生产周期和生产节拍的差距，通过二者的对比分析安排生产经营活动，从而保证均衡有序的生产。

6.4.2 确认改善瓶颈工序

瓶颈工序是指生产过程各项工序中制约生产的进度最慢的工序。瓶颈工序的限制对后续生产进程和整体生产进度产生了重大影响。一般而言，确认瓶颈工序的方法主要有以下六种：

1. 工序查验法

各生产部门利用相关表单对生产作业过程中各工序的实际情况加以记录，跟单员通过查验表单中每道工序的半成品数量、人机系统的工时消耗量、废品率和资源消耗情况等数据，进行比较分析，确定瓶颈工序。

2. 测时写实法

跟单员通过参与生产部门对各道工作的技术测时，掌握各道工序进行产量定额、工时定额的测定结果，并通过写实法对各工序的实际情况进行写实记录，通过比较分析这些数据，以确定瓶颈工序。

3. 看板管理法

看板管理是将生产过程中的各项工序和相应的生产指令写在看板工具上，便于观察。一旦某项工序存在瓶颈，无法满足整体进程的要求，必然会在看板上清晰地暴露出来。跟单员通过观察看板，确认瓶颈工序。

4. 网络图示法

网络图示法是通过绘制生产网络图来表明其中的瓶颈工序所在。网络图由工序、事项、线路三个基本元素组成，它能形象地将一项生产任务中各组成要素的逻辑关系清晰地表现出来。通过网络图，可以清楚地表示出各项工序的先后顺序和制约因素，经过统计分析，确认瓶颈工序。跟单员及时掌握相关分析过程及结果，以明确瓶颈工序。

5. 物流比较法

物流比较法是根据每道工序的实际接收和输出量来确定瓶颈工序的方法。生产时一个系统过程、每道工序都需要从上一关联工序中获取资源并向下一关联工序输出资源,通过对每道工序的实际收发情况和目标收发情况进行比较,找出瓶颈工序。跟单员通过对生产现场相关资料、数据的收集及分析,确认瓶颈工序。

6. 工作分析法

工作分析法是指通过对各道工序进行全面分析,以判断瓶颈所在。该种方法相对其他方法较为复杂、细致,跟单员往往需要收集工作表单信息,进行大量的工作,其结果也更准确,通常可分为程序分析和作业分析。

程序分析是依照工作程序,分析工序程序的效率性、合理性和时效性,作业分析则是依照作业过程,分析具体的作业方法、人机情况、设备利用、工时消耗等。

跟单员确定瓶颈工序后,应大力着手于瓶颈工序的改善。具体瓶颈改善的程序如图6—16所示。

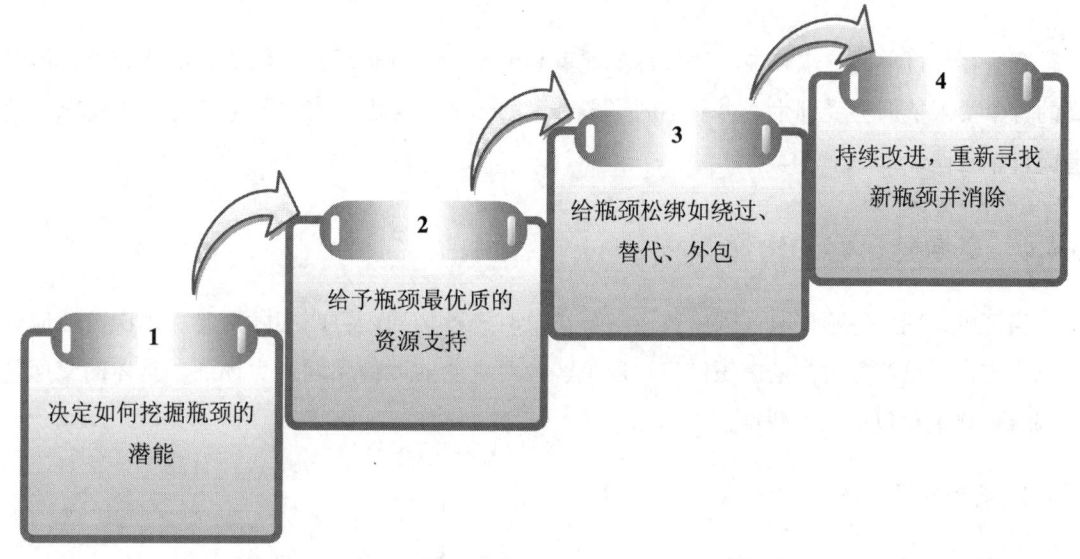

图6—16 瓶颈改善程序

6.4.3 判断能否按期交货

企业为了保证按期交货,制订了订单生产计划和相关的生产要求,一旦实际生产进度偏离了计划要求，便很有可能造成订单延误，无法按期交货。因此，跟单员应通过各种方法，及时判断能否按期交货，以便提前采取措施。具体可采取以下四种方法来判断：

1. 产量判断法

通过阶段性产量是否达到计划预期的产量要求或外包等业务订单是否能够按期完成来判断能否按期交货。

2. 质量判断法

如果产品质量较差，合格率较低，企业必须进行质量整改，不合格产品不能算在完成产量之内，而质量问题也必定会造成订单交货时的纠纷。

3. 事故判断法

设备故障、企业内部矛盾、意外灾害等事故均会造成停工影响，停工程度和范围无论大小，均会影响到生产进度，小的事故可以补救，有些大的事故可以直接造成不能按时交货。

4. 要求判断法

有些客户订单的要求较高，通过订单评审和生产能力分析后，虽然认定能够完成，但较高的订单要求依旧会受到生产过程中的诸多因素的影响。再者，客户随意变更订单要求也会造成订单延误。

6.4.4 交期延误客户沟通

当订单交期发生延误时，跟单员应与客户及时进行沟通，言明实际情况。延误沟通应以诚意为主，尽量避免过多的虚假借口，避免客户对企业的诚信问题产生怀疑。具体的交期延误沟通事项主要包括如下两点：

1. 明确延误责任

出现订单延误现象，跟单员不要刻意进行掩饰，而应向客户言明实际情况，告知具体的延误原因，并明确延误责任。延误责任可能归咎于企业自身未能合理安排生产计划或是其他关联程序造成生产延误等，也有可能在于客户频繁更改订单或提出过高要求等。跟单员对于企业自身的责任要坦白承认，并诚恳道歉，对于客户的责任也要敢于言明。

明确延误责任不仅有助于后续工作，同时诚恳认真的态度也比虚假掩饰更容易获得客户的谅解，还能避免客户一味以延误为理由，提出过分的要求。

2. 协商解决办法

明确责任后，跟单员应与客户协商解决办法，一般而言，交期延误的解决办法有如图6—17所示的三种。跟单员在与客户协商沟通时，尽量引导客户采取第一种解决方法。如果客户对于交期延误要求赔偿损失，具体赔偿事宜应以订单合同的相关条款为准。

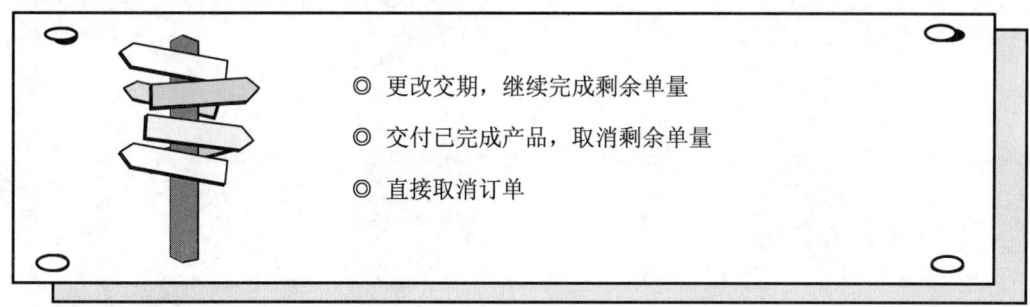

图6—17　订单延误的解决方法

第7章

订单产品质量跟踪

7.1 物料来料质量的跟踪

7.1.1 来料检验表单跟踪

来料检验表单是对新采购物料进行品质检验和确认时，用来记录检验过程和结果并辅助物料品质管理的相关表单。为了更好地确保物料质量，消除物料检验中存在的各种风险，跟单员应对来料检验表单进行跟踪、审查和确认。在跟踪审查过程中，跟单员一方面应检查、核对来料检验表单的准确性，确保新采购物料的质量；另一方面应根据来料检验表单反映的相关信息，采取相应的处理措施。为了做好来料检验表单的跟踪工作，跟单员应注意做好以下关键事项：

1. 掌握来料检验表单的类型和用途

一般而言，不同企业的来料检验表单的类型和用途是不尽相同的。跟单员在跟踪来料检验表单时，应先了解和掌握其表现类型和用途，并根据不同的检验表单采取不同的跟踪审查办法。在实际操作中，常见的来料检验表单主要有来料检验记录表、来料检验报告表、来料试用检验表、来料检验处理台账等。其详细情况见表7—1。

表 7—1　　　　　　　　　　常见的来料检验表单说明

表单类型	表单内容	表单用途
来料检验记录表	◆ 简要记录来料检验的时间、方法、人员和检验结果	◆ 主要用来记录来料检验工作事项，证明来料是否接受检验及其具体检验安排、结果
来料检验报告表	◆ 详细记录来料检验的内容、结果、处理办法，检验工作的审核审批意见	◆ 主要用于反映检验过程和处理结果，通过该表单可清楚判断检验工作的准确性
来料试用检验表	◆ 根据来料试用情况，详细记录其试用检验的内容、结果及其处理建议	◆ 客观、真实地反映来料质量，可用来检验"来料检验报告表"的准确性
来料检验处理台账	◆ 简要记录各批次来料的检验结果和处理办法	◆ 与其他相关表单和实际处理结果相核实，用来检验来料处理的执行程度

2. 规范来料检验表单跟踪流程

来料检验表单跟踪流程是对各种来料检验表单进行跟踪、审查的基本程序和步骤。在进行表单跟踪前，跟单员应明确具体的跟踪流程。具体来说，跟单员应根据具体工作情况，梳理、归纳、分析表单跟踪的工作内容和步骤，编制来料检验表单跟踪流程，并及时上报相关领导进行审核审批。一般情况下，来料检验表单跟踪的基本实施步骤如图 7—1 所示。

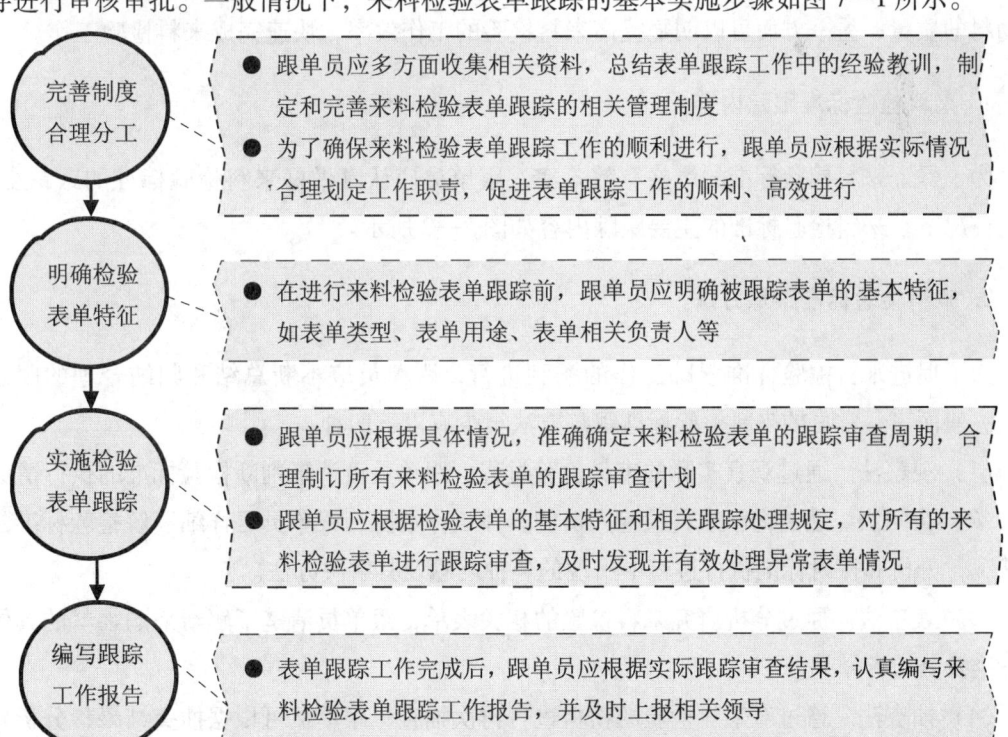

图 7—1　来料检验表单跟踪基本实施步骤

3. 明确检验表单跟踪处理办法

在进行来料检验表单跟踪时，跟单员应明确表单跟踪、审查的各种结果的处理办法。为了保证检验表单处理的规范性和准确性，跟单员应根据企业实际情况汇总、整理具体的处理办法，并编制成表。来料检验表单跟踪处理办法列表的一般形式见表7—2。

表7—2　　　　　　　　　　来料检验表单跟踪处理办法列表

序号	表单编号	问题类型	相关责任人	处理办法	备注
1			×××		
2			×××		
3			×××		
…					

7.1.2 来料检验标准跟踪

来料检验标准是企业相关人员对新采购物料进行核对、检验时所参照的依据和标准。规范、合理的来料检验标准，一方面可以有效提高来料检验工作的规范性、准确性，保证新采购物料的质量；另一方面可以明显提高来料检验的工作效率，快速完成来料检验工作。

1. 来料检验标准跟踪内容

为了保证来料检验标准的严格有效落实，跟单员应认真做好来料检验标准的跟踪工作。一般情况下，来料检验标准的主要跟踪内容如图7—2所示。

2. 来料检验标准跟踪方法

为了促进来料检验标准跟踪工作的顺利进行，跟单员应不断总结和归纳合理的跟踪方法。一般而言，常见的来料检验标准跟踪方法至少有以下四种：

（1）观察法。通过观察实际的来料检验过程，跟单员可清晰判断检验标准的执行情况。

（2）访问法。通过询问来料检验人员的具体工作情况，跟单员可详细了解检验标准的执行状况，分析和探讨标准执行过程中出现的各种问题及其解决办法。

（3）表单法。通过分析研究来料检验的相关表单，跟单员清楚了解新采购物料的具体检验标准及其检验结果。

（4）抽查法。通过对来料检验的物料进行再次抽查，跟单员可根据抽查结果，分析判断来料检验标准的执行状况。

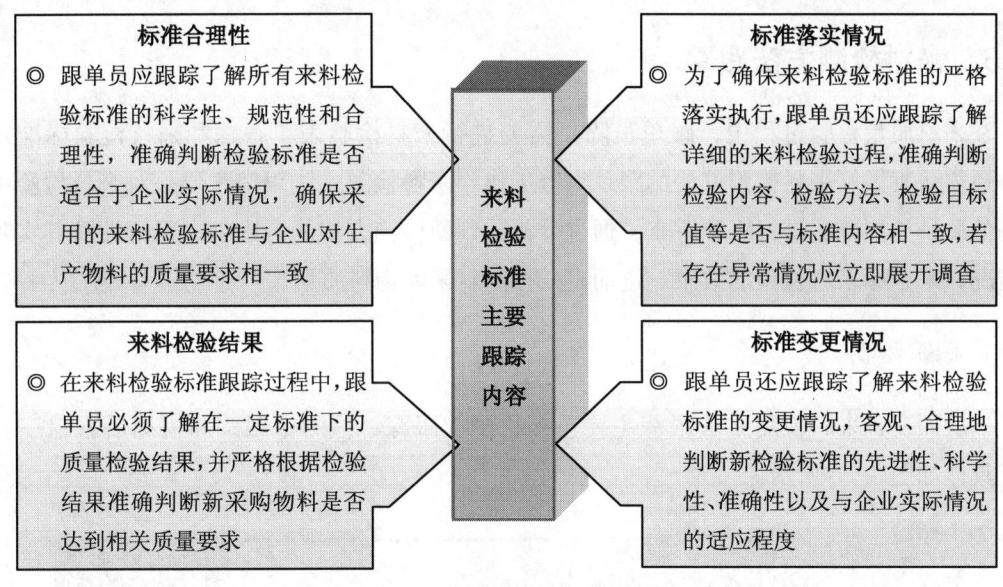

图7—2 来料检验标准主要跟踪内容

3. 来料检验标准跟踪步骤

为了保证来料检验标准跟踪工作的顺利进行,进一步确保新采购生产物料的优良质量,跟单员应根据企业实际规范来料检验标准跟踪的流程和步骤。一般情况下,跟单员可按照如图7—3所示步骤进行来料检验标准的跟踪工作。

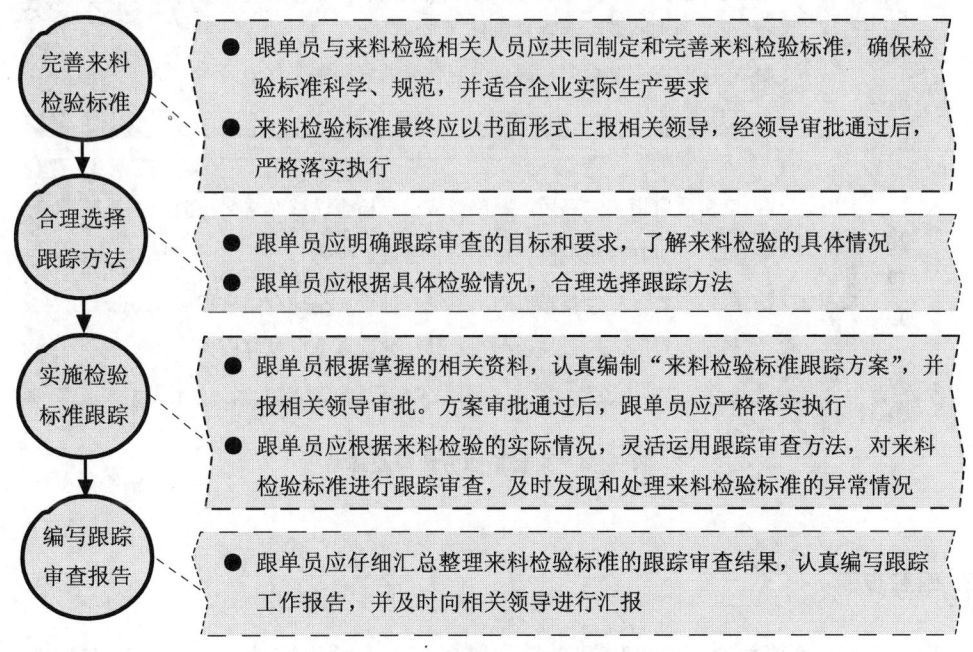

图7—3 来料检验标准跟踪步骤

7.1.3 来料检测方法跟踪

在来料质量检验过程中，跟单员除了需要进行来料检验表单跟踪和来料检验标准跟踪外，还需认真做好来料检测方法的跟踪审查工作。来料检测方法跟踪主要是对来料检验中所采用的质量检测方法进行跟踪审查，通过分析、判断检测方法的合理性、可行性及其实际应用情况，来掌握来料检验的效果，进而有效控制新采购物料质量。

1. 跟踪环节

一般而言，来料检测方法跟踪主要包括检测前跟踪、检测中跟踪和检测后跟踪三个环节。具体如图7—4所示。

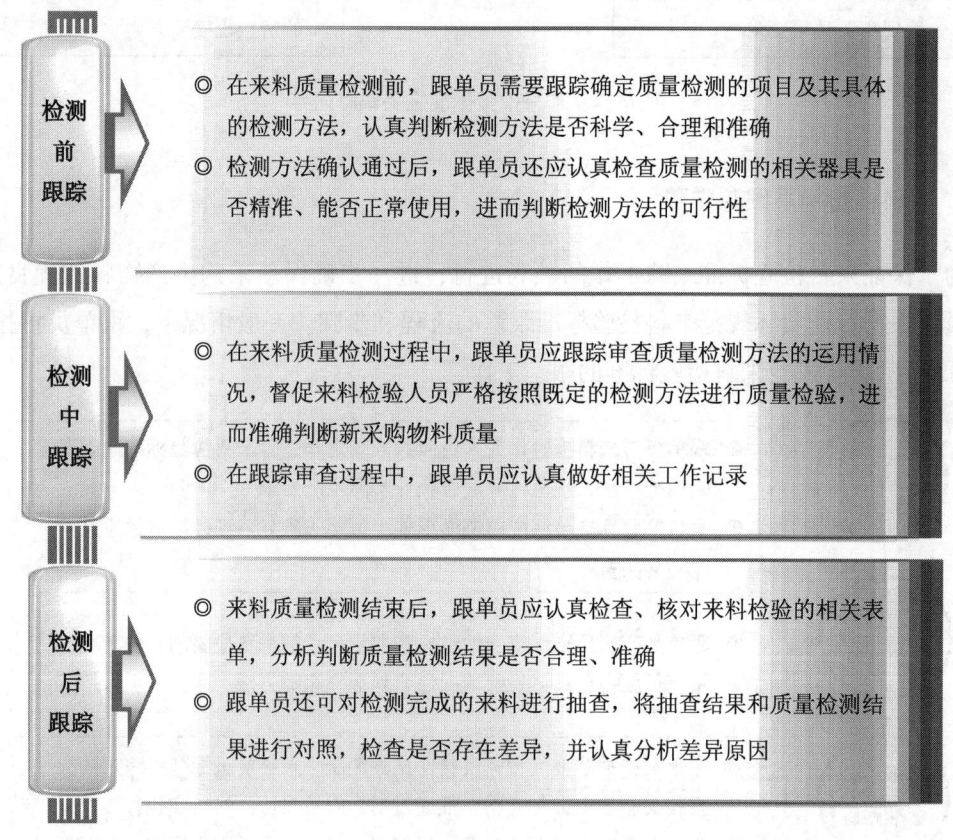

图7—4 来料检测方法跟踪环节

2. 跟踪步骤

为了促进来料检测方法跟踪的顺利进行，提高其工作的规范性、标准性和高效性，跟单员应根据实际工作情况，制定合理的跟踪流程和步骤。一般情况下，来料检测方法跟踪的基本步骤如图 7—5 所示。

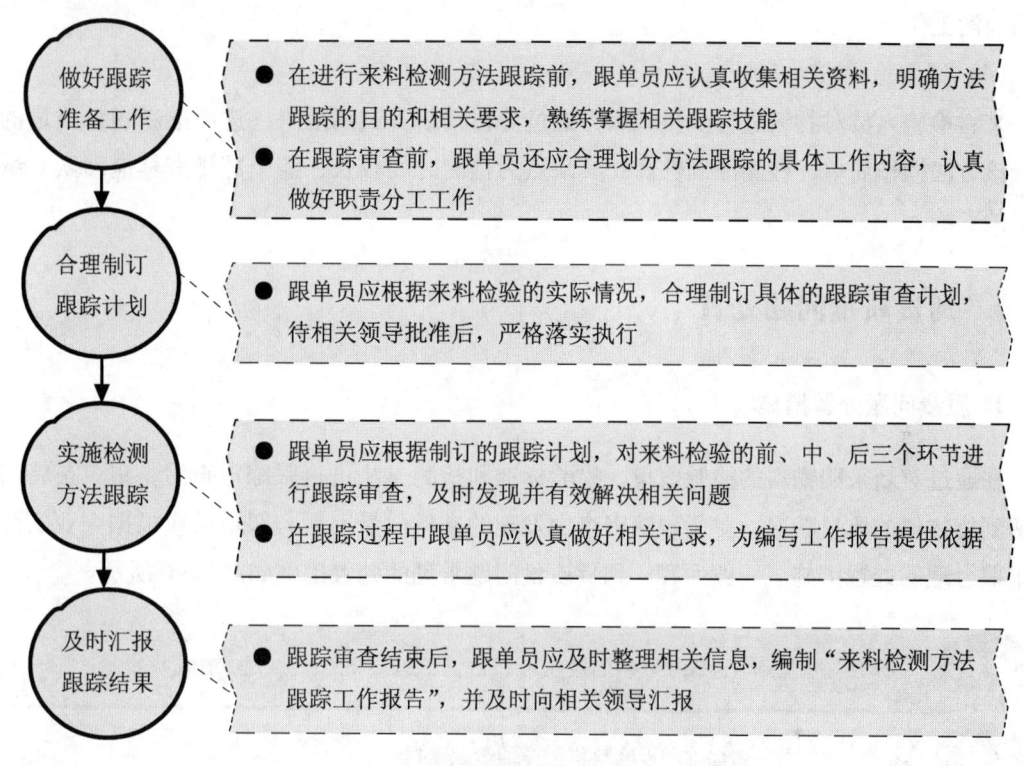

图 7—5　来料检测方法跟踪的基本步骤

3. 跟踪方法介绍

在进行来料质量检验过程中，常见的检测方法主要有以下四种：

（1）感官检测法

来料检验人员不借助相关工具、仪器，仅凭个人的感官和经验来鉴别物料质量的方法。该方法操作简单、成本低，但检测精度不高，对检测人员也有较高的经验要求。一般而言，该方法主要应用于物料质量的初步检查。

（2）测量工具检测法

来料检验人员充分利用相关测量工具和仪器，对物料的尺寸、重量和相关特性进行测量、检测的方法。该方法检测精度高、成本适中，是来料质量检测的主要方法。

（3）无损检测法

来料检验人员根据物料的光、声、热、磁、电等特性，合理运用各相关无损检测仪器对来料进行质量检测的方法。该方法不对物料造成破坏,能准确检测出物料的内在质量缺陷;其缺点为检测成本投入较高,对检测人员的素质要求较高。一般而言,该方法常用于贵重物料的检测工作。

(4) 试用检测法

来料检验人员对物料进行少量试用,通过分析判断其试用效果,进而推断物料质量的方法。该方法操作简单,检测准确性高;其缺点为检测时间较长,需全部排查其他因素对试用结果的影响。

7.1.4 到货质量问题处置

1. 质量问题处置措施

在通过对新采购物料的检验表单、检验标准和检测方法进行跟踪审查后,跟单员将清楚了解到货物料的质量状况。对于跟踪审查中发现的来料质量问题,跟单员应根据企业实际情况采取合理的处置措施。一般而言,到货质量问题常见的处置措施如图7—6所示。

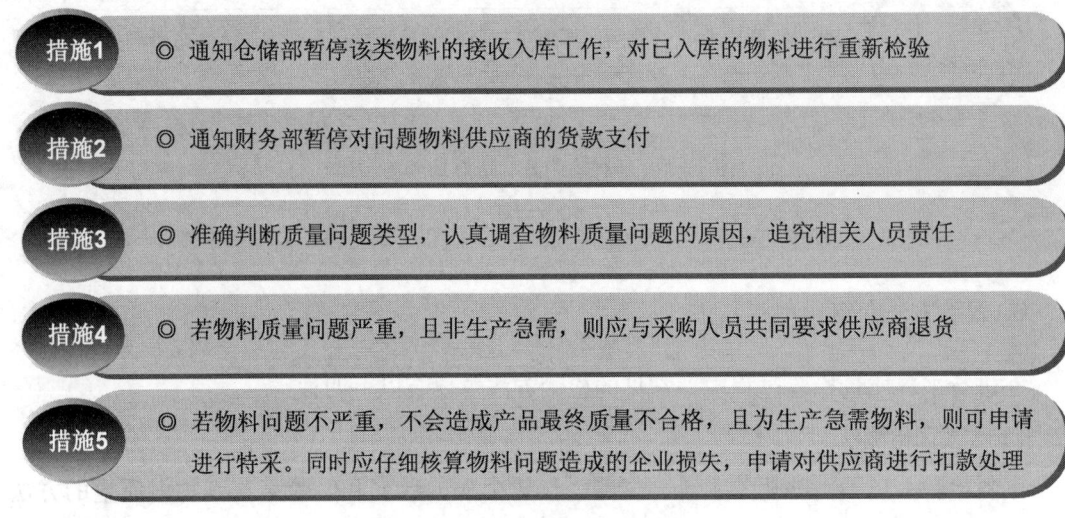

图7—6 到货质量问题常见处置措施

2. 质量问题处理步骤

一般情况下,质量问题处理的基本步骤如图7—7所示。

第7章 订单产品质量跟踪

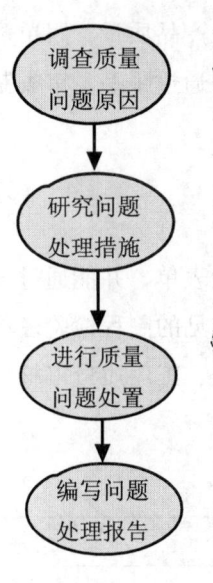

- 跟单员应积极联系来料检验人员,共同调查来料质量问题的原因,找出物料质量问题的负责人

- 跟单员和来料检验人员应认真分析评估来料质量的不良影响,研究问题处理措施,编写质量问题处理工作方案,并上报相关领导审批

- 跟单员和其他相关人员应严格按照审批通过的处理方案,进行来料质量问题处理工作,妥善处置问题物料

- 跟单员应根据质量问题处理结果,认真编写"到货质量问题处置报告",并及时向相关领导汇报

图7—7 到货物料质量问题处理步骤

7.2 制程质量检验的跟踪

7.2.1 制程检验表单跟踪

制程质量检验是影响最终产品质量的重要因素之一。为了有效确保产品质量，跟单员也应认真做好对制程质量检验的跟踪、审查工作。制程检验表单跟踪就是通过跟踪、审查制程质量检验的相关工作表单，从而掌握产品制程质量状况的过程。

1. 制程检验表单类型

在进行制程检验表单跟踪过程中，跟单员应熟练掌握各种制程检验表单，并能通过表单准确发现制程过程中潜在的产品质量问题。一般而言，在实际应用中常见的制程检验表单主要有制程首件检验记录表、制程巡回检验记录表、制程质量异常处理表、工序质量审核报告单和制程不合格品处理单等，具体见表7—3。

表7—3　　　　　　　　　　制程检验表单说明

表单类型	表单说明
制程首检检验记录表	记录了首件产品生产制程中的质量检验状况，以及质量管理人员的首件制程评估
制程巡回检验记录表	用来明确记录各时段制程质量的检验结果，以便及时发现和记录制程异常问题
制程质量异常处理表	主要用来记录制程的异常表现、具体处理措施和处理结果
生产工序质量评定表	根据记录的生产工序质量检验结果，以对工序质量进行评定
工序质量审核报告单	主要用来记录工序审核人员对工序质量进行评定、审核的内容和结果
制程不合格品处理单	记录制程不合格品的基本信息、不合格原因及其处理措施

2. 制程检验表单跟踪工作内容

制程检验表单跟踪的主要工作内容见表7—4。

表7—4　　　　　　　　　　制程检验表单跟踪工作内容

序号	工作内容
1	向制程检验人员索要相关表单，认真检查表单填写是否完整、规范、合理
2	进行制程质量复查，核对制程检验表单的准确性
3	汇总制程检验表单的相关信息，判断制程质量状况是否达到了产品订单的要求
4	针对制程检验表单中反映出的问题，立即采取解决措施，确保产品质量符合订单要求

7.2.2　制程检验方法跟踪

在制程质量检验过程中，质量检验方法是影响检验工作的重要因素。科学、合适的检验方法可以有效提高检验效率，改善检验质量；相反，则会阻碍制程质量检验工作的正常进行。因此，为了消除生产过程中的制程质量风险，确保产品质量，跟单员应对制程质量检验方法进行跟踪审查。

1. 制程检验方法简介

不同的产品特性和制程阶段，其质量检验方法也有所不同。在实际工作中常见的制程质量检验方法如下所示：

◎ 按样品容量划分，包括全数检验法和抽样检验法
◎ 按检验技术划分，包括感官检验法、理化检验法和生物检验法等
◎ 按检验后产品完整性划分，包括无损检验法和破坏检验法
◎ 按检验地点划分，包括固定检验法和流动检验法

2. 制程检验方法跟踪工作内容

在进行制程质量检验方法跟踪前，跟单员应明确具体的跟踪工作内容。一般而言，制程检验方法跟踪的工作内容如图7—8所示。

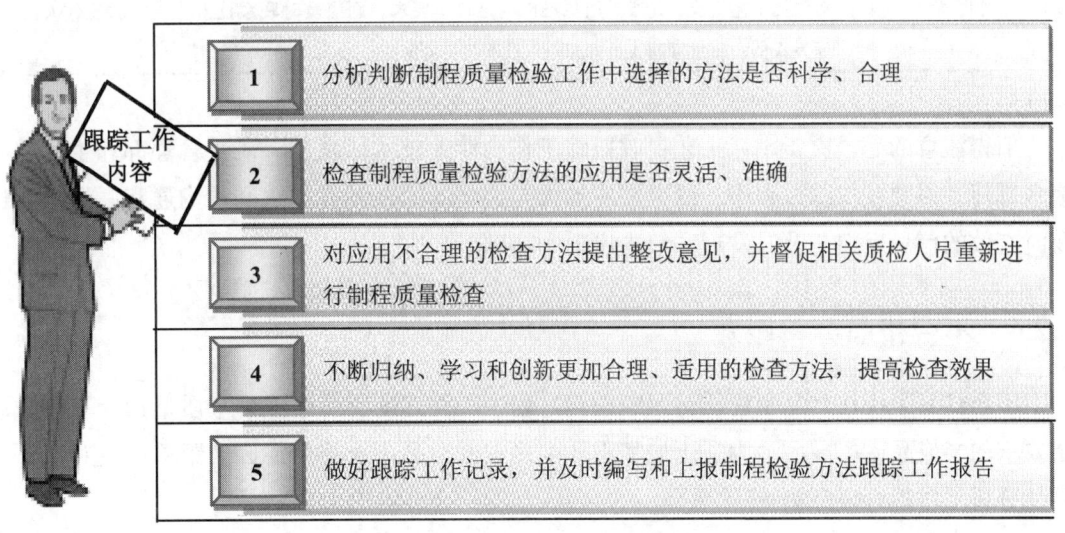

图7—8 制程检验方法跟踪工作内容

7.2.3 设计工艺更改跟踪

若产品生产设计或工艺发生更改,则其质量水平也会发生变化。为了确保产品设计和生产工艺更改后,产品质量仍能满足甚至超越质量要求,跟单员应重视对产品设计和工艺的跟踪、评估和审查工作。

在产品质量跟踪过程中,跟单员应时刻关注产品设计工艺的更改,在收到相关更改消息时应积极开展质量跟踪工作。一般而言,设计工艺更改的跟踪工作应贯穿更改的全部过程,包括更改前质量预估跟踪、更改中质量测试跟踪和更改后质量检验跟踪三部分内容。具体见表7—5。

表7—5　　　　　　　　设计工艺更改跟踪工作内容

跟踪工作环节	跟踪工作说明	辅助人员
更改前质量预估跟踪	◎ 在设计工艺更改前,积极参加相关研讨会议,了解设计工艺变更的预估产品质量 ◎ 检查预估产品质量是否符合订单要求,若不符合则应及时提出相关修改意见和建议	技术研发人员
更改中质量测试跟踪	◎ 掌握设计工艺更改的工作进度 ◎ 跟踪设计工艺更改过程,了解更改过程中的质量测试结果	技术研发人员 质量管理人员
更改后质量检验跟踪	◎ 对设计工艺更改后的产品质量进行跟踪审查,认真检验设计工艺的更改是否对产品质量产生不良影响 ◎ 若设计工艺更改后,产品质量难以满足订单要求,则应及时联系技术研发人员、质量管理人员等相关人员进行协商解决	质量管理人员 生产操作人员

值得注意的是,由于设计工艺更改跟踪工作会涉及技术研发部、质量管理部和生产部等诸多部门,因此在跟踪过程中,跟单员应加强与这些部门及其人员之间的沟通和联系,通过及时有效的信息反馈,及时发现和解决出现的问题。

7.2.4 不合格品分析跟踪

不合格品是指在产品制程质量跟踪检验过程中,发现的有一个或多个质量指标不符合规定要求的半成品或产成品。为了更加客观、准确掌握产品不合格的原因,跟单员应对不合格品的分析工作进行跟踪审查。

1. 不合格品分析过程复核

跟单员认真跟踪审查不合格品分析过程,判别不合格品分析的准确性和真实性,并做出最终质量评定，确认造成产品质量问题的主要原因。

一般而言，不合格品出现的原因主要有如图 7—9 所示的八种。

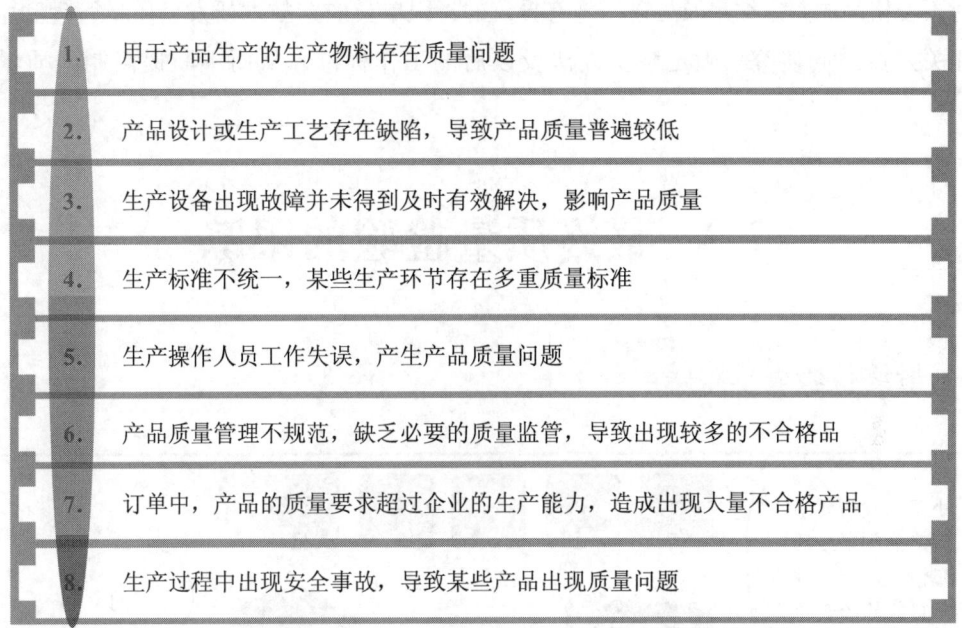

图 7—9 不合格品出现的主要原因

2. 不合格品分级处理复核

在对不合格品进行复核确认后，跟单员应跟踪审查质量检验人员对不合格品的分级处理情况。一般情况下，其具体的分级处理办法见表 7—6。

表 7—6　　　　　　　　　　不合格品分级处理说明

不合格等级	判定标准	处理办法
A 级	◎ 质量缺陷严重，产品完全无法使用 ◎ 存在明显质量缺陷，产品维修成本太高，或难以有效维修 ◎ 产品存在较大的安全隐患	销毁处理
B 级	◎ 存在明显的质量缺陷，直接影响产品的性能及其正常使用 ◎ 产品可以正常使用，但其寿命明显低于正常水平	返工维修
C 级	◎ 存在轻微缺点，对产品的正常使用影响不大，无安全隐患	低价销售、返工修复

3. 不合格品问题解决

对不合格品的判定结果及处理措施有异议的，跟单员应与技术研发、质量管理和生产操作等相关人员共同研究，确定解决办法及以后的工作标准，从而不断提高制程质量管理水平。

7.3 最终质量检验的跟踪

7.3.1 最终检验表单跟踪

1. 常见最终检验表单介绍

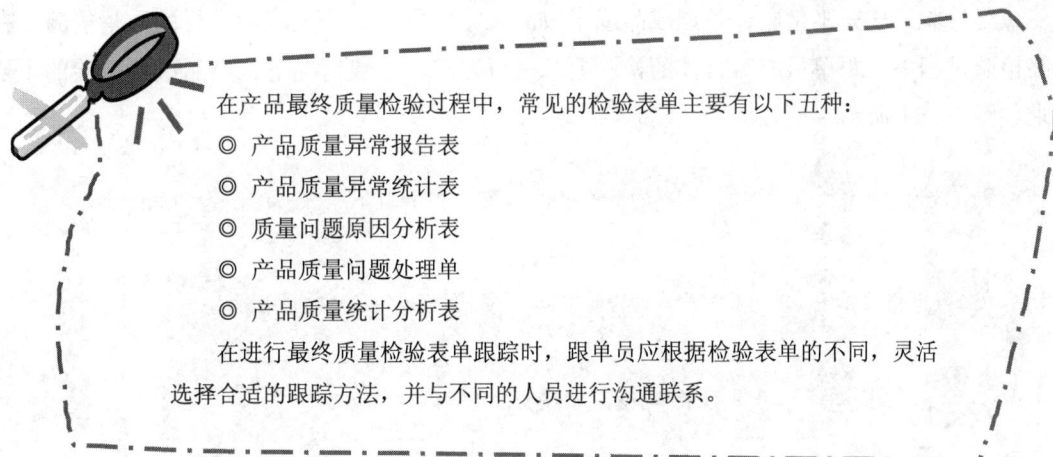

在产品最终质量检验过程中，常见的检验表单主要有以下五种：
◎ 产品质量异常报告表
◎ 产品质量异常统计表
◎ 质量问题原因分析表
◎ 产品质量问题处理单
◎ 产品质量统计分析表

在进行最终质量检验表单跟踪时，跟单员应根据检验表单的不同，灵活选择合适的跟踪方法，并与不同的人员进行沟通联系。

2. 最终检验表单跟踪内容

在物料来料质量、制程质量跟踪审查完成后，跟单员应继续对产品的最终质量情况进行跟踪。其中对最终质量检验表单的跟踪，可以全面、清楚地掌握产品质量水平，是最终质量跟踪的重要方法和手段。一般情况下，最终检验表单跟踪的主要工作内容如图7—10所示。

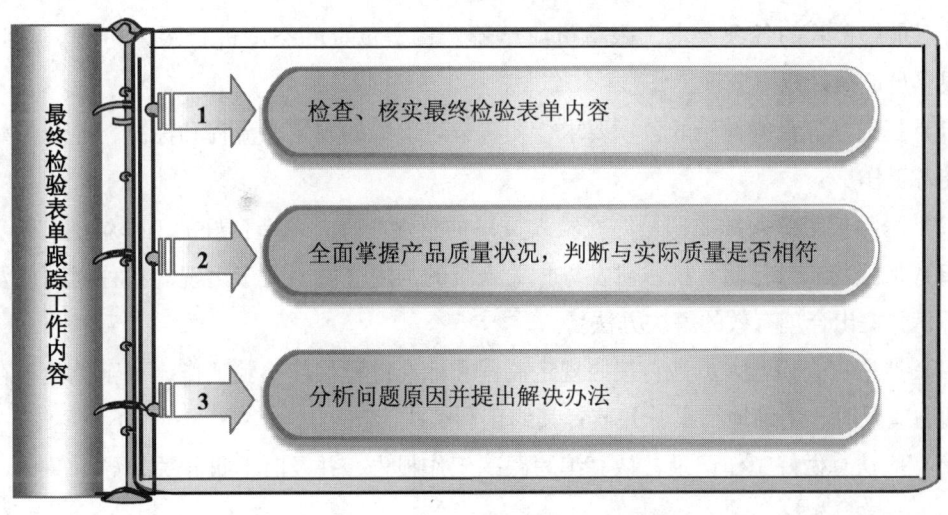

图7—10 最终检验表单跟踪工作内容

7.3.2 最终检验的要求跟踪

最终检验又称完工检验,是产成品或半成品在完成所有生产工序后进行的质量检验。在最终检验过程中,跟单员应对具体的检验要求进行跟踪。一般情况下,产品最终检验的主要要求如图7—11所示。

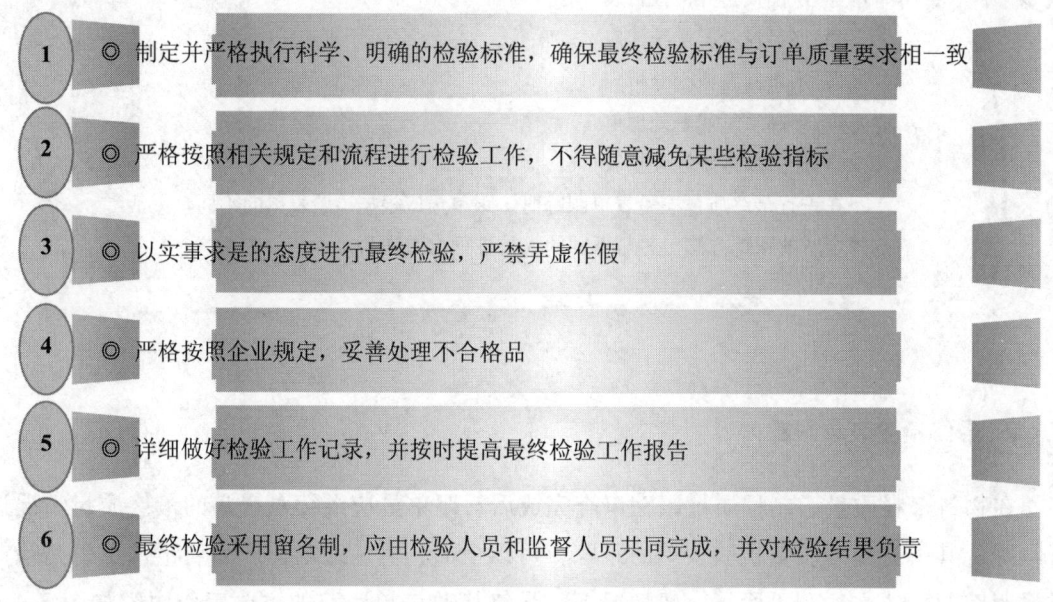

图7—11 产品质量最终检验的要求

针对最终检验的各项要求,跟单员应本着严谨、负责的态度进行跟踪审查。在此过程中,跟单员应做好以下五项工作:

(1) 提前掌握最终检验的各项要求,明确最终检验的规定、流程和标准,充分做好跟踪前的准备工作。

(2) 消除被跟踪人员(即最终检验人员)的抵触心理,营造良好的工作氛围。

(3) 加强与质量检验、技术研发等相关人员的沟通交流,对于出现的各种问题应及时研究分析,并提出合理有效的解决办法。

(4) 严格审查检验人员是否按照规定流程和标准进行最终检验工作,对于检验中存在的各种问题应及时、明确地指出,并监督其纠正和解决。

(5) 应认真做好工作记录,认真编写跟踪工作报告,并及时上报相关领导。

7.3.3 最终检验的方式跟踪

最终检验方式跟踪就是在最终质量检验过程中,跟单员对检验方式的选择、执行等事项进行监督、跟踪、审查的过程。

1. 最终检验方式介绍

一般而言，最终检验的方式可分为全数检验和抽样检验两种。

（1）全数检验

全数检验，是指根据既定的最终检验标准，将所有产品进行逐一检验以准确判断每一件产品是否合格的检验方式。该方式的优点是可以确保每一件产品的质量状况，树立企业的良好信誉；其缺点是检验成本大。该方法多适用于高价值产品、质量分布不均产品的质量检验工作。

（2）抽样检验

抽样检验，是指按照一定规则从全部产品中抽取部分产品进行质量检验，并根据检验结果推断所有产品质量水平的检验方式。该方式的优点是检验成本低、花费时间短；其缺点是无法发现所有的不合格产品。一般而言，该方法多适用于批量较大、单个产品价值较低、质量要求不太严格的产品。

2. 最终检验风险规避与控制

为了促进跟踪工作的顺利进行，确保最终检验的效果，跟单员应加强对跟踪过程中风险点的控制和规避工作。一般而言，最终检验方式跟踪过程中常见的风险点如图7—12所示。

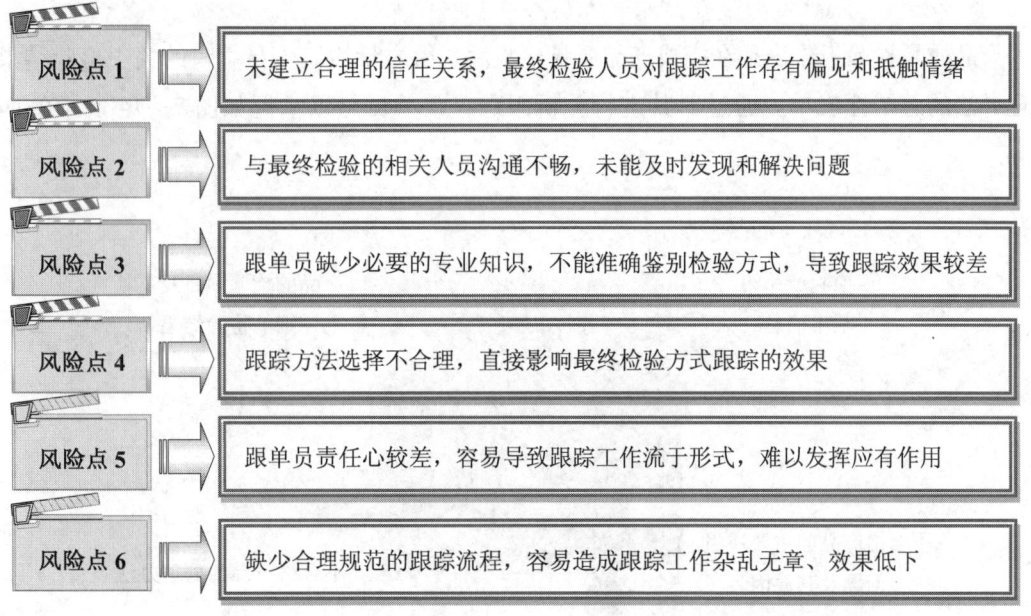

图7—12 最终检验方式跟踪风险点

针对最终检验方式跟踪中出现的各种风险点，跟单员应采取合理有效的应对措施，有针对性地规避和消除风险，提高跟踪工作的质量和效果。具体解决措施如图7—13所示。

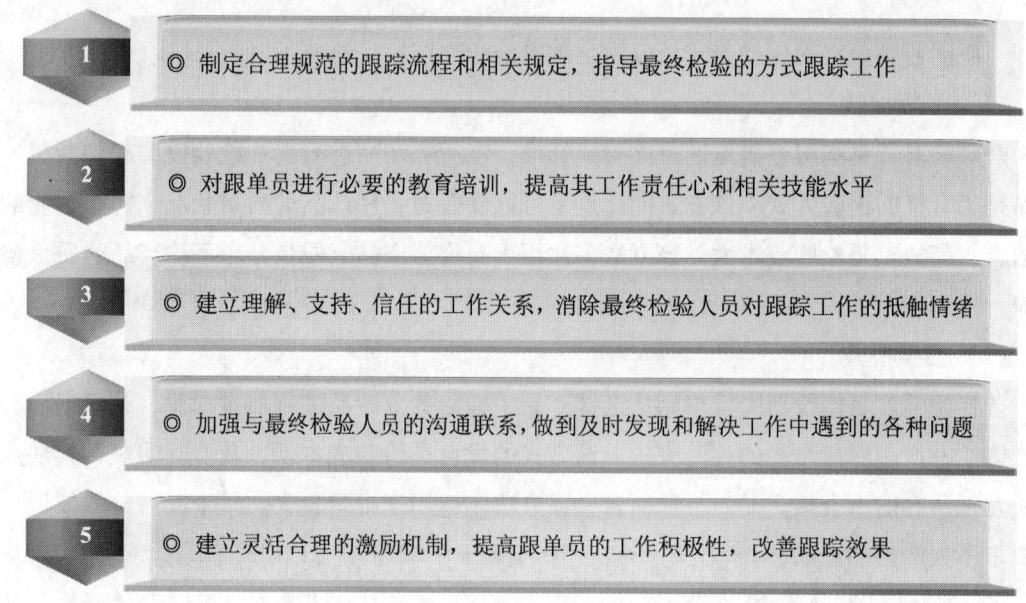

图7—13　最终检验方式跟踪的风险点应对措施

7.3.4　检验报告表分析跟踪

产品质量检验报告表是在完成产品质量检验后，由质量检验人员填写的关于检验结果和处理办法的总结性表单。通过对其进行分析跟踪，跟单员可以掌握如图7—14所示的四项内容。

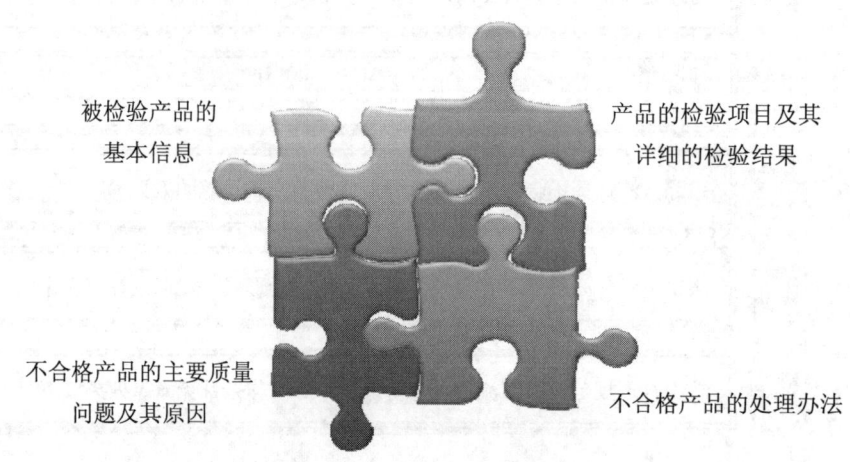

图7—14　质量检验报告表包含信息

在产品质量检验报告表分析跟踪过程中,跟单员应认真核实和收集相关数据、判断产品质量水平是否达到订单要求。一般情况下,其主要工作内容见表 7—7。

表 7—7　　　　　　　　　检验报告表分析跟踪的主要工作内容

序号	跟踪内容
1	◎ 收集产品质量检验的最终数据 ◎ 对照之前的跟踪记录,核实质量检验报告表中的相关数据,判断其填写的规范性和完整性
2	◎ 判断产品质量状况是否达到订单要求水平
3	◎ 判断无误后,在产品质量检验报告表上签字
4	◎ 汇总整理检验报告表分析的相关资料,并及时上报相关领导

7.4　成品出入库质量跟踪

7.4.1　成品性能检验跟踪

1　了解检验内容

2 跟踪记录检验过程

3 编写跟踪工作报告

1. 成品性能检验内容介绍

一般情况下，成品性能的检测事项主要包括以下四方面：

（1）力学性能检测，即通过对成品进行一定的拉伸、压缩、扭转、冲击、疲劳等试验，测试成品相应的力学特性。

（2）物理性能检测，即根据成品的具体特点，采用一定的试验对其密度、热膨胀系数、电阻、弹性等方面进行测试。

（3）化学性能检测，即通过一定的化学试验，对成品的各种化学特性进行测试。

（4）工艺性能检测，即通过弯曲试验、起皱试验、水压试验等，分析判断成品的各种工艺性能。

2. 成品性能检验跟踪工作内容

成品性能是影响成品质量的核心因素。成品入库和出货前，跟单员应认真跟踪审查成品的性能检验情况，以确保其质量。一般而言，成品性能检验跟踪的主要工作内容见表7—8。

表7—8　　　　　　　　成品性能检测跟踪主要内容

序号	工作内容
1	进行跟踪工作动员，消除成品检验人员对跟踪工作的偏见和抵触情绪

续表

序号	工作内容
2	明确成品性能检验跟踪的目的和要求,掌握成品检验标准和方法,为跟踪工作做好准备
3	合理选择跟踪方式和方法,实施成品性能检验跟踪,认真记录检验结果
4	及时发现成品性能检验中的各种问题,并提出相关解决意见和建议,确保成品质量
5	跟踪检查成品检验人员对不合格品的处理,严禁不合格品包装出货
6	编写成品性能跟踪工作报告,并及时上报相关领导

7.4.2 成品外观检验跟踪

成品外观属于产品质量的重要部分,其完善程度直接影响着成品的整体质量及其客户接受程度。因此,跟单员应做好成品外观的检验跟踪工作,确保成品外观完美无缺。在此过程中,企业应注意以下事项:

1. 营造良好的检验跟踪氛围

企业应加强对产品质量管理的教育宣传,提高相关人员的质量检验意识和技能,消除员工对质量检验跟踪的厌恶和抵触情绪,营造良好的成品质量检验跟踪氛围,为成品外观检验跟踪工作扫除障碍。

2. 统一成品外观检验标准

在成品外观管理中,企业应建立统一的成品外观检验标准,明确规定成品外观的具体形状、图案、颜色及其表层材质。一般而言,成品外观的常见检验标准见表7—9。

表7—9　　　　　　　　　　常见的成品外观检验标准

检验项目	检验标准	检验方法	备注
外观平整度	◎ 存在毛刺,且毛刺面积在____mm^2以上,为不合格品	感官检查	
	◎ 存在划痕,且划痕长度在____mm以上,为不合格品	度量	
	◎ 存在磨损,且磨损面积____mm^2以上,为不合格品	感官检测	
图案	◎ 印刷图案存在模糊、重叠、位置偏差的,为不合格品	目测	
	◎ 印刷图案与产品不一致的,为不合格品	目测	
颜色	◎ 存在明显色差,且色差面积超过____mm^2,为不合格品	目测	
	◎ 成品外观颜色脱离、磨损、模糊,为不合格品	目测	

3. 完善成品外观检验跟踪流程

跟单员应将成品外观检验跟踪工作作为成品质量管理的重要环节，不断完善其工作流程。同时，也应严格按照规定流程进行检验跟踪工作，切实提高跟踪工作的规范性、标准性和准确性，确保成品质量。

7.4.3 成品包装检验跟踪

1. 成品包装检验标准

成品包装不仅可以有效保护成品、方便成品装运，还可以向客户传递良好的成品信息，进而提升成品价值，促进成品销售。跟单员在对成品包装检验进行跟踪前，需明确成品包装检验的具体标准。一般情况下，其检验标准见表7—10。

表7—10　　　　　　　　　　成品包装检验标准说明

包装类型	检验事项	检验内容	检验工具
内部包装	材料安全性	检查确认包装材料是否安全无毒，存在过量毒素的为不合格品	化学仪器
	材料完好性	检查包装材料是否出现破损，存在破损的为不合格品	目测
	包装气密性	检验包装材料的气密性，存在漏气、进气的为不合格品	感官测试
	包装材料外观	检查包装材料外观是否良好，是否存在印刷失误、毛边等现象	目测
外部包装	包装外观	检验外部包装是否存在破损、毛边、发霉、脱胶等不良现象	目测
		检查印刷内容是否准确，是否出现印刷重叠、色差等不良现象	目测
		检验外部包装尺寸大小是否符合相关规定	卡尺
	包装可靠性	通过振动、堆积、跌落、高低温等试验，检验外部包装是否安全、可靠	目测 实验仪器
	其他特性	根据不同产品的包装需要，测试其包装材料是否具有相应的物理或化学特性	实验仪器

2. 成品包装检验跟踪方法

在成品包装检验跟踪过程中，跟单员应总结、创新和应用适当的跟踪方法，以提高跟踪工作的质量和效率。一般而言，常见的成品包装检验跟踪方法如图7—15所示。

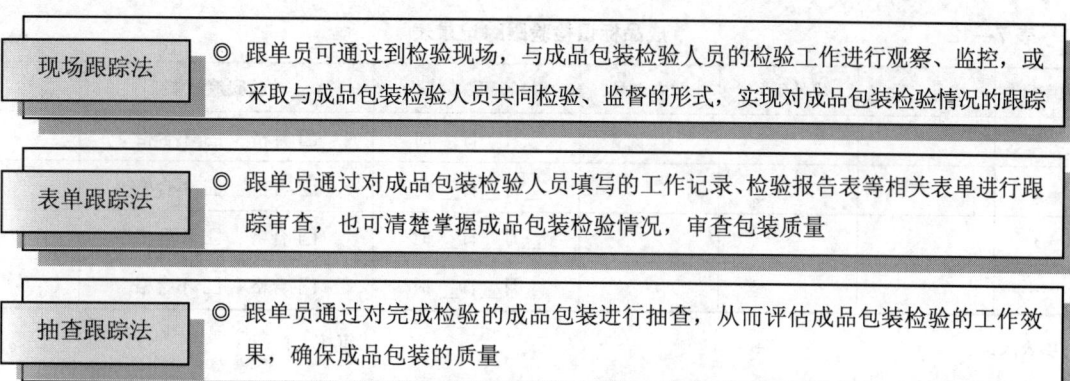

图7—15　常见的成品包装检验跟踪方法

7.4.4　成品标志检验跟踪

成品标志是指用来识别成品及其数量、质量、特征、特性和使用方法的各种标示，一般用文字、符号、数字、图形等表示。其规范和标准程度直接影响着客户对产品的印象，是产品质量管理的重要内容。

在成品质量管理中，企业常用成品标志卡（见表7—11）来记录成品的基本信息和质量状况。

表7—11　　　　　　　　　　成品标志卡

成品名称					成品编号		
规格型号					生产日期		年　月　日
单位					数量		
颜色	□黑色		□白色		□天蓝色		□粉红色
质量检验状态	□待检验		□合格		□返工		□报废
标志人					复核人		
备注							

在成品标志检验跟踪过程中，跟单员一方面应认真检查成品与其标志卡是否一致，成品标志卡是否填写完整、规范、准确；另一方面应检查是否有不合格产品混入合格产品中，若有则立即将其取出，并追究相关人员责任。同时，跟单员还应认真填写成品标志检验跟踪记录表（见表7—12），以备日后查阅。

表 7—12　　　　　　　　　成品标识检验跟踪记录表

序号	成品名称	成品编号	标志卡号	检验跟踪时间	检验跟踪结果	备注
1				_月_日_时	□合格　□不合格	
2				_月_日_时	□合格　□不合格	
3				_月_日_时	□合格　□不合格	
…				_月_日_时	□合格　□不合格	

填表人：　　　　　　　　　　　　　　　　　　　　　审核人：

为了保证成品标志检验跟踪的顺利进行，跟单员应注意如图 7—16 所示的四项内容。

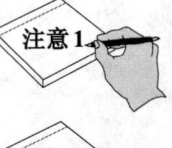
◎ 注意做好资料收集工作，熟悉成品的详细信息，掌握成品标志卡的基本内容和填写规范

◎ 注意保持认真、严谨、负责的工作态度，对检验跟踪中发现的问题绝不姑息，务必确保成品质量

◎ 注意加强与质量检验人员的沟通联系，建立良好的工作关系，及时发现和解决成品标志的各种问题

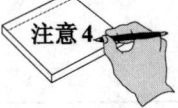
◎ 注意严格按照相关流程、规定进行检验跟踪工作，提高跟踪工作的规范性、标准性和高效性

图 7—16　成品标志检验跟踪注意事项

第8章

进出口及运输跟单

8.1 出口货物的跟单

8.1.1 国际贸易条件

为了促进国际贸易的顺利进行,买卖双方应就货物的品名品质、数量价格和包装等贸易条件做出明确说明。

1. 货物的品名品质

货物品名是国际贸易中不可或缺的贸易条件,也是买卖双方识别货物、分析货物品质的重要依据。在设计货物品名时,企业务必要考虑目标国家的宗教信仰和风俗习惯,尽量符合国际习惯。另外对于某些货物,企业通过选择合适的品名还有利于降低关税、方便出口。

货物品质是其成功交易的核心因素。在国际贸易中,企业必须说明货物的品质水平。一般而言,企业可通过文字说明和样品展示两种方式表示货物的品质,具体见表8—1。

表8—1　　　　　　　　　　货物品质表示方式

表示方式		方式说明
文字说明	货物规格	◆ 即通过在合同中说明货物的规格信息(如质量、长度、含量、化学成分等)的方式,来表明货物品质的方法。该方式方便、准确,是国际贸易中应用最广的表示方式
	品质等级	◆ 即按照一定规则将货物分为不同等级,通过货物等级来说明其品质水平的方法。该方法操作简单,适合于某些土特产货物
	货物标准	◆ 即通过注明货物采用的标准版本和年份,进而判断其质量优劣的方法
	商标品牌	◆ 对于市场信誉良好、货物品质稳定、知名度高、品种相对单一的货物,企业可凭借其商标、品牌来表示货物品质状况
	产地名称	◆ 对于不同产地产品品质差别较大的货物,企业可通过其产地信息来说明货物的品质水平,该方法一般局限于土特货物
	说明书和图样	◆ 对于结构性能相对复杂的货物,企业可以通过说明书和相关图样的表述来阐明货物的品质水平
样品展示		◆ 即交易双方通过互相检验、核对和封存货物样品,来确定其品质的方式

2. 货物的数量价格

在国际贸易中,买卖双方必须约定货物的数量和价格,并在交易合同中予以明确说明。

(1) 货物数量

货物数量条款是贸易合同中不可或缺的条件。跟单员在与对方约定货物数量时应注意以下四点：

① 跟单员必须明确货物的计量单位，熟练掌握各种计量单位间的不同。一般而言，在国际贸易中，跟单员应根据国际习惯选择通用的计量单位，以避免贸易纠纷。

② 对于按重量计量的货物，跟单员应明确约定其计量方法，清楚说明是按货物净重、公量还是理论重量。

③ 跟单员应注意合理运用"数量机动幅度"的相关规定，充分维护企业权益。

④ 在签订数量条款时，跟单员最好组织相关专业人员和合同内容进行审查，以最大限度地降低企业风险，维护企业利益。

(2) 货物价格

货物价格是贸易进行的核心条款。跟单员务必应掌握正确的作价原则、选择有利的计价货币并做好成本核算工作，以降低国际贸易风险，最大限度地维护企业利益。

3. 货物的包装

在国际贸易中，货物包装是主要的贸易条件之一。一般而言，国际贸易中的货物包装分为中性包装和定牌包装。在选择包装方式时，跟单员应根据双方约定和国家相关规定，选择合适的包装形式，有效维护国家和企业自身的利益。

4. 其他贸易条件

在国际贸易中，除了货物品名品质、数量价格和货物包装外，可能还存在其他贸易条件，比如运输方式、货物保险、付款时间等。跟单员应根据具体情况，认真参照我国和进口国的相关法律法规、宗教信仰、风俗习惯以及社会文化的信息，与进口方商定有利于企业发展的贸易条件，最大限度地维护国家和企业权益。

8.1.2 报验实施要点

根据《中华人民共和国进出口商品检验法》规定，凡列入"实行检验商品种类表"中需要进行法定检验和合同（或信用证）中约定由商检机构检验出证的出口商品，企业应在装运前到商检机构申请商检，商检合格后，海关才准放行。

为了确保商品报验的顺利进行，跟单员应注意如图8—1所示的四项要点内容。

对于需要报验的货物，跟单员应认真填写"中华人民共和国出入境检验检疫出境货物报验单"，由商检局相关人员检查核对并签字盖章后，连同出口合同、信用证复印件、发票等

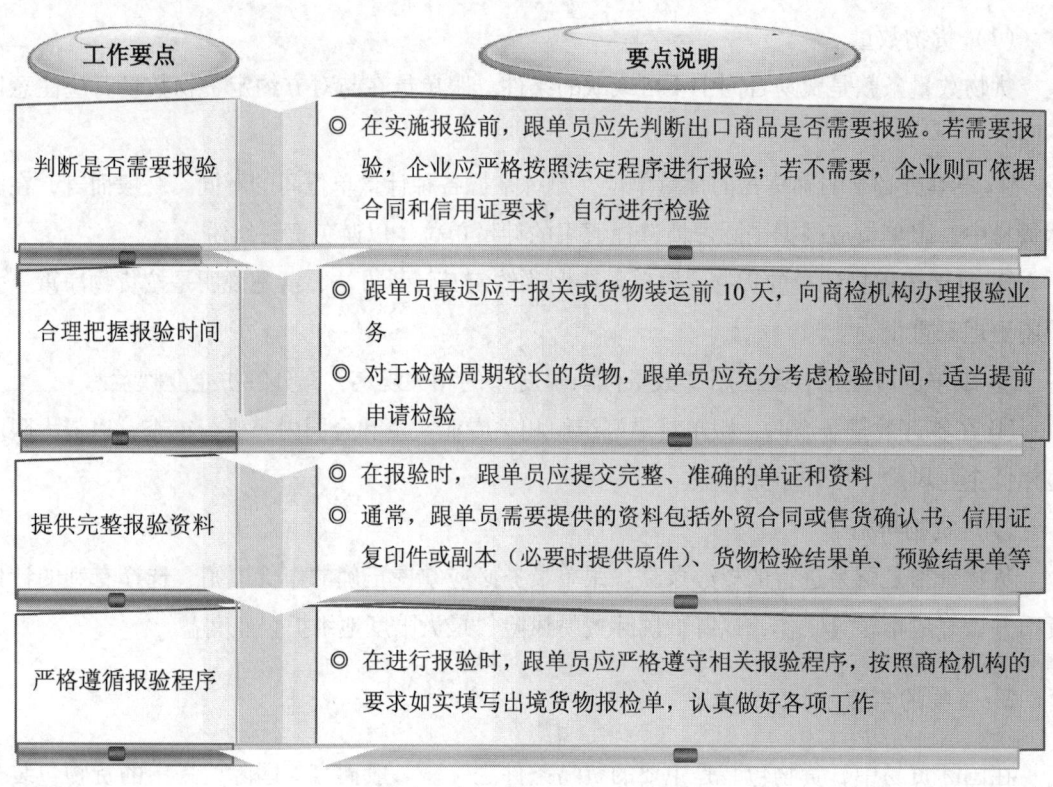

图 8—1 出口货物报验工作要点

相关资料，在规定时间内向商检局提出检验申请。"中华人民共和国出入境检验检疫出境货物报验单"见表 8—2。

表 8—2　　　　中华人民共和国出入境检验检疫出境货物报验单

报验单位（加盖公章）：　　　　　　　　　　　　　编号：

报验单位登记号：　　　联系人：　　电话：　　　报验日期：　年　月　日

收货人	（中文）				
	（外文）				
发货人	（中文）				
	（外文）				
货物名称 （中、外文）	H.S. 编号	产地	数量/重量	货物总值	包装种类及数量
运输工具名称号码		贸易方式		货物存放地点	
合同号		信用证号		用途	

续表

发货日期		输往国家（地区）		许可证/审批号	
起运地		到达口岸		生产单位注册号	
集装箱规格、数量及号码					
合同、信用证订立的检验检疫条款或特殊要求		标记及号码		随附单据（打"√"或补填）	
				□ 合同 □ 信用证 □ 发票 □ 换证凭单 □ 装箱单 □ 厂检单	□ 包装性能结果单 □ 许可/审批文件 □ □ □
需要单证名称（打"√"或补填）				*检验检疫费	
□ 品质证书 ＿正＿副 □ 重量证书 ＿正＿副 □ 数量证书 ＿正＿副 □ 兽医卫生证书 ＿正＿副 □ 健康证书 ＿正＿副 □ 卫生证书 ＿正＿副 □ 动物卫生证书 ＿正＿副		□ 植物检疫证书 ＿正＿副 □ 熏蒸/消毒证书 ＿正＿副 □ 出境货物换证凭证 □ 出境货物通关单 □ □ □		总金额（人民币元）	
				计费人	
				收费人	
报验人郑重声明： 1. 本人被授权报验。 2. 上列填写内容正确属实、货物无伪造或冒用他人的厂名、标志、认证标志，并承担货物质量责任。 签名：				领取证单	
				日期	
				签名	

注：有"*"号栏由出入境检验检疫机关填写　　　　　　　　　　　　　　国家出入境检验检疫局制

8.1.3 租船订舱方式

租船是指在国际贸易中，当货物数量或质量较大时，企业租赁整船或多船来装运货物的方式。同样，订舱是指当货物数量和质量较小时，企业租赁部分舱位来运输货物的方式。

1. 租船方式

具体来说，跟单员可根据实际情况选择光船租船、定期租船和航次租船三种租船方式，具体见表8—3。

表8—3　　　　　　　　　　　常见的租船方式

租船方式	租船方式说明
光船租船	◎ 即企业只租赁运输船只，并自行配备船员，负责船舶全部经营管理以及各项航行事宜 ◎ 该方式属于财产租赁范畴，而不属于运输服务范畴，企业拥有船只占用权和控制权
定期租船	◎ 即企业在一定时间内租赁船只用以货物运输的方式 ◎ 该方式中，企业承担船只的燃料费、港口费等运营费用；承租方提供船只、船员以及维修、保险、船员供养等费用
航次租船	◎ 即企业通过租赁船只，在指定的港口或区域之间进行一个或多个航次运输货物的方式 ◎ 该方式中，企业同样拥有船只的占用权和控制权

2. 订舱方式

订舱是指跟单员根据货物出口需要，合理选定船舶并向承运人以口头或订舱函电的方式进行预约舱位、申请托运的过程。在实际操作中，常见的订舱方式主要有整柜、自拼箱、拼箱三种，具体见表8—4。

表8—4　　　　　　　　　　　常见的订舱方式说明

订舱方式	方式说明
整柜	◎ 即预订一个或若干个整舱位或整集装箱 ◎ 该方式下，跟单员需要说明舱位号、集装箱型号、集装箱类型等信息
自拼箱	◎ 即预订某整个舱位或集装箱，自行将不同收货人的货物进行拼装 ◎ 该方式下，跟单员需要说明舱位号、集装箱型号、集装箱类型等信息
拼箱	◎ 当出口货物不足以装满整箱时，跟单员可选择拼箱方式 ◎ 该方式下，承运人将根据货物目的地的不同，对货物进行重新分类、装箱 ◎ 该方式下，跟单员只需说明货物基本信息，不需要说明舱位号、集装箱号等

8.1.4　保险办理要点

在出口货物跟单过程中，科学、准确地办理货运保险可以有效分担企业风险，减少贸易摩擦，维护企业的自身利益。在保险办理过程中，跟单员应关注如图8—2所示的四项要点。

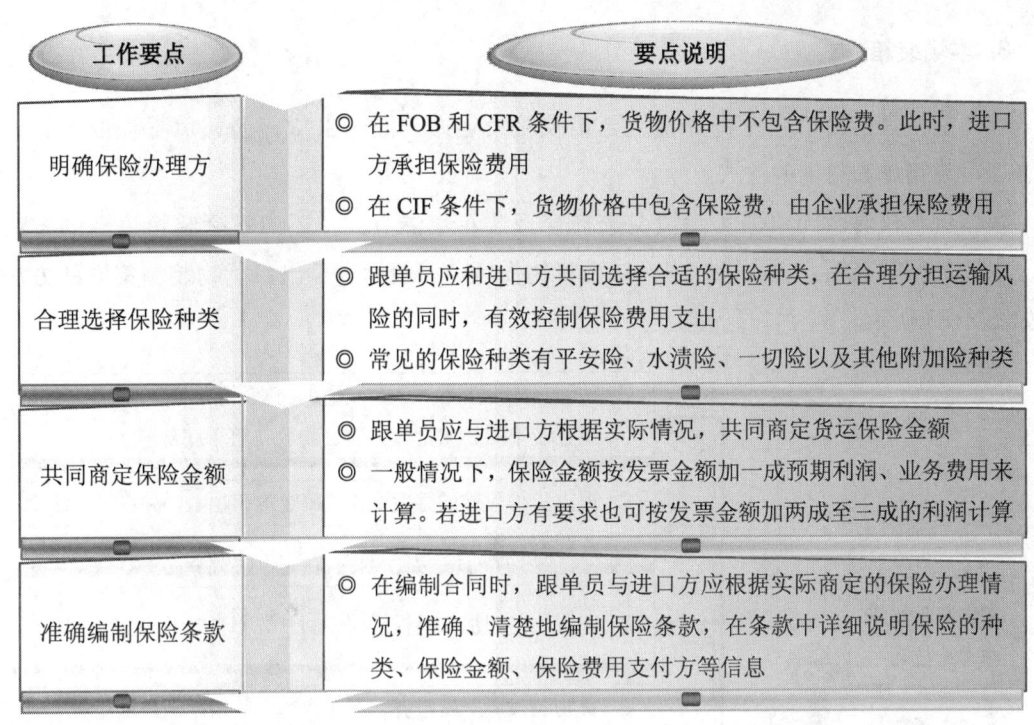

图 8—2　货运保险办理要点

8.1.5　货物集港方式方法

在报关放行前，跟单员应组织、协调各方关系，采取合理方式，及时将货物安全送至运输港口。具体来说，跟单员需掌握以下三种货物集港方式：

1. 企业自拉自送方式

出口企业可从货代公司获取集装箱设备交接单，自行装箱并按相关要求将集装箱送至运输港口堆场，等待报关、装船。在装箱过程中，跟单员应认真填写装箱单，以供海关检查和核对货物。

2. 产地装箱方式

产地装箱是指由货代公司提取空箱并到出口企业指定地点进行货物装箱，然后填写装箱单运至港口的方式。该方式操作简单，装箱集港的大部分工作由货代公司负责，但出口企业要承担较高的装箱和运输费用。

3. 堆场装箱方式

堆场装箱是指出口企业将货物运至集装箱货运站，同时由货代公司负责提取空箱、装箱、填写装箱单和集港的方式。

跟单员不仅要做到根据实际情况选择合理装箱集港方式，还应掌握装箱集港的方法技巧，以确保科学装箱，提高箱容率，减少货物损坏。一般而言，出口货物装箱集港的方法技巧如图8—3所示。

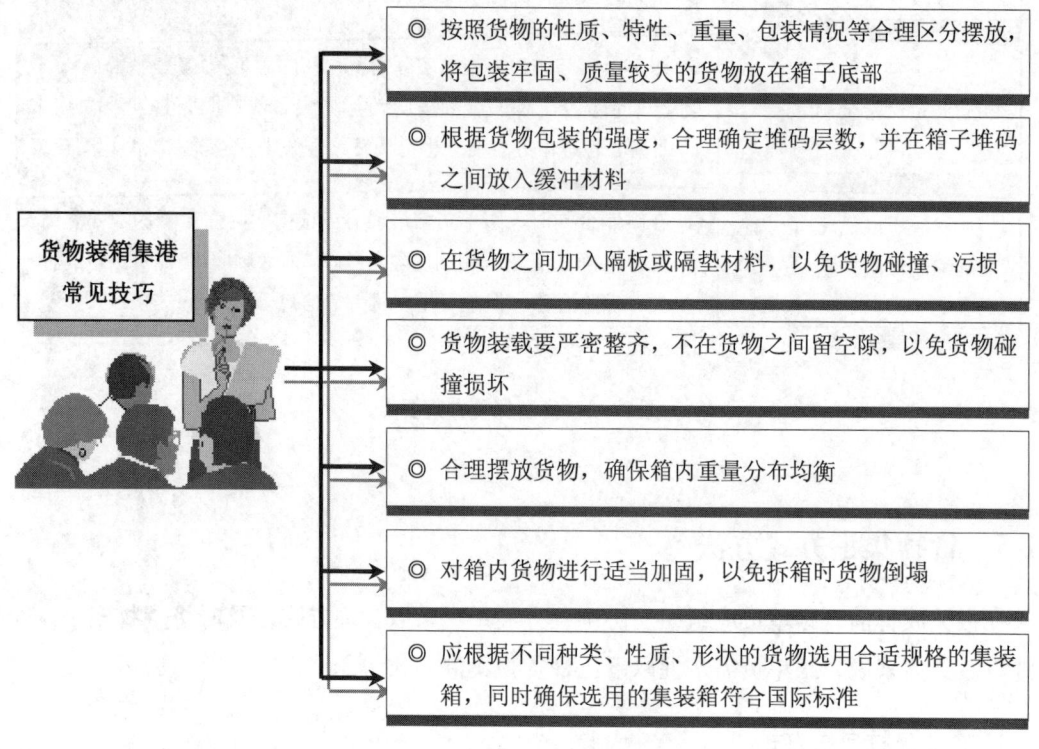

图8—3 货物装箱集港的常见技巧

8.1.6 出口报关工作程序

出口报关是指出口企业（或其代理商）向海关申报出口货物详细情况，经海关审查、征税后，放行出口的过程。一般情况下，出口报关要经过申报、查验、征税和放行四个主要环节，跟单员应掌握其具体的工作程序，按海关规定开展相关业务。出口报关的具体程序如图8—4所示。

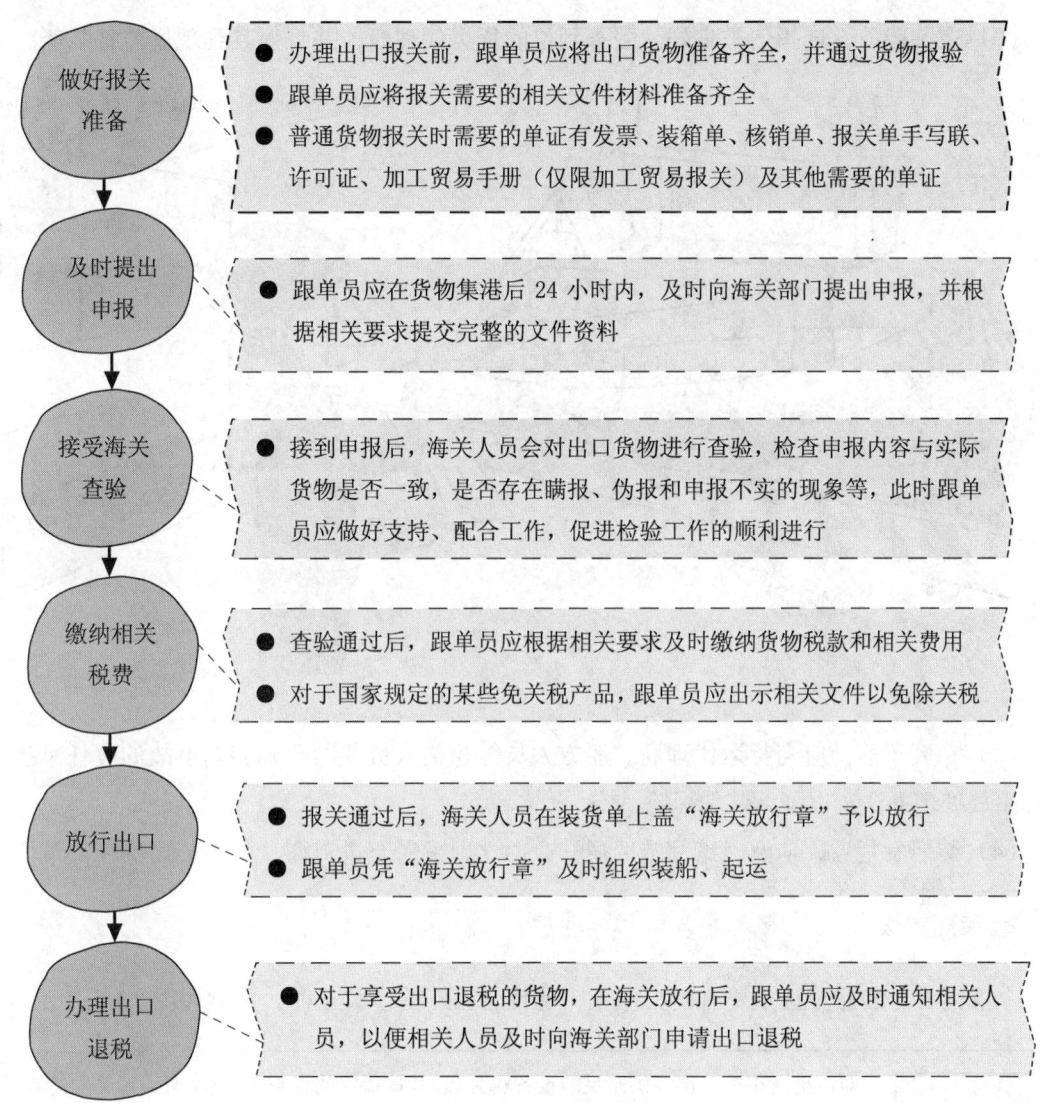

图8—4 出口报关工作程序

8.1.7 装船的要点与方法

货物通过报关查验后，跟单员应及时组织进行装船、发货。在装船过程中，跟单员须注意以下要点及方法：

1. 装船要点

（1）根据租船订舱方式、货物特征的具体情况，选择合适的装船方式和方法。

(2)在装船前,选择信誉良好、服务到位的货运代理商,并督促其到现场监督装船。

(3)在装车前,应与货运代理商、船方人员等相关人员共同明确装船事故的责任承担方式和事故处理办法,以降低装船风险。

(4)装船发货后,应及时编写装船通知,并立即发送至进口商、保险公司等相关单位。

2. 装船方法

一般而言,装船方法主要有码头作业、现装船和外档过驳三种,具体如图8—5所示。

码头作业	即由港区相关单位提供充足的设备和劳务,并按货船的积载图24小时连续装船的方法
现装船	即运输车辆直接将货物运到港口船边,并运用装船机械从车辆直接搬运到货船上的装船方法,其装船模式为"车对船"
外档过驳	即由驳船将出口货物运到港口,装运时将驳船停靠到货船旁边,并通过相关设备直接将货物搬运到船上的方式,其装船模式为"船对船"

图8—5 出口货物常见装船方法

8.1.8 装船通知主要内容

装船通知是指在货物装船、发运后，由出口企业发给进口商的说明货物详细装运情况的通知。其目的是通知进口商做好筹集资金、付款和接货准备。为便于装船通知的合理、及时编制，跟单员应掌握装船通知的主要内容。一般情况下，装船通知包含的主要内容如图8—6所示。

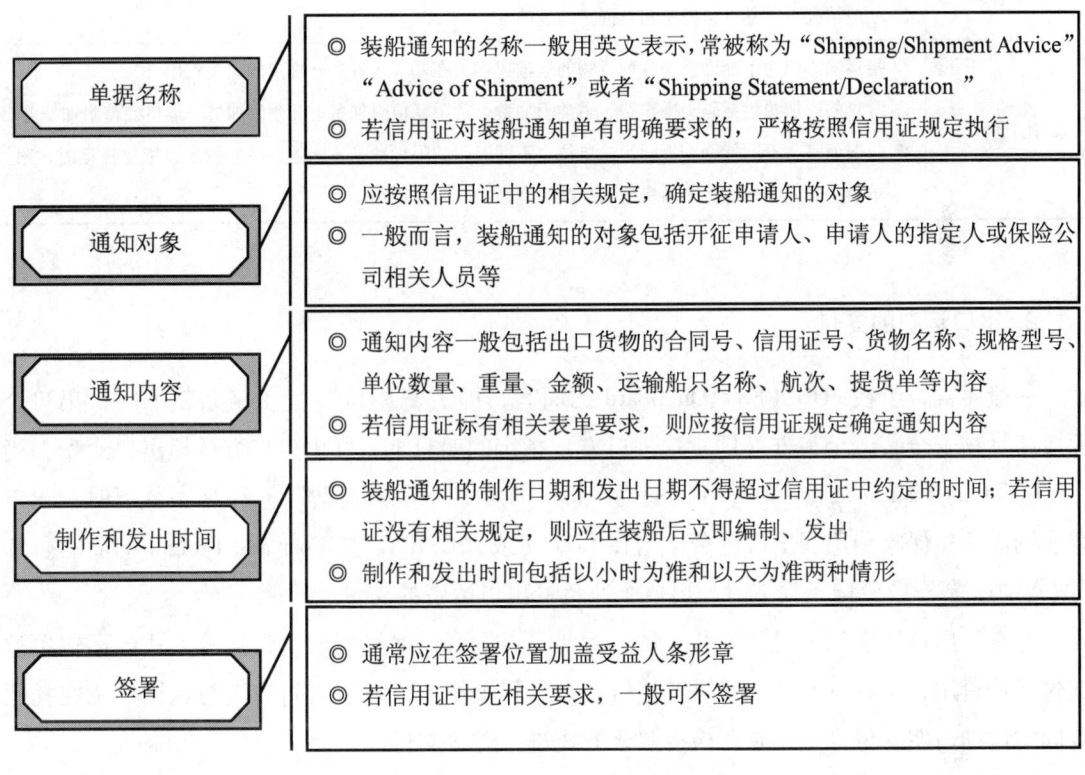

图8—6 装船通知主要内容

8.1.9 运费的构成与支付

1. 出口运费构成

出口运费是指在海关放行后，从国内港口、机场运送到进口商所在国的港口、机场过程中产生的运输费用。由于出口运输方式的不同，出口运费至少包括班轮运费、航空运费以及陆上运费三种类型。在进行出口运费管理时，跟单员应明确各种运费的结构构成，了解其计算方式和方法，并对出口运费进行初步估算，为选择服务周到、价格实惠的运输单位提供相关依据。

一般情况下，出口运费由基本运费和附加费两部分构成，具体见表8—5。

表8—5　　　　　　　　　　　　　出口运费构成说明

费用构成	费用说明
基本运费	○ 指货物在国际运输中产生的基本运输费用，一般由基本运费率与货运量的乘积得出 ○ 一般情况下，基本运费是相对固定不变的
附加费	○ 指运输单位为了准确反映各种货物的运输成本，在基本运费之外规定的相关费用 ○ 常见的附加费包括码头操作费、燃油附加费、货币贬值附加费、旺季附加费、港口拥挤附加费等 ○ 一般而言，不同货物、不同运输单位、不同时间的附加费是不同的，在进行出口货物托运时，跟单员务必询问清楚附加费用的种类和金额

2. 出口运费的支付

一般而言，当在FOB（Free On Board的简写，即"离岸价"）价格条款下时，出口企业应将货物安全装运至买方（即货物进口方）指定的船只上，并由进口方承担出口运费；当在CIF（Cost Insurance and Freight的简写，即"成本加保险加运费"）价格条款下时，出口企业则需承担保险费用和出口运费；当在C&F（或"CFR"，是Cost and Freight的简写，即"成本加运费"）价格条款下时，出口企业负责出口运费的支付。

通常，出口运费以美元计价和支付。运费支付方可以通过现金、汇票等方式向运输单位支付运输费用，可以一次性支付或者垫付。在实际操作中，运费支付方应与运输单位在托运合同中详细写明支付方式，并严格按照该方式进行运费支付。

当采用国际多式联运时，运费支付方应与多式联运经验单位签订托运合同，并协商确定总运输费用。由于国际多式联运采用单一的运货单证，统一计费，因此运费支付方可一次性支付出口运费，简化了结算手续。

8.1.10　出口退关工作程序

出口退关是指在出口货物通过报关查验并被海关放行后，因某种原因未能装上运输工具且出口企业决定取消出口，并向海关机构申请将货物退出海关监督区的过程。

一般情况下，出口退关的工作程序如图8—7所示。跟单员应掌握各个主要步骤，以便顺利开展业务。

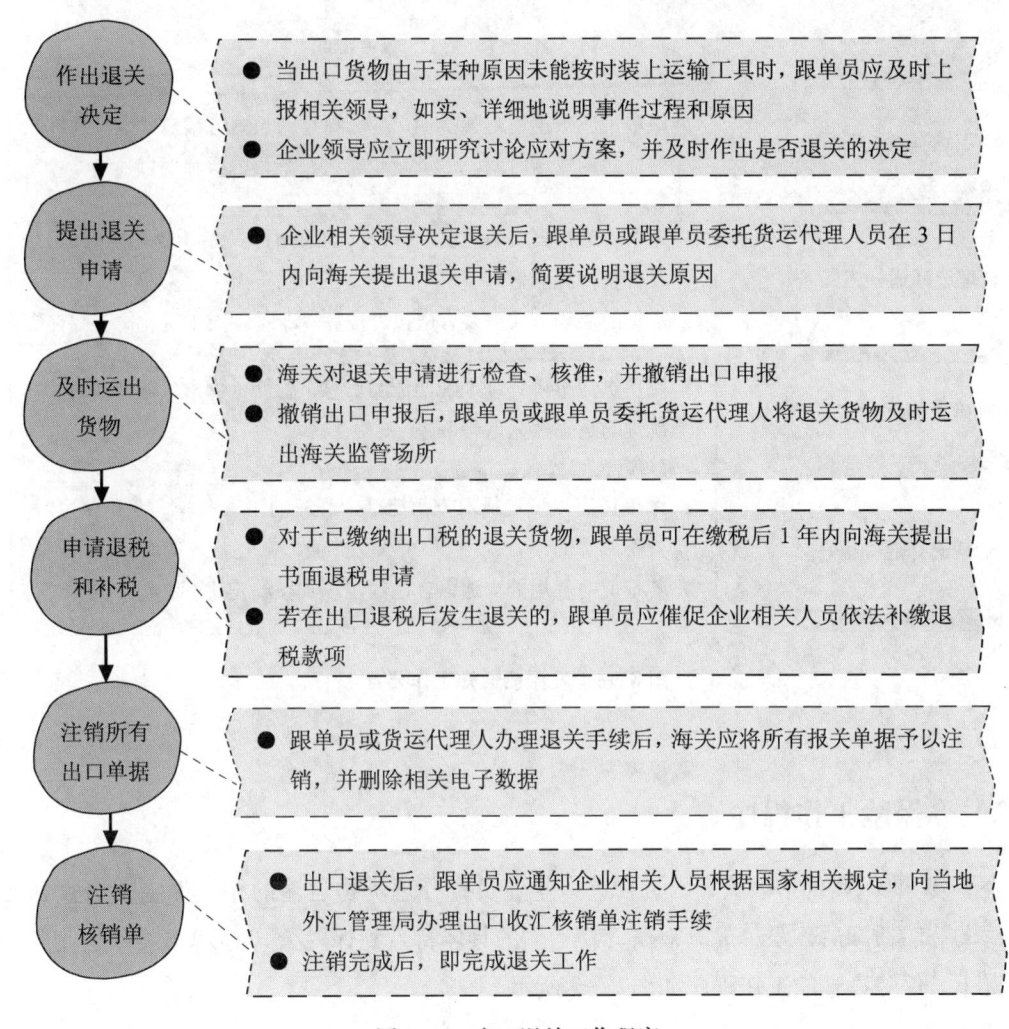

图 8—7　出口退关工作程序

8.2　进口货物的跟单

8.2.1　发派船通知要点

完成租船订舱后，跟单员应及时以传真或电子邮件的形式向货物出口商发出派船通知，详细说明用以装运货物的船名、船籍、吨位和预计到港时间等信息，以便使货物出口商及时做好装船准备。

为了及时、准确地传递派船信息，避免不必要的麻烦，跟单员在发派船通知时应注意如图 8—8 所示的几项要点。

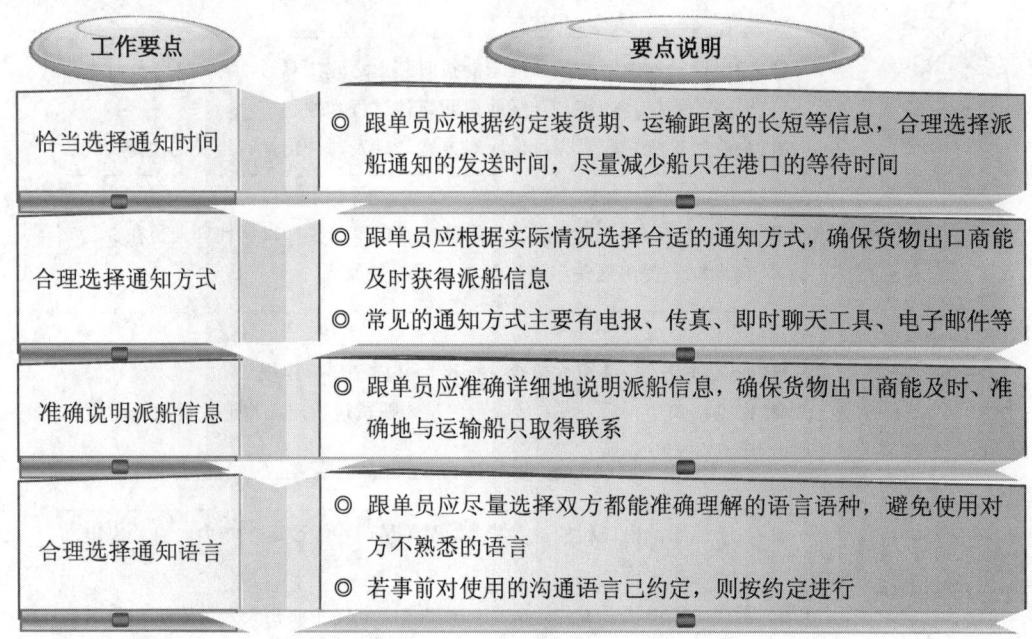

图 8—8　发派船通知工作要点

8.2.2　办保险工作程序

在 FOB 和 CFR 价格条款下，货物进口企业负责办理货物运输的相关保险。当收到货物出口商的装船通知后，跟单员应根据货物运输的具体特点到保险公司办理相关保险业务。一般情况下，保险办理的工作程序如图 8—9 所示。

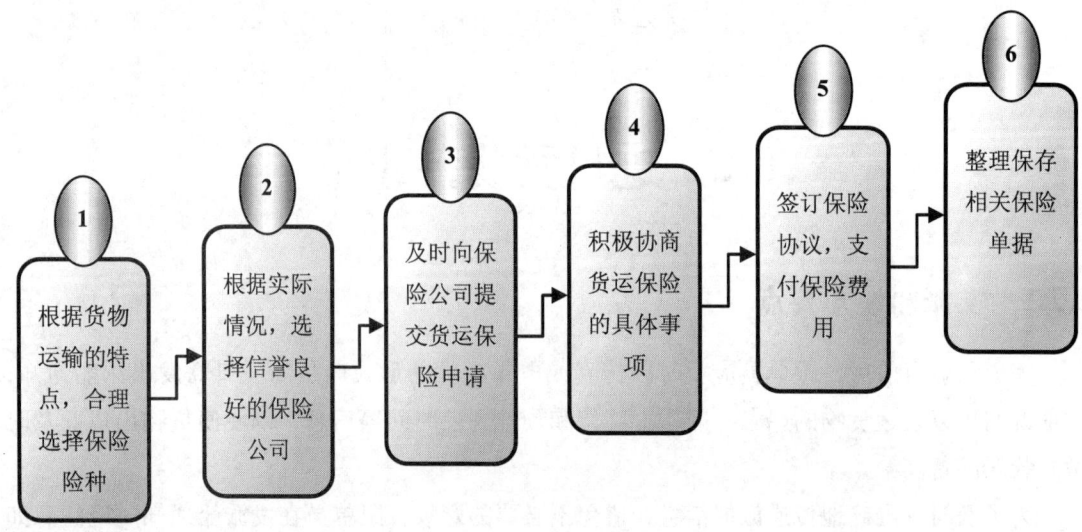

图 8—9　货运保险办理程序

8.2.3 汇集单证工作要点

进口单证是指货物进口企业以及相关部门所涉及的单证。一般而言，进口单证主要包括信用证、贸易合同、进口许可证、进口报关单、进口付汇核销单、进口货物报检单、保险单和商业发票等。在汇集进口单证时，跟单员需要注意的工作要点如图8—10所示。

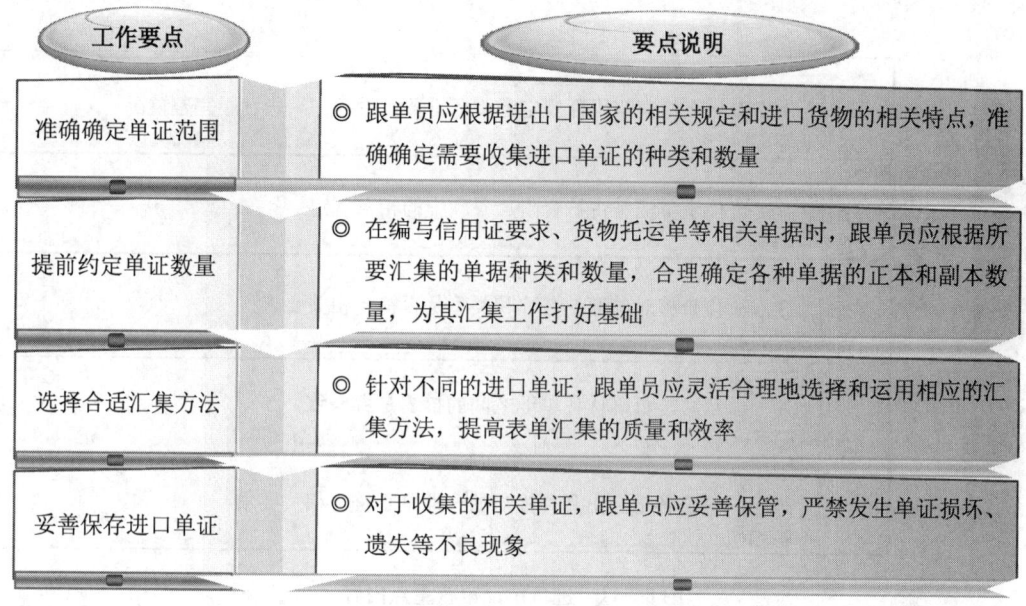

图8—10 汇集单证工作要点

8.2.4 审核单证工作要点

1. 掌握进口单证审核内容

进口单证审核主要是通过检查、核对相关单证的登记内容，确认货物的品名、规格要求、质量、价格、数量、价格条款、支付方式、交货方式和交货期等信息准确无误，进而确保进口贸易的顺利、健康进行。一般情况下，进口单证审核的重点内容如图 8—11 所示。

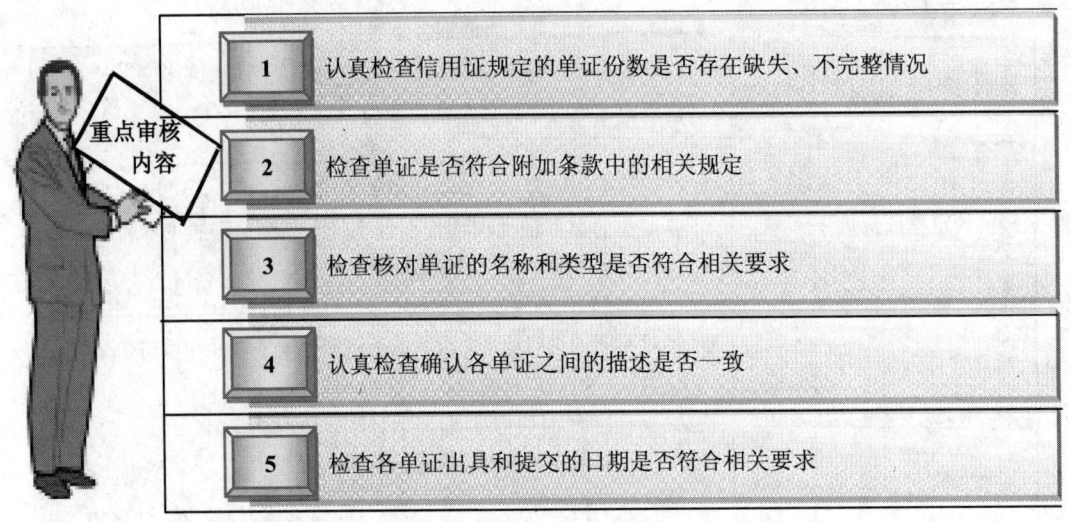

图 8—11　进口单证审核重点内容

2. 满足进口单证审核要求

在审核进口单证时，跟单员应尽量满足以下要求：

（1）及时性要求。跟单员应及时收集和审核相关单证，同时在发现差错后及时采取相关措施纠正错误，以避免使各项工作陷入被动局面。

（2）全面性要求。跟单员应从信用证申请、进口合同签订、运输业务办理等环节全方位地进行单证审核。在审核过程中，跟单员应逐一审核每一份单证，不遗漏任何不符合点。

3. 选择进口单证审核方法

在进行进口单证审核时，跟单员应根据实际情况，灵活选择和运用审核方法。在实际操作中，常见的审核方法主要有纵向审核法和横向审核法两种，具体见表 8—6。

表 8—6　　　　　　　　　　　　进口单证审核方法说明

方法名称	方法说明
纵向审核法	以信用证条款为基础，对各项单据进行逐字检查核对，确保各单证内容与信用证一致
横向审核法	在纵向审核的基础上，依据商业发票来审核其他相关单据

8.2.5　办理进口货物检验

为了确保进口货物的种类、数量和质量符合合同要求，并符合国家规定，进口企业跟单员应认真办理进口货物的检验工作。一般情况下，进口货物检验包括自行检验和货物报验两种，具体如图 8—12 所示。

自行检验
- ◎ 跟单员可委托相关检验机构，依据合同内容和相关标准，对货物质量、数量、包装、性能等方面进行检验，并根据检验结果判断货物是否合格
- ◎ 自行检验后，跟单员应及时将检验结果告知当地商检单位
- ◎ 若发现质量、数量、破损等问题，跟单员应及时向当地商检单位申请报检

货物报验
- ◎ 凡列入国家进出口商检种类表的货物，跟单员应联系货运人员持相关单据向口岸或当地商检单位申请检验
- ◎ 进口货物报验检验后，商检单位会在"进口货物报关单"上加盖"已接受报检"印章；跟单员或货运人员凭此办理进口报关业务

图 8—12　进口货物检验形式

一般情况下，在进行进口货物报验时，跟单员或货运人员应认真填写"进口商品检验申请单"，并提供以下单证：

（1）对外贸易合同（副本）。

（2）国外商业发票。

（3）装箱单。

（4）提货单。

（5）进口货物通知书。

8.2.6　进口报关方式技巧

进口报关是指进口企业或其代理人根据国家相关规定，向海关申报进口手续并缴纳进口

税费的过程。只有顺利通过进口报关，进口货物才能得以放行。

一般情况下，根据贸易形式的不同，进口报关可分为一般贸易进口报关和进料加工进口报关两种形式。跟单员应熟练掌握两种不同报关方式的操作运行技巧。

1. 一般贸易进口报关

通常，跟单员可按如图8—13所示程序进行一般贸易进口的报关工作。

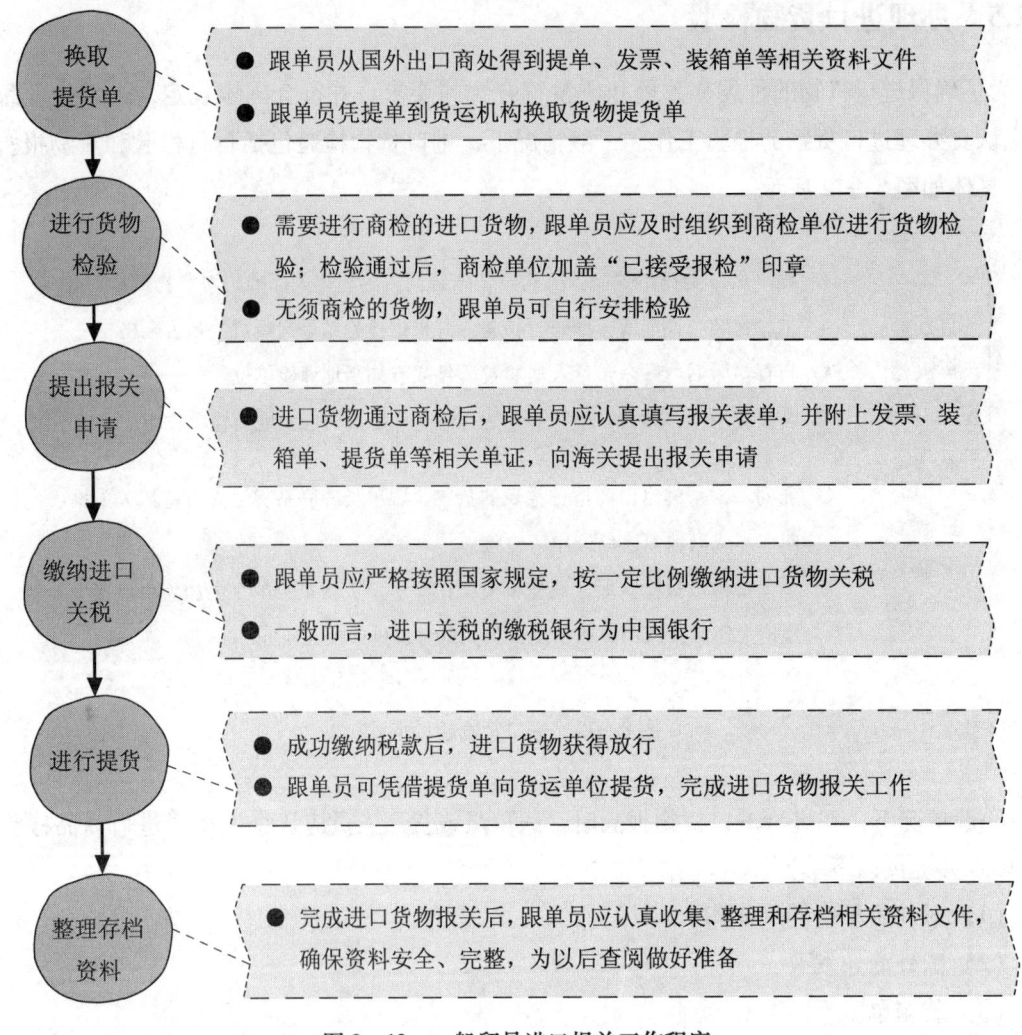

图8—13　一般贸易进口报关工作程序

2. 来料加工进口报关

当贸易类型为来料加工时，其进口报关程序与一般贸易进口报关大致相同。但在报关过程中，进口企业需关注如图 8—14 所示的两点内容。

◎ 在进口报关前，跟单员需办理来料（或进料）加工手册，并凭加工手册和其他相关单证申请进行报关

◎ 若进口货物为免税货物，跟单员则只需交纳一定的保证金
◎ 当所有进口材料的成品完成出口核销后，保证金会全部退还来料进口企业

图 8—14　来料加工进口报关注意事项

8.2.7　监卸和交接要点

当进口货物通过报关放行后，货物进口企业应及时凭提货单向货运单位提货。在此过程中，跟单员应做好进口货物的监卸和交接工作。通常，货物监卸和交接的工作要点如图 8—15 所示。

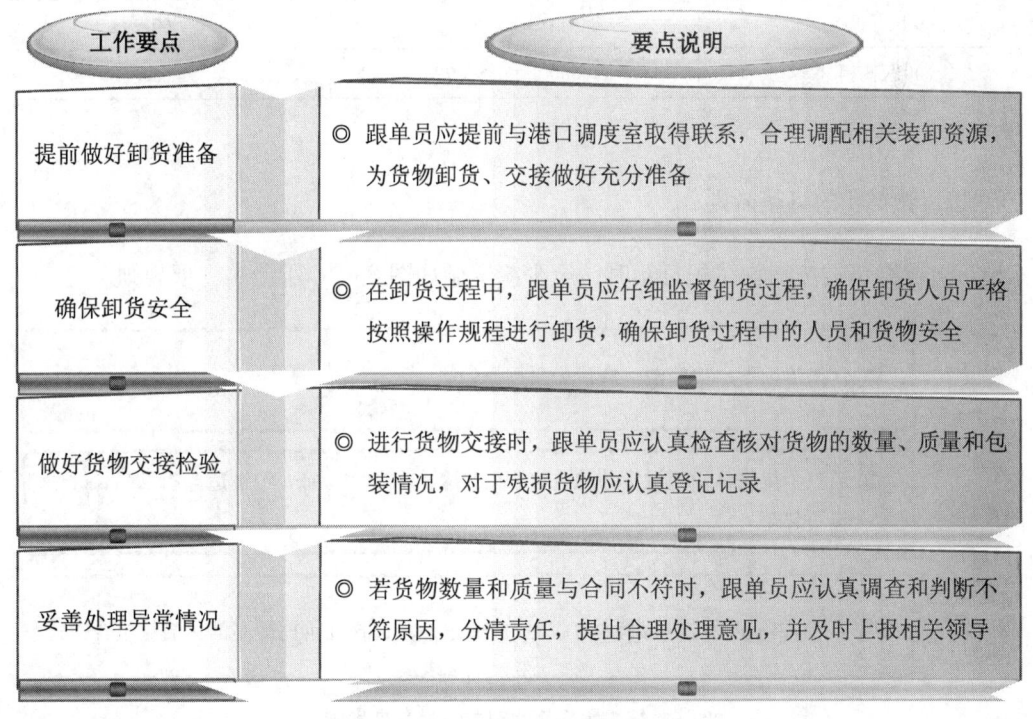

图 8—15　货物监卸和交接要点

8.3 集装箱货物出口运输

8.3.1 按货的体积订箱规则

在进行集装箱装货前，出口企业跟单员可根据货物的体积来预订集装箱。在订箱前，出口企业跟单员应先明确集装箱的体积标准和有关订箱规则。

1. 集装箱的标准尺寸

在货物运输中，常见的集装箱包括20尺柜、20尺开顶柜、40尺柜、40尺高柜、40尺开顶柜五种类型。以下是各类型集装箱内容积及配货尺码的参考值，见表8—7。

表8—7　　　　　　　　　　常见类型的集装箱体积标准

集装箱类型	内容积	配货尺码
20尺柜	5.69m×2.13m×2.18m	25m^3
20尺开顶柜	5.89m×2.32m×2.31m	31.5m^3
40尺柜	11.8m×2.13m×2.18m	55m^3
40尺开顶柜	12.01m×2.33m×2.15m	60m^3
40尺高柜	11.8m×2.13m×2.72m	68m^3

2. 按货物体积的订箱规则

出口企业跟单员按货物体积订箱时，至少应遵循如图8—16所示的三项规则。

1　◎ 货物体积不足整箱的，应优先采用拼箱方式

2　◎ 当单个货物体积超过集装箱内容积时，应根据货物特征，经过适当拆卸后，再选择集装箱

3　◎ 货物总体积超过集装箱内容积时，应通过计算选择性价比最高的集装箱组合模式

图8—16　按货物体积订箱的常见规则

在按货物体积选择集装箱时，出口企业跟单员还应特别注意货物种类和重量对集装箱的限制。

8.3.2 提取空集装箱的要点

在确认订箱后，船公司或其代理人应及时向出口企业或承运人签发集装箱空箱提箱单。跟单员或承运人应持提箱单向船公司提取空集装箱，同时双方在集装箱交接单上签字交接。在此过程中，跟单员需要注意的工作要点如图8—17所示。

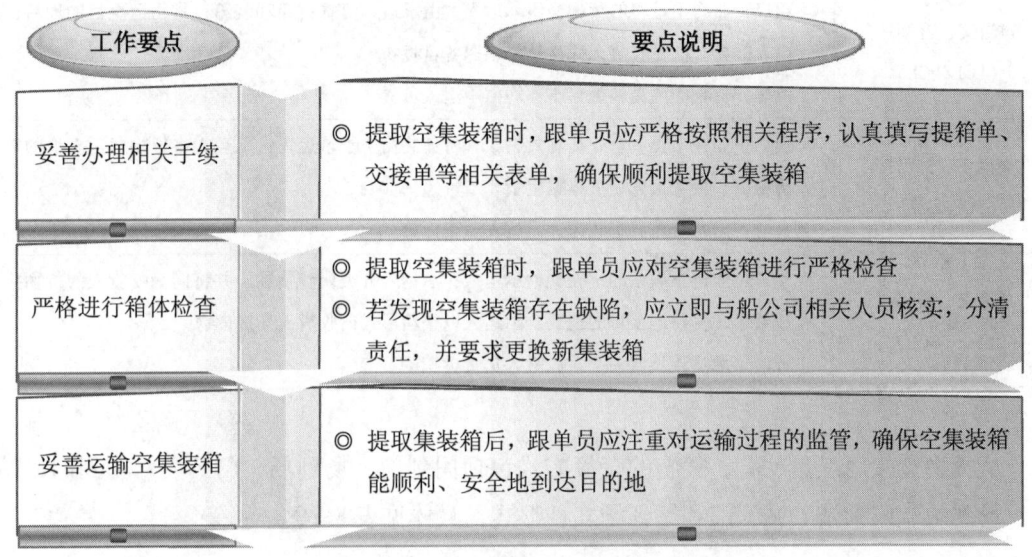

图8—17 提取空集装箱要点

8.3.3 整箱货与拼箱货交货

关于整箱货、拼箱货的交货，跟单员应首先了解什么是整箱货，什么是拼箱货以及整箱货与拼箱货的交货形式，从而通过分析相关利益得失，选择最合适的交货方式。

1. 整箱货和拼箱货

整箱货（Full Container Load，FCL），是指由出口企业负责装箱、计数、填写装箱单并加封标志的集装箱货物。

拼箱货（Less Than Container Load，LCL）与整箱货相对，通常指装不满一整箱的货物。一般情况下，承运人所在的集装箱货运站负责拼箱货的装箱、计数、填写装箱单并加封标志工作。出口企业只需将拼箱货按时发至集装箱货运站即可。

2. 整箱货和拼箱货的交货形式

按照整箱货和拼箱货的流转形态划分，货物交货包括表 8—8 所列的四种形式。

表 8—8　　　　　　　　　按流转形态划分货物交货形式说明

交货形式	形式说明
整箱交、整箱接（FCL/FCL）	◎ 出口企业将装满货的集装箱交给承运人，由承运人将该批整箱货物交给接货人 ◎ 此时，货物的装箱和拆箱工作由发货人和收货人分别负责
拼箱交、拆箱接（LCL/LCL）	◎ 出口企业将不足箱的货物交给承运人，由承运人负责拼箱和装箱；货物运至目的地后，承运人拆箱，同时收货人凭接货单领取各自货物 ◎ 此时，货物的装箱和拆箱工作均由承运人负责
整箱交、拆箱接（FCL/LCL）	◎ 出口企业在工程或仓库装满货物，并将集装箱交予承运人；承运人将货物运送至目的地并拆箱后，接货人凭相关单据接货 ◎ 此时，出口企业负责装箱，承运人负责拆箱
拼箱交、整箱接（LCL/FCL）	◎ 出口企业将不满箱的货物交给承运人；承运人分类调整货物，并将同一收货人的货物拼装成整箱；货物运至目的地后，承运人以整箱形式向收货人交接货物 ◎ 此时，承运人负责装箱，收货人负责拆箱

从货物交接地点角度看，货物的交接方式包括门到门、场到场、门到场、场到门、站到站、场到站、门到站、站到门和站到场九种形式，具体见表 8—9。

表 8—9　　　　　　　　　按交货地点划分货物交货形式说明

交货形式	出发地	目的地
门到门	出口企业的工厂或仓库	收货人的工厂或仓库
场到场	装箱港的集装箱堆场	目的港的集装箱堆场
门到场	出口企业的工厂或仓库	目的港的集装箱堆场
场到门	装箱港的集装箱堆场	收货人的工厂或仓库
站到站	起运地或装箱港的集装箱货运站	目的地或卸箱港的集装箱货运站
场到站	装箱港的集装箱堆场	目的地或卸货港的集装箱货运站
门到站	出口企业的工厂或仓库	目的地或卸货港的集装箱货运站
站到门	起运地或装箱港的集装箱货运站	收货人的工厂或仓库
站到场	起运地或装箱港的集装箱货运站	目的地或卸货港的集装箱堆场

8.3.4 装船监控的内容要点

为了确保集装箱货物的安全,掌握集装箱装船的进度,跟单员或其委托的承运人应对装船过程进行现场监控。一般情况下,装船监控的主要内容如图8—18所示。

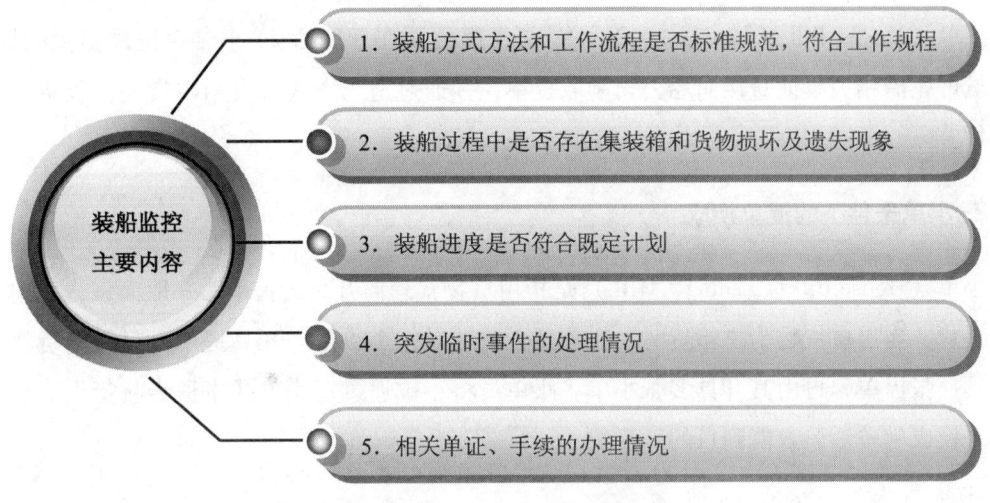

图8—18 装船监控主要内容

在监控过程中,跟单员或其委托的承运人应注意如图8—19所示的四项工作要点。

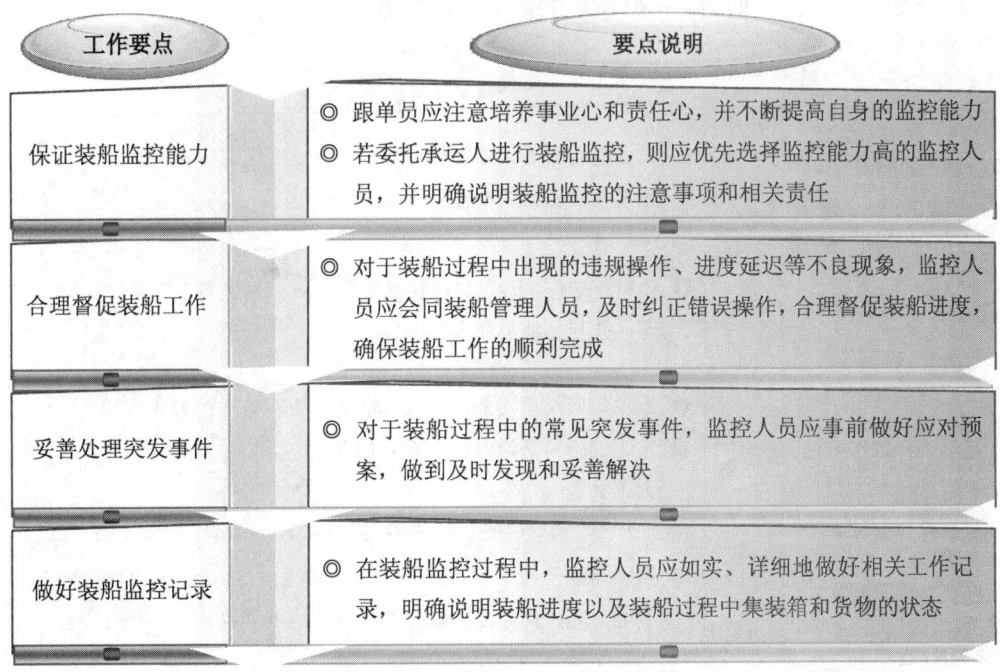

图8—19 装船监控要点

8.3.5 换取提单的方式方法

1. 主单条件下的提单换取

主单（Master Bill of Lading，MBL）是指由船公司在开船后 24 小时内正式签发的提单。跟单员可凭借相关单证直接向船公司领取提单，并通过适当方式转发给收货人，收货人凭提单提货。

2. 小单条件下的提单换取

小单（House Bill of Lading，HBL）是指由货物代理商开具的提单。一般而言，小单不能直接提货。当出口货物为拼箱货时，船公司无法针对每个收货人开具提单，只能向货物代理商开具一张提单，再由其开具多张小单。跟单员将小单通过适当方式寄送给收货人。收货人将小单换成主单后，方能到目的地提货。

8.3.6 寄送资料的要点方法

在办理集装箱货物出口过程中，跟单员需要根据实际情况向货物进口商寄送相关资料。此时，跟单员至少应注意如图 8—20 所示的四项工作要点。

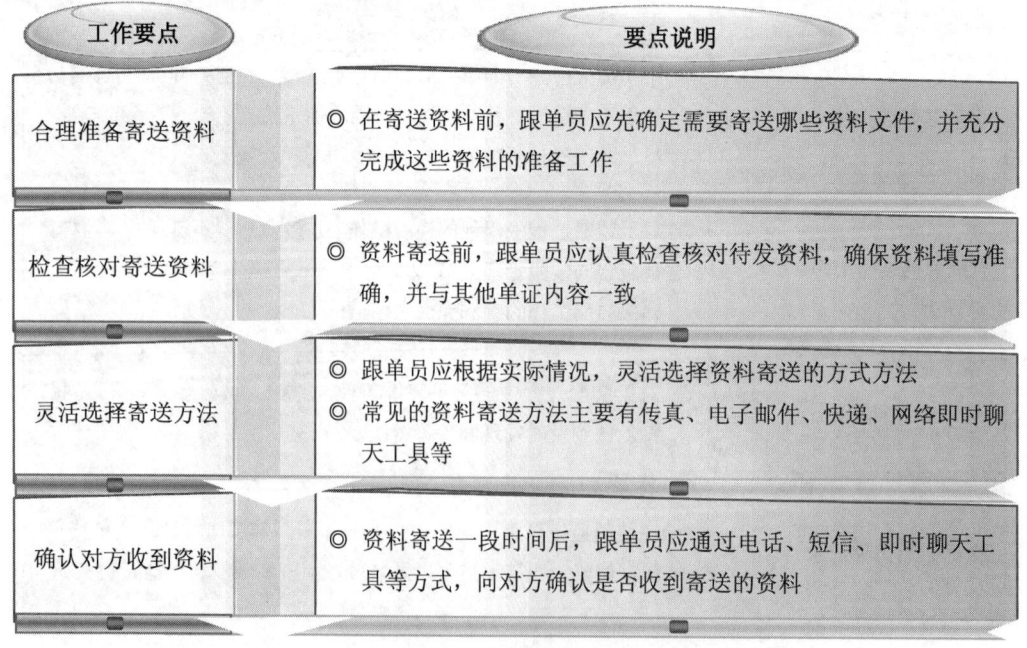

图 8—20 寄送资料要点

一般情况下，跟单员需要向货物进口商寄送的资料及其寄送方法见表8—10。

表8—10　　　　　　　　　　　寄送资料说明

资料类型	寄送时间	寄送方式	资料主要内容
样品资料	签订贸易合同前	邮寄、快递等	◆ 简要说明样品的质量、品质、加工工艺等情况，以增加进口商对货物的了解程度
合同资料	贸易谈判期间	电子邮件、传真、快递等	◆ 包括订货单据、合同文本、价格条款等
发票	按照双方约定时间	快递等	◆ 进口商支付款的书面证明，主要包括货物名称、数量、单价和总价值等信息
装船通知	完成装船后，约定装船期限前	电子邮件、传真、快递等	◆ 明确说明货物的品名、规格型号、数量、重量、品质、船名、航次以及预计到港时间等相关信息
提单	完成装船后	电子邮件、传真、快递等	◆ 明确说明出口货物的基本信息、船名船次、收货地点、运费条款、集装箱号等信息
到货通知书	货物到港后	电子邮件、传真、即时聊天工具等	◆ 主要用来通知收货人按时到港口接收货物，其中主要包含了船名、航次号、集装箱号、货物名称、数量等信息

8.4　集装箱货物进口运输

8.4.1　寄送资料方式方法

当集装箱运输即将到目的港时，起运港的船公司在货船到港前（近洋24小时，远洋7天）向卸货港提供如下能够详细说明运输货物详情的相关单据，以获得卸货港的入港许可，从而进港卸货。跟单员应对该项业务有所了解，具体需寄送的资料如下：

1. 提单副本

提单是指船长或承运人的代理在收到托运人托运的货物后所签发的，确认货物已收到或已装船，承担将货物运到指定地点，并交予指定收货人的一种运输单据。

提单分为正本提单和副本提单，两者在内容上一致，不同的是副本提单通常只用于日常业务，不具有法律效力。船公司在申请入港许可时，只需出示提单副本即可。

2. 舱单

舱单是指运输工具负责人或其代理人所递交的能够真实、准确反映运输工具所载货物实际情况的纸质载货清单。

舱单通常由相关负责人在货物装船完毕后,根据大副收据或提单所编制的货物清单,经船长签字确认后生效。

3. 装箱单

装箱单又称包装单,是表明进出口货物的包装形式、包装内容、数量、质量、体积、件数等的单据,通常用作海关、进出口商等验货的凭据和商业发票的补充。装箱单除须按装箱情况详细列明货物包装的具体情况(名称、数量、花色品种搭配、商品包装尺码、毛净重)外,其他项目内容填写与发票相同。

船公司可通过如图8—21所示的方式寄送上述资料。

图8—21 寄送资料的方式

8.4.2 分发单证方式方法

船公司在到港之前,应事先向收货人邮寄有关运输单据,使收货人能够提前做好取货准备。运输单据是承运人、托运人、收货人三方权利、义务的依据,也是货物到港后收货人换取提货单的重要凭证。跟单员应及时核查有关运输单据是否已收到,收到的运输单据是否符合相关要求。具体来说,跟单员应在了解以下知识的前提下,对运输单据进行查收、领取。

运输单中的种类很多,不同的运输方式有不同的运输单据,其中最主要的是海运提单。海运提单简称提单,是承运人或其代理人收到货物后,签发给托运人的用以证明货物已由承运人或其代理人接管并装船的凭证。提单有正副本之分,签发时一般为一式多份,寄给收货人的提单应当是正本原件,且上面必须有承运人和托运人的签字。提单的分发方法由承运商自行决定,一般采用邮寄,应保证其在货船到港之前寄到收货人手中。

提单作为物权凭证,通常情况下,为了规避货款支付的风险,国际贸易中如D/P付款等付款方式会以银行而非承运人作为提单的中转方,其提单分发程序如图8—22所示。

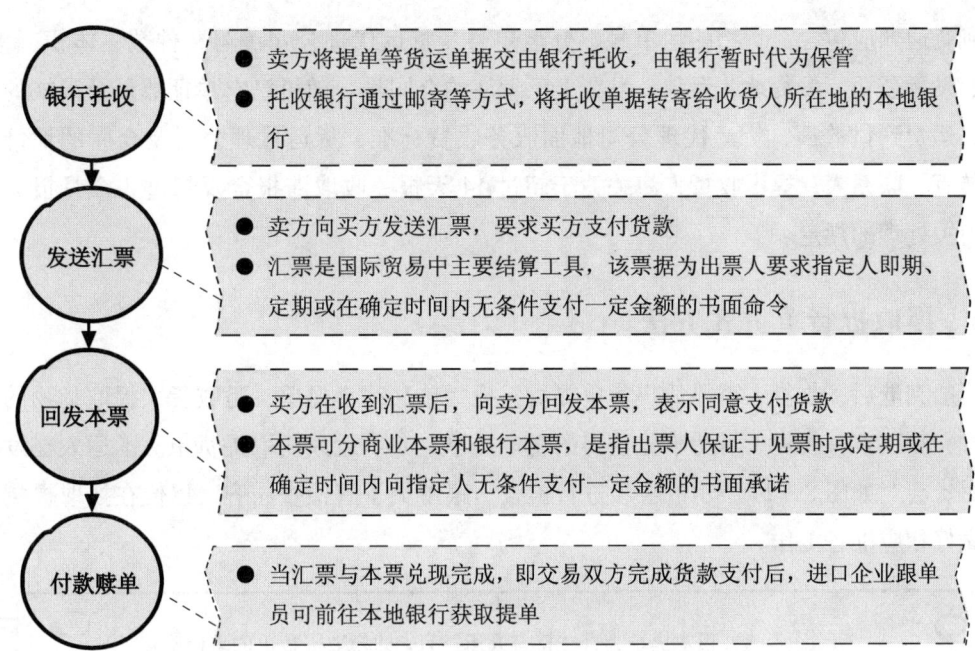

图 8—22 分发提单程序

8.4.3 发到货通知方式方法

货物运达目的港后,承运人或其代理人应及时向收货人发送到货通知,请其准备好相应单证,尽快换取提货单并办理报检报关手续,以减少收货人仓储费和避免海关滞报金等不必要的支出。跟单员应了解到货通知发送的方式方法及主要内容,以便于开展提货跟催工作。

具体的到货通知方式方法如图 8—23 所示。

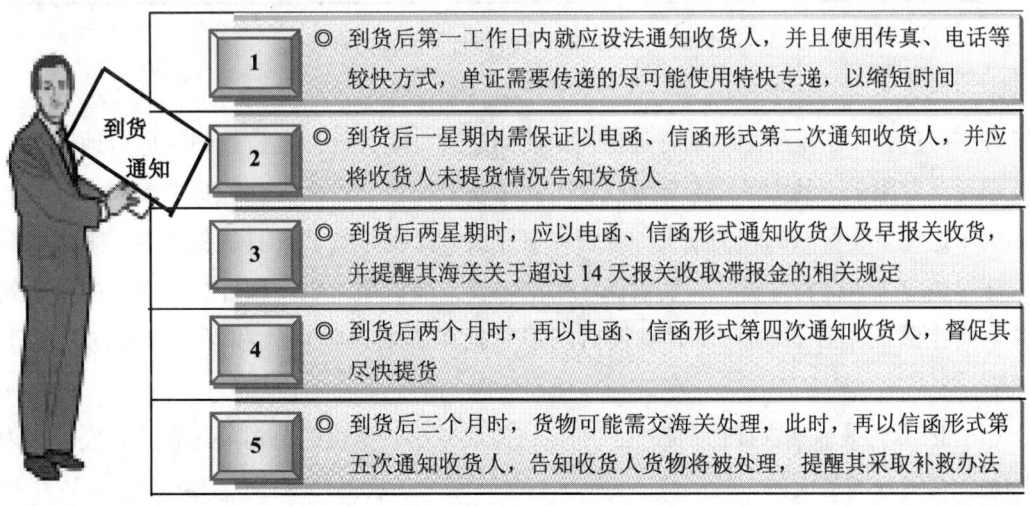

图 8—23 到货通知方式方法

到货通知应包含：货物的运单号、分运单号、货运代理公司编号、件数、体积、重量、品名、发货公司、发货地、运单、发票上已编注的合同号、随机已有单证数量及尚缺的报关单证、运费到付数额、货运代理公司地面服务收费标准、货运代理公司及仓库的地址、电话、传真、联系人，提示收货人海关关于超过14天报关收取滞报金及超过3个月报关货物上交海关处理的规定。

8.4.4 换取提货单方式方法

货船到港后，收货人需要凭提货单提货。提货单又称小提单，是收货人提取货物的主要凭证。一般而言，收货人可持事先获得的正本提单，向承运人换取提货单。承运人在发放提货单时，会对如图8—24所示的事项进行检查。跟单员了解检查内容，以便在换取提货单之前，做好相应准备工作。

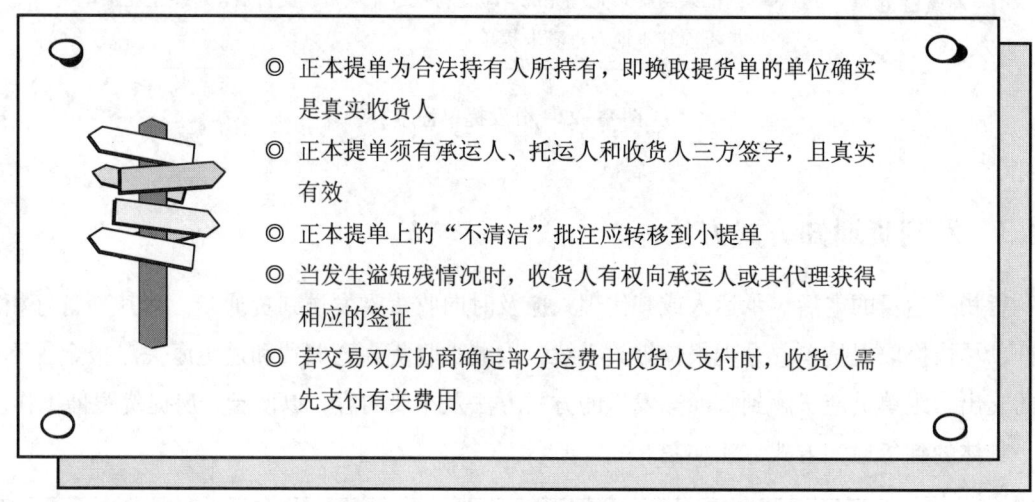

◎ 正本提单为合法持有人所持有，即换取提货单的单位确实是真实收货人

◎ 正本提单须有承运人、托运人和收货人三方签字，且真实有效

◎ 正本提单上的"不清洁"批注应转移到小提单

◎ 当发生溢短残情况时，收货人有权向承运人或其代理获得相应的签证

◎ 若交易双方协商确定部分运费由收货人支付时，收货人需先支付有关费用

图8—24 承运人发放提货单的注意事项

在实际过程中，由于提单邮寄延误、未能到达进口地银行，或虽然到达进口地银行，但因汇票兑现期限未到的关系，会导致收货人无法获取提单，进而无法凭提单换取提货单。此时，为了避免货物留滞的相关损失，收货人可凭由一流银行签署开具的保证书，来换取提货单。跟单员应了解此特殊方式，明确保证书的必要记载事项，以便做好特殊情况的紧急处理工作。具体保证书必要的记载事项包括因不凭提单提货，收货人和保证银行同意的下列条件：

（1）因不凭提单提取货物，收货人和银行保证赔偿并承担船公司及其雇员和代理人因此承担的一切责任和遭受的一切损失。

(2) 对船公司或其雇员或其代理人因此被起诉而提供足够的法律费用。

(3) 收到提单后换回保证书。

(4) 对于上述保证内容由收货人和银行一起负连带责任。

8.4.5 卸船提货的实施要点

跟单员应熟悉了解卸船提货的实施要点，并合理跟催。

1. 货物卸船要点

货船进港后，应及时将货物卸船，存放于集装箱堆场或类似仓库之中。集装箱堆场是指办理集装箱重箱或空箱装卸、转运、保管、交接的场所。它是集装箱运输关系方的重要组成，在集装箱运输中起到重要作用。

集装箱堆场无论货物是否通过报关报检，均可接受保管。其目的是为了给进出口货物在报关报检时间内，提供保管、存放、交接帮助。

2. 提货要点

由于海运是国际贸易的最主要运输方式，因此，下面将对海运提货的要点进行详述：

(1) 海运提货程序

进口商取得货运单据后，即可持海运提单（B/L）至外运公司换取提货单（D/O）后提货。若为 FOB 下到付运费及其他应付费用时，进口商应及时向承运人支付运费，否则可能影响提货。

(2) 海运提货方式

进口商接到到货通知后，可采取两种提货方式，具体如图 8—25 所示。

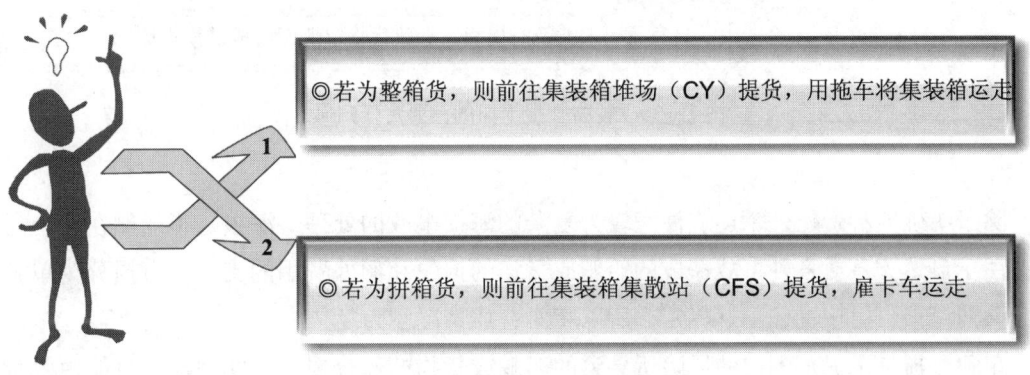

图 8—25 集装箱海运提货的两种方式

8.4.6 破损损坏处理方法

如果收货人在货物验收过程中,发现破损损坏时,跟单员应及时开展索赔工作,索赔对象可能不仅限于买卖双方,有时还涉及承运人、保险公司等。面对货物的破损损坏,跟单员应采取相应行动,具体的处理方法如下:

1. 明确责任

出现索赔事件时,跟单员的首要任务也是明确事故责任。通常情况下事故责任归属人主要有如图 8—26 所示的四种。

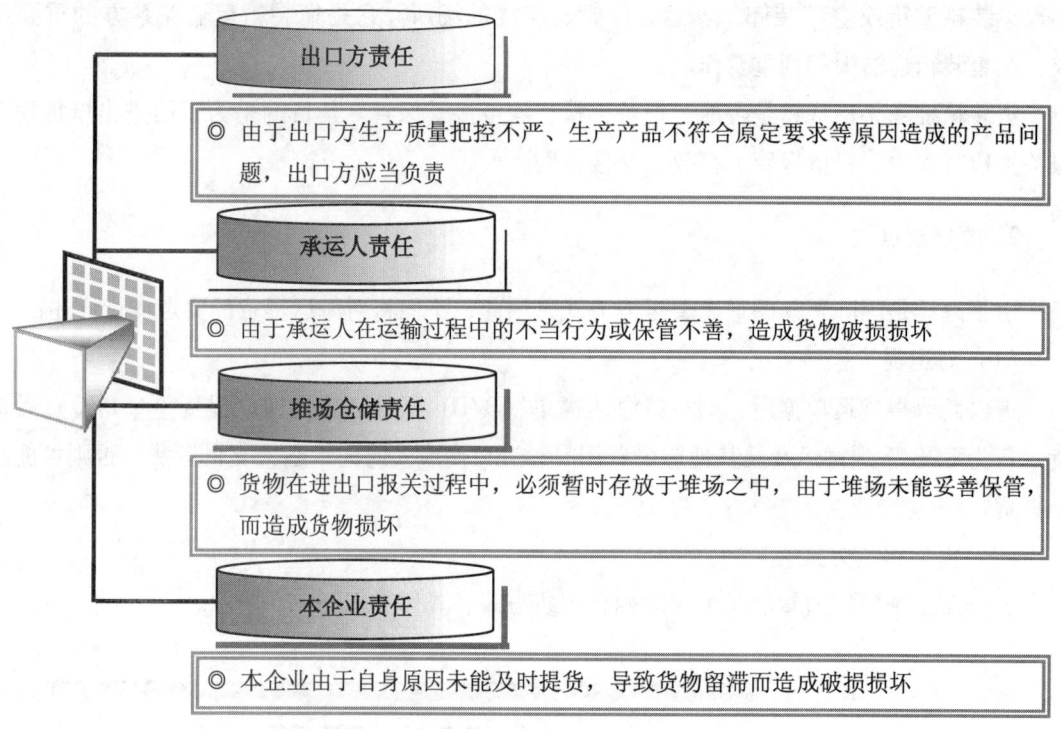

图 8—26 货物破损损坏的主要责任归属

除了明确四种责任外,还应注意较为复杂的海损事故的处理。海损是指船舶在海上运输中,由于自然灾害或各种事故造成的船舶或货物的损失和额外费用的支出。海损分为单独海损和共同海损,由于责任不好界定,所以相对普通情况较为复杂。

单独海损是承保范围内的风险所导致的船舶或货物的部分损失。此种损失只能由收货人自行承担,无法追究他人责任。因此跟单员可根据相关保险与保险公司沟通,以获取保险公司的赔付。

共同海损是指为减轻或解除风险而人为造成的损失。此种情况较为复杂，共同海损的损失应由受益方按照收益大小的比例分摊。共同海损的成立必须具备如图8—27所示的条件。

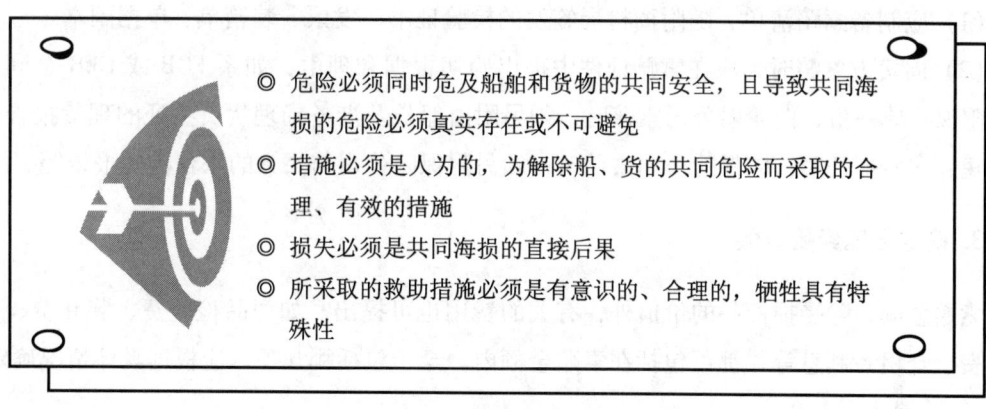

图8—27 共同海损的成立条件

正如下幅漫画所描述的，共同海损由于界定不明确往往会造成赔付纠纷。在确定共同海损时，跟单员一定要依照条件，查验证据，如果确定为共同海损，应先计算各方在补救措施中的分摊价值，而后再据以计算各方的损失分摊额。

再者，进出口货物运输保险对于共同海损都是承保的，被保险人在共同海损中所作出的牺牲和承担的分摊额，均可向保险公司索赔。

2. 收集索赔证据

发生货物破损损坏需进行索赔时，跟单员应制备、收集以下证据，以维护企业利益：

（1）应制备索赔清单，随附商检局签发的检验证书、发票、装箱单、单据副本。

（2）向卖方索赔时，应在索赔证件中提出确切根据和理由，如系 FOB 或 CFR 合同，尚须随附保险单一份；向轮船公司索赔时，须另附由船长及港务局理货员签证的理货报告船长签证短卸或残损证明；向保险公司索赔时，须另附保险公司与买方的联合检验报告等。

3. 确定合理索赔金额

索赔金额，除受损商品的价值外，有关的费用也可提出。如商品检验费、装卸费、银行手续费、仓租、利息等，都可包括在索赔金额内。至于包括哪几项，应根据具体情况确定。

4. 在索赔期限内提出索赔

对外索赔必须在合同规定的索赔有效期限内提出，过期无效。如商检工作可能需要更长的时间，可向对方要求延长索赔期限。

8.5 进出口货运单证缮制

8.5.1 海运单据及填报

比较重要的海运单据有海运出口托运单及海运提单，具体填制要求如下：

1. 海运出口托运单

海运出口托运单是指在申请租船订舱过程中，出口企业填写的关于托运信息的表单，它是日后缮制提单的重要依据。海运出口托运单的形式各异，其包含的主要内容和填报办法见表8—11，跟单员应了解掌握。

表8—11　　　　　　　　海运出口托运单的主要内容和填报办法

序号	主要内容	填报办法
1	托运人	一般填出口企业的名称和地址
2	收货人	按照进口商对该项的要求，做成记名收货人或者指示收货人

续表

序号	主要内容	填报办法
3	被通知人	填写接受船方发出的到货通知的企业名称和地址
4	托运单编号	一般填写商业发票号码
5	目的地	填写货物目的港的名称，填写时应将目的港和所在国名称一同写在该栏中
6	运输标志	按照进口商的约定准确填写，若无唛头，则填写"N/M"
7	数量	填写最大包装的件数，而不是货物的单位和数量
8	货物描述	可只填写大类名称或统称；若货物不同时，则应分别填写
9	重量	分别填写货物的毛重和净重，尤其要填写毛重
10	尺码	填写该批货物的尺码总数，单位一般为立方米
11	装运期	填写出口商要求的最迟出发日期
12	分批	严格按照合同或信用证要求，填写"允许/不允许"
13	运费	一般只填写"运费待付/运费已付"，而不填写具体运费
14	提单正/副本份数	正本数一般为 3 份，副本数需根据实际情况填写
15	特别条款	根据信用证或合同内容，填写有关运输方面的特殊要求
16	签字	一般由经办人签字，加盖企业章

2. 海运提单

海运提单是在海运方式下，由承运人或其代理人签发的，确认货物已装船或已收到，并承诺将其运输到指定地点、交予提单持有人的具有法律效力的契约文件。根据货物是否装船，海运提单可分为已装船提单和备运提单两种。

跟单员应掌握海运提单的填写内容及填写办法。一般情况下，海运提单正面的主要内容和填写办法见表 8—12。

表 8—12　　　　　　　　　　海运提单主要内容说明

序号	海运提单内容	内容说明和填写办法
1	托运人	即委托运输人，一般为出口公司，也就是信用证中的受益人
2	收货人	如要求记名提单，则可填上具体的收货公司或收货人名称；如属指示提单，则填为"指示"或"凭指示"；如需在提单上列明指示人，则可根据不同要求，做成"凭托运人指示""凭收货人指示"或"凭银行指示"
3	被通知人	按照信用证规定填写，一般为货物进口人或其代理人

续表

序号	海运提单内容	内容说明和填写办法
4	前程运输	即海运前一程的运输方式,"多式联运"时填写,单式海运不填写
5	收货地点	即头程收货地点,适合"多式联运"方式,单式海运不填写
6	船名船次	即实际装运货物的船名和航次号
7	装货港(卸货港)	即该批货物的实际起运港(或卸货港)的名称;若货物转运,则应在卸货港栏的目的港后加注"With transhipment at"(或"W/T AT")
8	交货地点	即最终目的地的名称;若货物目的地和目的港一致,则此联留空
9	集装箱号或铅封号	即实际货运的集装箱号或铅封号,有几个填几个
10	唛头	即实际货运唛头,需确保与发票唛头一致;若无唛头,则填"No Mark(N/M)"
11	商品描述及数量	填写实际包装件数、包装种类和货物名称,必须与发票、装箱单等单据中的内容一致
12	毛重	即货物总毛重,应与其他单据保持一致,单位一般为千克,当单位为公吨时,小数点后应保留3位小数
13	尺寸	即货物体积,单位一般为立方米
14	运费条款	除特殊要求,一般不填写具体金额,应填"运费预付"或"运费到付"
15	正本提单份数	按信用证规定签发,用大写英文填写,一般为三本(填写"THREE")
16	提单日期	即货物交付或装船完毕的日期,不得晚于合同或信用证规定的装运期
17	签发地点	填写实际装运地点的名称

海运提单的背面条款一般包括以下内容:

(1)承运人的责任和义务条款。

(2)承运人免责条款。

(3)索赔与诉讼的责任和义务条款。

(4)有关特殊货物运输条款。

(5)其他条款。

8.5.2 空运单据及填报

比较常见的空运单据有航空托运书及航空提单,跟单员应了解相关知识及要求。具体填制要求如下:

1. 航空托运书

航空托运书即托运人办理航空托运时填写的书面文件。该托运书中列出了填制货运单所需的各项内容，托运人或其代理人可凭此单据填写航空货运单。

一般而言，航空托运书中包括托运人姓名和地址、托运人账号、收货人姓名和地址、收货人账号、代理人名称和城市、始发站、到达站、航班/日期、供运输用的声明价值、供海关用的声明价值、保险金额、所附文件、处理情况、件数、实际毛重、运价类别、收费重量、费率、货物名称和数量、托运人签字、交货日期、货运单号等。在实际应用中，常见的航空托运书见表8—13。

表8—13　　　　　　　　　航空托运书实例（中文版）

托运人姓名和地址		托运人账号		航班/日期	
收货人姓名和地址		收货人账号		已预留吨位	
代理人名称和城市		通知方		运费	
始发站		到达站		交货时间/地点	
托运人声明的价值		保险金额		所附文件	
供运输用	供海关用				
件数	实际毛重（kg）	计费重量（kg）	尺寸/体积	货物品名	

托运人证实以上所填全部属实，并愿意遵守承运人的一切载运章程。

托运人签字：　　　　　日期：　　　　经手人：　　　　日期：

2. 航空运单

航空运单是航空承运人签发给发货人的表示接受货物托运的单据。它是航空货物运输的凭证，是关于货物重量、尺码、包装和件数的初步证据。一般情况下，它包括三联正本和六份以上的副本。

一般情况下，航空运单的主要内容和填制方法见表8—14。

表 8—14　　　　　　　　　　　航空运单主要内容说明

序号	主要内容	内容说明和填制办法
1	承运人名称	在此栏填写承运货物的航空公司名称
2	发货人名称和地址	填写发货人的全称和具体地址，且填写内容应与收益人名称和地址相同
3	发货人（收货人）账号	即发货人（收货人）的结算账号，一般可不填
4	收货人名称和地址	按照信用证规定，填写收货人的全称和具体地址
5	代理人名称和城市	填写货运代理人的名称和所在城市，若无代理人，本栏可不填
6	起航机场和指定航线	即货运飞机起航的机场名称和具体航线，一般只填写机场名称即可
7	结算情况	即货运费用的结算情况
8	目的地机场	即航空运输的最终目的机场，一般可用英文名称和对应代码表示
9	保险金额	只有在航空公司提供代保险业务而企业也有此需要时才填写
10	处理情况	可根据实际情况填写被通知人、所附文件、包装情况、特别指示等内容
11	件数	即所托运货物的包装件数，并注明包装方法
12	毛重	即托运货物的实际毛重，一般以千克和磅为衡量单位
13	商品编号	属于 C 类运价的，填写商品编号；属于 R、S 类运价的填写其运价加减的百分比
14	运费总额	即该批货物运输的运费总额
15	货物品名和数量	填写货物的名称、单位、数量、体积等
16	其他运费	即航空运输中的其他费用，如运单费、危险货物费、起运地仓储费等
17	签字	即承运人或其代理人的签字盖章及其具体日期

8.5.3　集装箱货运托运单

集装箱托运单是在进行集装箱托运时，出口企业填写的关于货物基本信息的表单，跟单员应了解其基本样式。具体来说，集装箱托运单的基本样表见表 8—15。

表 8—15　　　　　　　　　　集装箱货运托运单样表

发货人（Shipper）		站场收据号（D/R No.）	
收货人（Consignee）		通知人（Notify Party）	
前程运输（Pre-carriaged by）		收货地点（Place of receipt）	
船名（Ocean Vessel）	交货地点（Place of delivery）		目的地（Final Destination）

续表

集装箱号 Container	铅封号 Seal No.	箱数 No. of Containers	货名 Description of Goods	毛重 Gross Weight	尺码 Measurement
集装箱数合计（大写） Total No. of Containers（In Words）					

运费和附加费 Freight & Charges	运费吨 Revenue Tons	运费率 Rate	每 Per	运费预付 Prepaid	到付 Collect

兑换率 Ex Rate	预付地点 Prepaid at	到付地点 Payable at	签发地点 Place Issue	预付总额 Total Prepaid	正本提单份数 No. of Original B（S）/L		
接货服务类型 Service Type on receiving		交货服务类型 Service Type on Delivery		冷藏温度 Reefer-Temperature Required		F	C
□-CY □CFS □DOOR		□-CY □-CFS □-DOOR					
货物种类		☐ Ordinary ☐ Reefer ☐ Dangerous ☐ Auto ☐ Liquid ☐ Live animal ☐ Bulk ☐ _____					
可否转船			可否分批				
装期			有效期				
金额			制单日期				

8.5.4 集装箱货运装箱单

集装箱货运装箱单是详细记载集装箱内所有物品的名称、数量、重量、尺码、标记等信息的单证。其内容记载的是否准确，直接关系到集装箱货物运输的安全与否。

每一个集装箱均有一份装箱单。在实际应用中，装箱单一般为一式五份，分别由港口、代理人、承运人、发货人和装箱人各持一联。集装箱货运装箱单的基本样式见表8—16，跟单员应了解并熟悉。

表8—16　　　　　　　　　集装箱装箱单样表

客户（To Messrs）：_____　　合同号（Contract No）：_____

船名（Shipped by）：_____　　航次（Vey）：_____

装船日期（Date of Shipment）：_____　　集装箱号（Cntr No.）：_____

从（From）：_____　　至（To）：_____

续表

提单号 B/L No.	标记 Shipping mark	货物名称 Description	单位 Unit	数量 Quantity	毛重 G. W	净重 N. W	体积 Measurement

# 第9章

订单货款追收管理

9.1 货款拖延的本质原因

9.1.1 需求主体发生的变化

需求主体是指订单货物的需求方,即应交付货款的客户。在签订订单合同时,双方都秉持着互信原则,认为对方会按时按量交货或按照约定金额支付货款,才确立了合作关系。然而,在实际过程中,需求主体一旦发生变化,便很有可能造成货款的拖延。一般情况下,主要有以下三种情况。

1. 信义的变化

一些客户之所以不按时交付货款,实际是缺乏信义,故意拖延。有的客户往往谎称各种理由,摆出一副受害者的姿态,故意显示自身的为难之处。而有的客户甚至耍无赖,态度强硬,极其恶劣。正如下幅漫画所描述的,在签订合同确定合作关系时,双方都相互保证,态度诚恳,可是到了付款之时,却不愿意按时支付。

2. 个人心理的变化

有些客户到了交付货款之时,个人心理发生了变化,不再像签订合同时承诺的那样,反而认为拖欠货款是个人能力的体现,为了满足自身的虚荣心或是想依靠拖延货款贪图小利,在付款上推三阻四,总想着制造出点麻烦,或是拖延一段时间再付款。在这种情况下,客户虽然没有到背信弃义的程度，但由于这种个人心理的前后变化，也往往给跟单员的催款工作造成了一定的困扰。

3. 突然的资金紧张

客户签订合同确定付款日期，是以当时的情况进行财务预测，确定付款不会存在困难。然而，由于经营不善、预测不准确或是其他特殊原因，很有可能导致资金紧张而无法正常付款。出现这种情况时，跟单员要明确实际情况，确定是真实资金紧张还是虚假借口，不可被对方的片面之言所迷惑。若是确实存在资金紧张问题，可与上级领导商议，拟订解决对策。

9.1.2 利益格局发生的变化

任何商业行为都是以利益为根本出发点的，客户下订单也不例外。一般而言，客户订购货物，是希望通过转销、加工销售或是其他程序为自身的经营创造利润，因此这是一种双向获利的行为。如果客户获得了利润，那么交付订单货款便是很正常的，但是如果客户并未通过订单货物获取利润甚至造成了亏损，导致这种利益格局遭到破坏，那么客户往往便会拖延货款的支付。在这种情况下，客户拖延的原因一般有如图9—1所示的两种，跟单员要明确具体情况，以便采取对应措施。

图9—1 利益格局变化下客户拖延货款的原因

9.1.3 相关角色发生的变化

订单货款的交付对于客户而言往往是一项较大的财政支出，而且不同企业其财务审批制度、审批流程及相关人员权责设置都不尽相同。一旦该程序中相关角色发生变化，便很容易造成货款的拖延或是为客户拖延货款创造借口。一般而言，会造成货款拖延的相关角色变化情况主要有以下两种。

1. 关键人员缺勤

关键人物缺勤是跟单员跟催货款时经常遇到的情况，不是出纳不在无法结款就是总经理不在无法审批，如果客户企业的财务审批程序较为复杂，一些其他关键人员的缺勤也会造成货款的拖延。遇到这种情况，跟单员首先要明确事实真相，确定是真的缺勤还是推脱借口。如果真的缺勤，那么应问明具体的到岗日期，并约定好详细的付款期限。

2. 相关人员的职位调动

催款过程中，如果出现相关人员的职位调动，便很容易出现互相推诿责任的情况，造成货款的拖延。正如下幅漫画所描述的，新旧人员相互推诿，可能是职务交接不完善，也有可能是有意拖欠货款的借口。

9.1.4 质量纠纷解决不了

当订单货物出现质量纠纷时，客户自然不愿意按时交付货款。一般情况下，在签订订单合同时，双方会就产品质量标准、验收和质量不合格处理等事项达成共识，一旦出现质量纠纷时，按照合同规定的条款处理。但如果质量纠纷解决不了，合同又无相应明确规定时，便会导致双方争执不下，使订单货款迟迟得不到支付。一般而言，造成质量纠纷解决不了的原因主要有如图9—2所示的三种。

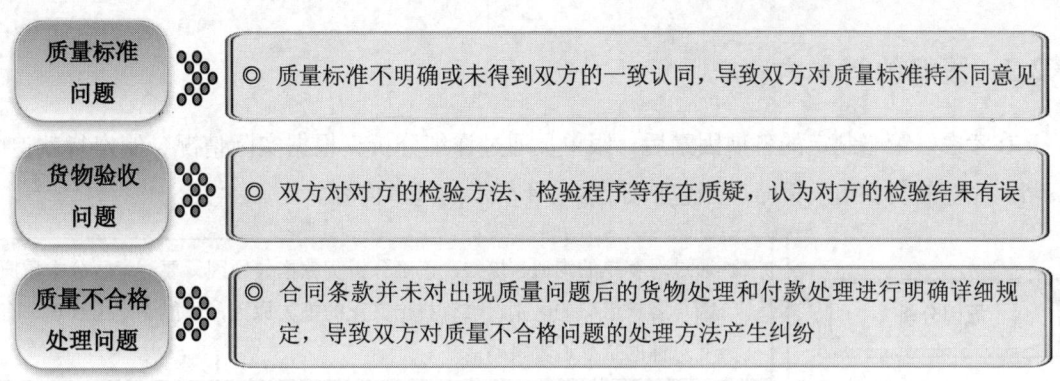

图9—2 质量纠纷解决不了的原因

9.2 货款追收策略的制定

9.2.1 制定策略的因素

跟单员应当注重客户欠款的预防工作,当发现欠款现象时,一定要及时进行沟通,探知拖欠原因,制定相应的追收策略。追收策略的制定,应当考虑到如图9—3所示的六大因素。

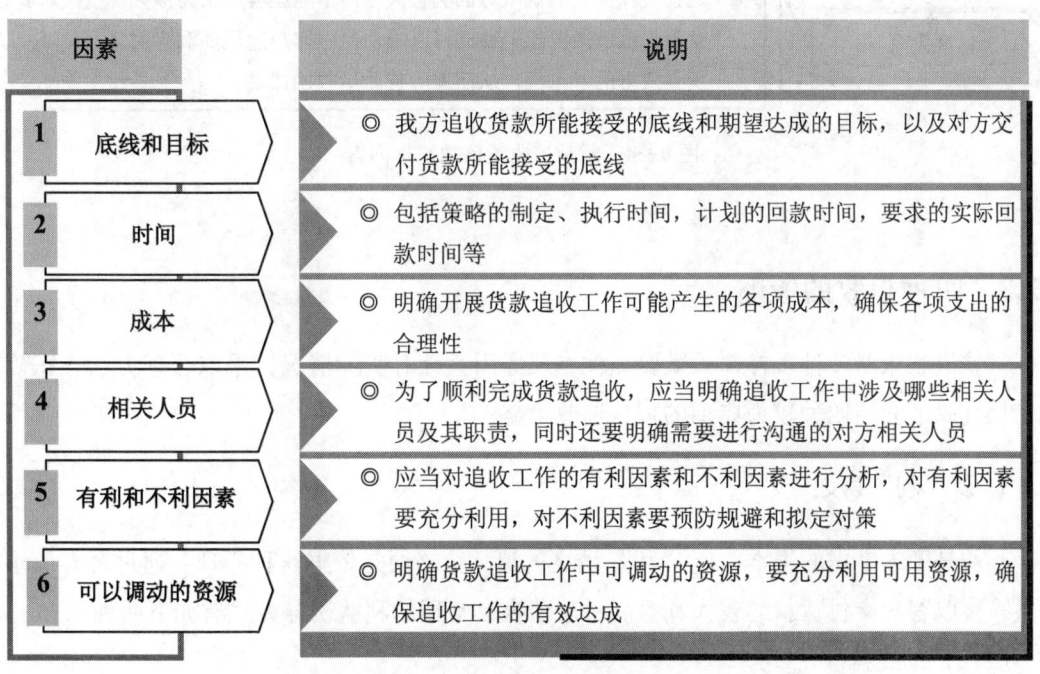

图9—3 制定追收策略的因素

9.2.2 策略的基本内容

在考虑好策略制定的各项因素后,跟单员通过详细分析,根据实际情况,制定货款追收策略。完整的货款追收策略应当包括如图9—4所示的基本内容。

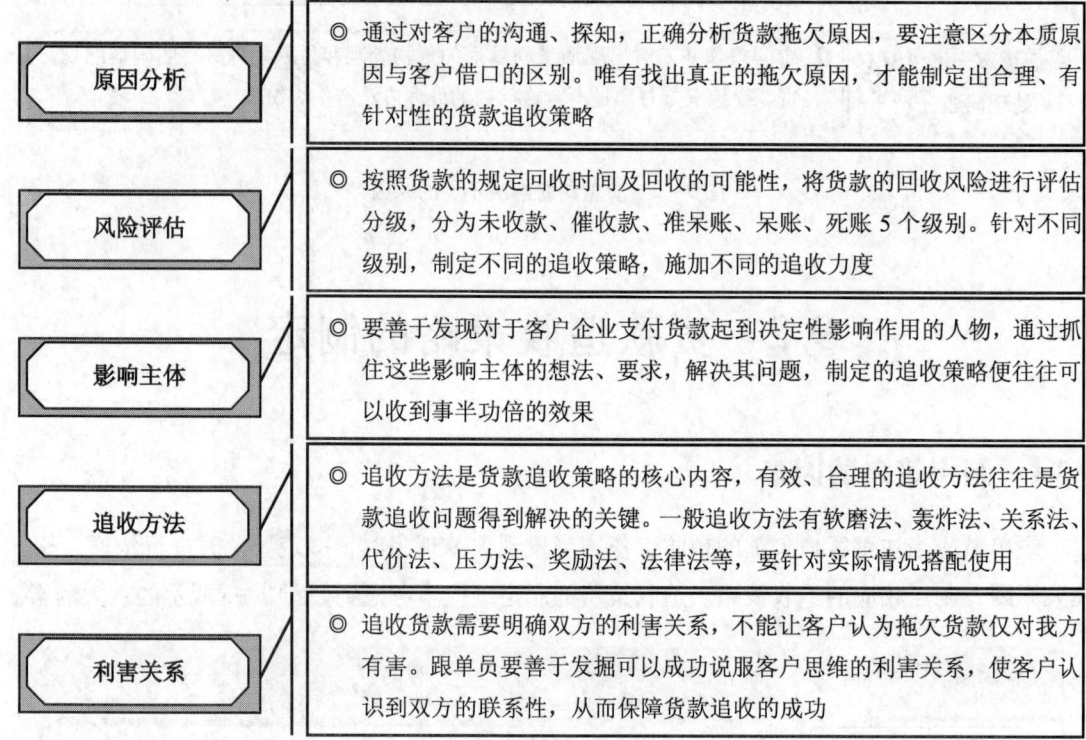

图9—4 货款追收策略的基本内容

9.2.3 四种追收的策略

货款追收策略多种多样,关键要抓住本质原因,针对实际情况,采取合理方法,正确搭配使用。以下介绍四种较为典型的货款追收策略:

1. 以"利"诱之

利益是商人考虑的根本,以"利"诱之的追款策略便是依据这种心理,通过舍弃较小的利益来换取客户交付货款的较大利益。一般而言,常用的利益诱导方式有如下两种:

(1) 帮助经营

有一部分客户由于经营不善或产品销路不好,导致企业资金紧张,难以支付订单货款。

此时，若是强势追收，不仅不能追得货款，还有可能迫使客户铤而走险，逃之夭夭。

因此，企业不妨暂缓货款追收，为客户提供一定的帮助，针对客户的实际情况，帮助其改善产品销路，或提供一定的经济技术支持，帮助其改善生产经营。通过这种方法，客户便能以获取的利润来交付订单货款，也无法再以资金紧张为借口故意拖延货款。

（2）货款折扣

正如商场的打折促销，人们可能会在折扣的诱惑下购买一些平常不会购买的物品，或是花费更多的金钱。大部分客户拖延货款，并非是真实存在困难，而是希望能够通过这种方式贪图一些小利益，而货款折扣的方式便是针对此类客户的最好方法。正如漫画中所描述的，一旦发现可图利益变为现实，他们便会很快地交付货款。

2. 以"理"服之

不同于上一种策略，以"理"服之是通过讲道理的方式，使客户明白拖欠货款是不对的，或是对自身没有好处的。使用此种策略应当明确如图9—5所示的注意事项。

3. 以"情"动之

人的情感是社会交往的纽带，追收欠款如果态度过于强硬，很可能会伤害到双方的合作关系，而如果采用一些软性的力量，往往能够取得出人意料的效果。此种策略的关键在于利用情感因素，让对方难以回绝。可利用的"情"一般有以下两种：

明确说理对象

◎ 唯有找对说理对象，说理才能真正产生效果，否则便只能是浪费口舌和时间。说理对象一定是能够对货款支付拥有决定性决策权的相关领导，唯有说服这些人，才能成功追收货款

掌握说理内容

◎ 说理内容要和客户有直接利害关系，避免空洞、高调、不切实际。一般应包含以下两个方面：
  a. 指明拖欠货款的不正确，并道明这种行为会影响企业信誉，可能会造成日后更大的利益损失
  b. 明确自身的立场，说明任何企业都希望拥有信誉良好的合作伙伴，如果故意拖欠货款，会使日后的长久合作受影响

善用说理技巧

◎ 避免言辞生硬，不要让客户有被教训的感觉，而产生反效果
◎ 态度诚恳，显示诚意，让客户感觉到是在为自己着想，从而更容易接受
◎ 善用语言技巧，化解说理过程中的矛盾和冷场，提高说理的成功率

图9—5 以"理"服之注意事项

（1）与客户的合作情谊

跟单员从招单、订单、跟单到催款，始终与客户保持着紧密的联系，经过长时间的接触，双方自然建立了一种合作情谊，有的甚至到了"称兄道弟，无所不谈"的地步，而对于那些有着长期合作历史的客户，这种情谊自然就更加深厚了。

因此，跟单员在追收货款时，要善用这种情谊，如果遇到客户拖延货款，可以凭借情谊基础，通过示弱、表明自身的难处与不容易等方式，动摇对方的情感心理，使对方改变心意，交付货款。

（2）人际关系中牵涉的情义

善于开发周围的人际关系，一旦发现自己所熟悉的人中有客户的亲戚或朋友时，成功说服这些人往往会收到事半功倍的效果。这种途径的优势在于客户的亲朋好友未必和订单货款有直接利害关系，所以说服这些人相对容易；再者中国人比较重情义，亲朋好友的要求往往更难拒绝。正如下幅漫画中所描述的，一个社会人的行为处事会受到多方面关系人群的影

响,尤其是社会阅历较深和地位较高的人,其所牵涉的人际关系就会更为复杂。

4. 以"力"压之

此种策略在于通过各种手段,给客户制造压力,迫使其交付货款,属于较为强势的策略。常用的施压方法主要有如图9—6所示的四种。

1 舆论造势

◎ 通过现代媒体工具,将客户拖延货款之事实传播于众,通过舆论造势,给欠款客户施加压力,使其迫于信誉需求而交付货款

2 人际压力

◎ 将客户货款拖延之事通过各种渠道传播给客户的亲朋好友和合作伙伴,通过这些人际关系施加压力,使客户为了保全形象而交付货款

3 经济控制

◎ 通过减少或终止货物供应等方式,对客户进行经济控制,使客户迫于生产经营的压力,而交付货款

4 法律强制

◎ 通过法律途径，以合同条款为依据，强制拖欠客户交付货款。由于法律的强制性，这是四种方法中力度最大，也是最有效果的一种，但由于会破坏双方关系，所以非万不得已一般不轻易使用

图9—6 常用货款追收施压方法

9.2.4 涉及第三方的处理

所谓第三方，是指订单货物的债务关系中，除企业和客户方外，还涉及第三个主体。通常，产生这种情况是由于企业将订单货物销售给客户，而该客户只是中间商或由于其他原因而将订单货物转销给了第三方。由于第三方未按时交付货款，导致客户无力支付或以此为借口拖延货款。

由于企业与第三方无直接关系，所以出现这种货款拖延情况往往需要进行特殊处理。跟单员要深入调查，仔细分析，确定第三方的欠款问题是否造成了客户无力支付货款，如果这只是虚假借口，跟单员可按通常情况处理，找出客户拖欠货款的本质原因，并制定相应策略开展货款追收工作。但如果第三方的欠款问题确实造成客户无力支付货款，跟单员可采取以下两种追收策略：

1. 帮助客户追收第三方欠款

既然客户无力支付货款是由第三方拖欠货款所引起的，那么企业可以帮助客户追收第三方的欠款，只要第三方支付欠款，企业的货款自然也能得到回收。使用此种方法有如图9—7所示的三大优势。

2. 三方协商，由第三方直接支付企业欠款

此种方法是通过三方协商，签订"第三方偿还债务协议书"，客户将债务责任转移给第三方，由第三方直接偿还企业的订单货款。此种方法的优势在于使复杂事情简单化，但必须确保"第三方偿还债务协议书"的规范性和合法性。

追收力度更大

◎ 双方合作追收欠款，力度自然比单方追收要强，同时，两方共同追收，也会给第三方造成更大的压力，使欠款追收更易进行

有利于双方长期合作发展

◎ 在客户最困难的时候，企业并未强势催款，而是采取合作的方式，帮助其追收第三方欠款，这样不仅解决了双方的回款问题，还加强了商业友谊，有利于双方的长期合作发展

有利于相互交流和工作改进

◎ 双方在合作追收欠款时，可以相互交流自己的追收经验，互相吸取对方的优点，有利于跟单员的工作改进

图 9—7　帮助客户追收第三方欠款的优势

9.3　电话追收的五个步骤

9.3.1　充分的准备

一般而言，电话追收是最常用、最简单的收款方式。跟单员采用电话追收的方式进行收款工作时，应事先做好如下的准备工作，以保障电话追收工作的顺利进行：

1. 拟定策略

跟单员应准确分析货款拖延原因，并根据真正原因和拖延借口，拟定合适的追收策略。

2. 选择最佳时间

电话沟通的时间往往直接影响到电话沟通的效果。跟单员在进行电话追收之前，应选择最佳时间，确保客户对货款问题能够有充分的考虑和解决时间。

3. 确定联系人

电话追收要选定正确的联系对象，联系人必须能够对货款支付起到决定性作用，一般为企业的相关领导或付款工作的直接负责人。

4. 准备订单资料

跟单员还应充分准备从订单合同签订到交货完成和应支付货款的各项相关资料，并明确资料中关于日期、数据、责任人等具体信息，以便在电话追收时，能够完整展示追收凭证，充分表达追收的有理有据，使对方无漏洞可钻。

5. 调整心态

在做好上述准备后，跟单员应调整好自己的心态，以适应拟定好的追收策略，如果在前期的工作中与客户发生过冲突或私人之间有过矛盾，更应平心静气，不可使个人情绪影响电话追收工作。

6. 组织语言

跟单员在电话追收之前，要充分组织好沟通语言，善于运用各种语言技巧，注意相关词汇的使用，同时还要对电话中可能出现的冷场、冲突准备相应的对策，尽可能使电话追收进展在控制范围内，避免在正式通话时出现口吃、表达不清或表达不当的情况发生。

9.3.2 选取开场白

电话开场白的成功与否直接影响到电话追收的效果，一个完整的开场白应当包括如图9—8所示的三项内容。

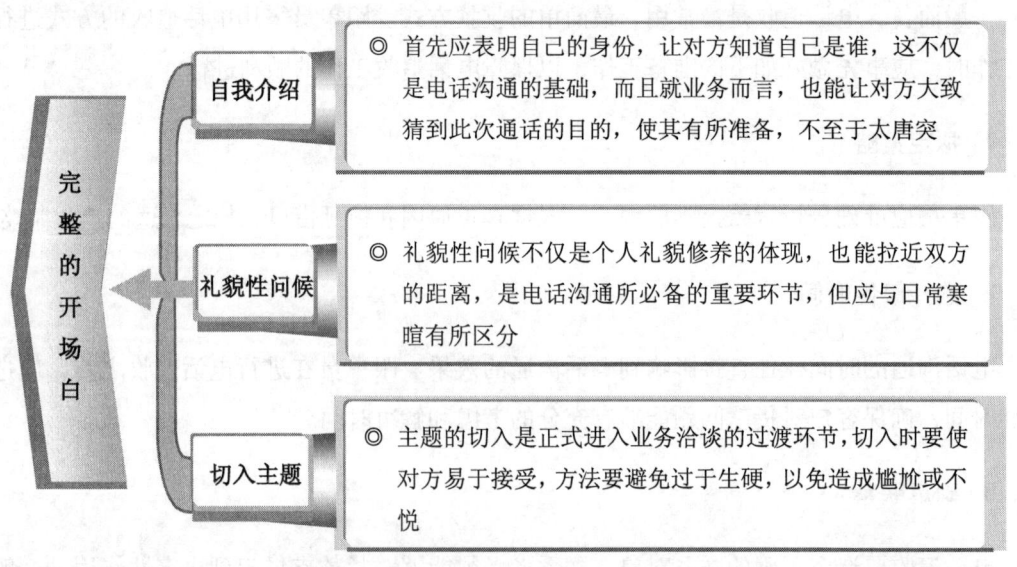

图9—8 完整开场白的三项必备内容

开场白的方式有很多,根据追收策略的不同也应选取不同的开场方式,无论选取何种开场方式,都应当遵循如图9—9所示的四项原则。

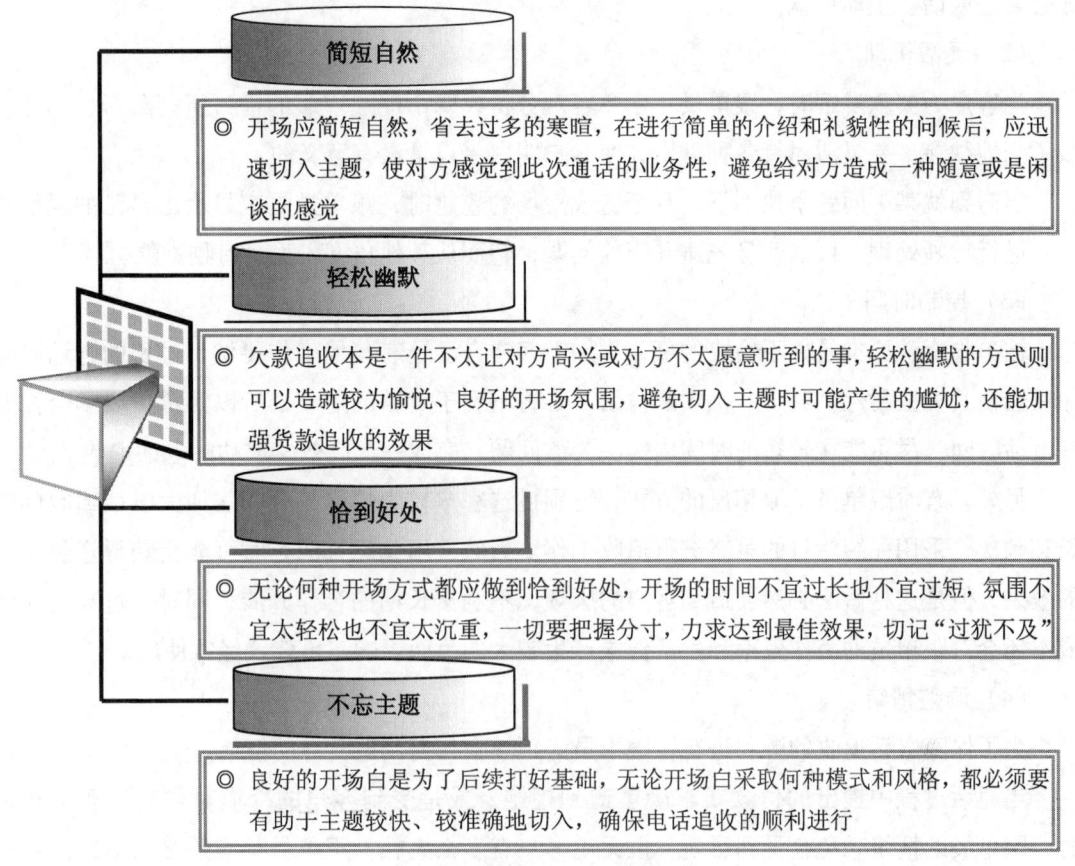

图9—9 开场白的四项原则

9.3.3 成功地解决问题

开场白过后便是正式的货款追收环节,跟单员与客户进行电话协商时,要明确此次电话沟通的目的在于解决货款拖延问题,具体工作是依据制定的追收策略,针对客户货款拖延的本质原因,采用各种电话沟通技巧,将问题——协商解决。

1. 成功解决问题的七项要求

跟单员要完成一次成功的电话沟通,应当满足以下七项要求。

(1)要有礼貌

跟单员在与客户协商付款问题时,通常都会遭到客户的敷衍和推脱,有时沟通不善,甚至会引发矛盾冲突。跟单员在整个电话协商过程中，一定要保持应有的礼貌和尊重，以积极、信任而不是批评的方式展开对话，要让对方感受到企业的善意和友好，唯有这样，客户才会真心谈话、主动付款。

（2）灵活机动

当客户为欠款辩解时，跟单员一定要客观分析，既不能被虚假的借口所蒙蔽，也不能直截了当地戳穿，要灵活对待各种理由，使客户明白借口是没有意义的。

当碰到就某一问题争执不下，甚至造成冷场的尴尬时，跟单员更应显示出自己的灵活机动，进行巧妙处理，可以暂且先避开当前问题，转而从其他角度入手，追收货款。

（3）控制时间

被追收货款原本是件不愉快的事，再加上客户自己还有其他工作要做，过长的电话时间往往会使其失去耐性，甚至产生烦躁情绪，必将不利于货款的追收，所以跟单员要学会控制好电话时间，尽可能在较短的时间内解决欠款问题，完成一次高效、成功的电话追收。

另外，有时跟单员采取相反的方式，特别挑选客户较为忙碌的时间，加大电话追收的时长和频次，采用死缠烂打的策略进行追收工作。当然，用此类方法有时可能会获得意想不到的效果，但是这种做法必然会遭到客户的厌烦，不利于长期的合作开展；同时，过高的时间成本还会对跟单员的工作效率和生活健康产生较大的负面影响，不建议经常使用。

（4）调整情绪

为了保障电话追收的顺利进行，跟单员必须学会如何调整自身的情绪。

当通话过程中提出的付款要求屡屡遭到拒绝，或是受到客户的冷漠对待甚至恶语相加时，跟单员的情绪难免会受到影响，但无论客户有多么无礼，跟单员都应始终认清此次沟通的目的在于解决欠款问题，努力控制自身的负面情绪，以完成业务为最终目标，且不可图一时之快，发生争执，将关系弄僵。

（5）明确目的

在电话追收过程中，客户肯定会为了拖延货款而编出各种理由，有的客户则采用示弱的方式，故意对跟单员进行赞美，同时诉说自己的难处。此时，跟单员要明确收款目的，不可被对方的虚假借口所蒙蔽，而产生暂缓收款的想法。

（6）坚持主见

当客户认为无法继续拖延货款时，必然会提出其他付款条件，为自己争取最后的利益。跟单员应认真分析客户提出的付款要求，要坚持主见，对不合理的要求坚决拒绝，不能为了完成任务或是受到客户"糖衣炮弹"的腐蚀而改变心意。

（7）讲究语言艺术

电话追收主要依靠语言的沟通，为了通过电话追收成功解决货款拖欠问题，跟单员必须懂得如何运用语言技巧,讲究语言艺术。

① 善用前奏。跟单员如果开门见山地要求客户交付货款,难免会显得生硬,而且也容易造成客户的不悦情绪,不利于解决货款的拖欠问题。如果跟单员在每一个问题或要求前面添加一个过渡性的前奏语言,便会起到很大作用。前奏的使用就是给客户一段缓冲,使其意识到接下来将会谈到的主题。

② 转换词汇。词汇在语言中发挥着巨大的作用,跟单员只需稍微改变电话追收中的关键词汇,往往就能产生完全不同的效果。词汇转换博大精深,以下主要以"付款"为例进行分析:

"付款"是电话追收的主题,是电话沟通中的关键词汇,也是客户最不愿意听到的。对于客户而言,"付款"就等于花钱,是一件痛苦或不太愿意做的事。此时,不如将"付款"转换为"投资",客户下订单订购货物原本就是为了自身的经营发展,"投资"与"付款"不同的是,它更侧重于订单的货物获取和这些货物将来的利润价值,而这两样却是客户乐意听到的。所以,将"付款"改为"投资"更容易被客户所接受。

③ 多用数据。在语言文字中,数据往往是最具说服力的。跟单与在电话追收过程中,要巧用、多用数据,这样不仅可以使客户感到此次电话沟通的严谨性,使其难以随意编造借口;同时,具体的数字也能在无形中给客户施加压力。

④ 巧用幽默。一些沟通过程中的小幽默不仅可以打破尴尬的局面,还能营造愉悦、轻松的氛围,因此,在电话追收过程中,跟单员要学会巧用幽默。

⑤ 切换角度。一些跟单员总是站在自身企业的角度,以催款人的形象催要欠款,这样不知不觉间便站到了客户的对立面,所以经常遭到客户的拒绝和冷漠对待。如果跟单员在电话追收过程中,经常站在客户的角度,虽然只是换了个说话方式,但客户肯定会更容易接受。

2. 成功解决问题的误区

跟单员在进行电话追收工作时,除了要达到以上七项要求外,还应注意避免以下两种常见误区:

(1) 口若悬河

有些跟单员口才很好,可以与客户畅谈不绝,这虽然是个人优点,但如果不把握分寸,往往会产生负面效果。正如下幅漫画中所描述的,跟单员的口若悬河完全没有给客户表达自己的机会,此时跟单员并未能成功说服客户交付货款,相反还使客户产生了厌烦。

（2）随意承诺

有些跟单员在电话催收过程中，为了完成任务，随意答应客户提出的各种付款要求，如货款折扣、日后的合作优惠等，完全没有考虑到这些要求是否合理或是否在自身的权限范围内，一旦这些要求被领导驳回，客户便会以此为借口，使货款追收工作陷入更大的困境。正如下幅漫画中所描述的，跟单员切不可随意承诺，否则后续工作难以收场。

9.3.4 得到明确的答复

通过电话协商,跟单员与客户最终就货款拖延问题达成共识,并要求客户给予明确的答复,要避免含糊不清或有歧义的答复,使此次电话追收工作失败。明确的答复应当包含如图9—10所示的内容。

1. 明确的付款日期

◎ 跟单员一定要得到客户具体的付款日期,包括具体的支付日期和最晚的到账日期(其间允许办理手续、流程等时间)

2. 明确的付款金额

◎ 跟单员需要明确客户是全部付款还是部分付款,并确定全部付款金额是否与订单账款相一致,做好相应的统计核算工作,避免日后出现纠纷

3. 明确的付款方式

◎ 跟单员与客户协商并确定最终的付款方式,一般付款方式为订单合同所约定的付款方式,跟单员可根据实际情况,经上级主管领导批准后进行更改

4. 确定是否有其他要求

◎ 跟单员一定要确定客户是否有其他付款要求。如果有,必须先征得相关主管领导的批准;如果没有,跟单员要进行最终确认,避免客户以此为理由故意拖延货款

5. 留存具体的承诺证明

◎ 在明确以上相关信息后,跟单员应要求客户提供具体的承诺证明,证明上应详细明确以上信息,并由客户的付款责任人或决策人签字盖章
◎ 跟单员要留存证明,小心保管

图9—10 明确答复应当包含的内容

9.3.5 失信后给予反击

当客户承诺付款,可期限到达后却失信于人时,跟单员应与客户及时进行沟通,了解实际情况,探知失信的根本原因,不可被其种种借口所蒙蔽。

如果是由于特殊情况导致的真实支付困难,应向上级主管领导报告,言明客户实际情况,由领导决策处理方法。如果客户未按约定付款,纯粹是言而无信,想继续拖欠货款时,跟单员则应当给予失信客户一定程度的反击。

1. 媒体宣传造势

通过媒体宣传,将客户失信故意拖欠货款之事实公之于众,通过多方造势,对失信客户的信誉及名声进行打击。这样不仅可以对失信客户施加应有的惩罚,还能迫使其屈服于公众压力而交付欠款。

2. 金融机构划账

跟单员可以依法向国家银行申请帮助,通过与客户有信贷关系的银行向客户催收欠款。如果客户无视银行的催款通知,银行有权进行强制扣款,直接替客户交付欠款。此种方式一般适用于托收承付情形,而且此种方式运用时,跟单员一般需提供合同等相应的证明文件。

3. 发支付令督促

跟单员向人民法院提起申请,人民法院核查属实后,向欠款客户发出支付令。欠款客户收到支付令后,应当在法定期限内交付货款。支付令是人民法院依法制作的法律文书,如若欠款客户仍不交付货款,跟单员可以要求人民法院强制收款。

4. 诉讼强制执行

诉讼强制执行是指跟单员通过向人民法院提起诉讼来追收欠款。此种措施的优点在于国家强制力可以保障欠款得到支付,但是诉讼过程往往要花费较长的时间和较大的人力、物力、财力,所以这种方法不到万不得已,尽量避免使用。

9.4 疑难欠款追收三阶段

9.4.1 试探实力及底线

疑难欠款是指不能准确洞悉拖欠货款的本质原因,实际追收过程中有较大阻力和障碍的情况。此类情况的追收方法和策略不能比照一般情况,通常需要采取特殊的手段和步骤,以保障欠款的成功追回。疑难欠款追收通常有三大阶段,其中第一阶段便是试探实力及底线。

由于情况不明,不能根据客户拖欠货款的本质原因对症下药,所以跟单员有必要试探客户的实力及其所能接受的还款底线,在客户实力所能承受和底线范围内促成还款。一般而言,试探实力及底线的方法有以下三种:

1. 提出较高的要求

此种方法在于提出高出自己预期目标的要求,以此来试探对方的反应。由于对方理亏,所以企业提出过高要求并不过分,还能使对方意识到企业认真、严肃的态度和这件事情的紧急性。通常,对方的反应有以下三种:

(1) 坚决拒绝

当跟单员遭到客户的坚决拒绝时,不要立即降低自己的要求,先尝试再三坚持,以试探客户的反应。同时跟单员要认识到,客户会拒绝可能是要求真的超出其实力和底线,也有可能是故意示弱,所以跟单员不要被其表象所迷惑。

如果跟单员再三坚持原要求后,客户仍坚持拒绝,跟单员可适当降低要求,但要求必须在预期目标之上,再次试探对方反应。双方在不断协商过程中,跟单员要善于揣摩对方的底线,同时要避免对方故意示弱的陷阱。企业的态度可稍显强硬,因为对方是拖欠货款方,所以不会有过激反应,同时强硬的态度也能成功掩盖住企业的底线和目标。

(2) 迟疑不决

如果企业的要求令对方迟疑不决,说明企业的要求基本符合对方的实力和底线,对方很可能接受企业的要求,但仍想为自己争取一点利益。此时,如果稍微降低要求,对方就很有可能接受。但是,跟单员仍要稍作坚持,不可轻易地降低要求,否则,会使对方意识到此要求远在企业目标和底线之上,令对方突然改变心意。所以,客户既然摆出迟疑不决的态度,便说明我方已取得一半的胜利,跟单员要努力坚持以原要求达成共识,如果实在不行,必须降低要求时,降低幅度也不可过大,同时要充分显示出为难表情。

(3) 接受要求

企业提出的较高要求可能会被对方直接接受,这说明企业的要求远在对方的实力和底线之内。此时,跟单员切不可自作聪明,再提高要求,否则容易授人以柄,给对方以可乘之机,使原本顺利的事情变得较为复杂。

跟单员在使用提出较高要求这种方法试探对方实力和底线时,还应当注意如图9—11所示的两点注意事项。

图9—11 提出较高要求以试探对方实力及底线的注意事项

2. 界定谈判的范围

当双方需要就付款要求进行沟通谈判时，企业要明确界定谈判范围，这样不仅可以避免对方给出的付款条件过低，也可以从对方的态度探知其实力和底线。有明确范围的谈判还能缩减时间成本，避免谈判过程中漫无界限的讨价还价。

谈判范围的界定要稍微高于企业的回款目标，而且不宜随意修改，以确保其严肃性和规范性。同时，谈判的范围设定不宜过高，以避免谈判过程困难重重。

3. 拒绝对方的要求

当对方提出的要求低于企业的目标和底线时，企业理当拒绝，毕竟欠款的是对方，企业完全没有必要降低自己的目标和底线。可是，当对方的要求符合企业的回款目标时，企业也应稍作拒绝。这样做的原因主要有以下两点：

（1）掩盖企业的目标和底线

当对方提出的要求符合企业的回款目标时，跟单员如果欣然接受，必然会使对方意识到企业的目标和底线。对方为了更大地争取利益，很有可能会再度反悔，提出更低的要求，使事情变得更加复杂。

所以，跟单员要学会拒绝对方的要求，并尝试提高要求，使对方无法准确探知企业的目标和底线。经过一番协商之后才答应对方的要求，会使对方认为自己的要求已经接近企业的底线，这样就大大降低对方出尔反尔的情况。

（2）迫使对方提高要求

面对对方提出的要求，跟单员不仅要考虑该要求是否满足企业的回款目标，还应思考是否接近对方的底线。对于对方的要求要努力拒绝，迫使对方提高要求，使要求逐步接近对方底线，为企业争取更大的利益。

9.4.2 打好僵持与拉锯战

当双方互探底线，相互交涉协商至中心步骤时，双方的矛盾和偏差会越来越明显，此时往往会形成僵持与拉锯战。此时，谁能更好地把握形势，迫使对方让步接收己方的要求，谁便能够取得此次付款交涉的胜利。因此，打好僵持与拉锯战，是疑难欠款追收的关键。通常有以下五项策略可以运用：

1. 引入更高领导

当欠款交涉过程中，客户的交涉代表人与跟单员无法就付款要求达成一致而形成僵持时，跟单员可以跳过交涉代表人，直接与其上级领导进行沟通。此种策略有如图9—12所示的三点好处。

容易暴露对方的实力和底线

◎ 对方的上级领导并未直接参与交涉，所以对于交涉过程中己方的要求变化必然难以全面知晓，因此就更容易暴露自身的实力和底线

可以给对方造成压力

◎ 首先是可以给交涉代表人施加压力，付款交涉是其上级领导交予其的任务，任务必然会有时限要求，过久的僵持是必然不会被上级领导所允许的

◎ 再者是可以给客户企业施加压力，跟单员直接跳过交涉代表人和其领导进行沟通，必然会使对方感觉到企业的严肃态度和事件的紧急性，可以给其造成整体压力

有助于打破僵局，使交涉向前推动

◎ 如果跟单员与交涉代表人无法协商一致，那么和其上级领导却可能有新的共识，换一个交涉对象，有助于打破僵局，还有可能会有意想不到的发展

图9—12　引入更高领导的好处

2. 避免对抗性

如果交涉僵局持续太久或是问题迟迟难以解决，很有可能会造成对方的疲劳感，使对方放弃，导致交涉破裂。因此，跟单员在与对方进行货款交涉时，要避免产生对抗性，整个交涉过程应做到以下三点：

（1）知道对方的实际情况

跟单员要知道对方的实际情况，要明白哪些要求是相对合理的，哪些要求纯粹是为了利益。对于相对合理的要求，只要不低于回款目标，可以进行适当让步，避免双方为了自身利益而进行对抗性的交涉。

（2）理解对方的真实难处

如果对方确实存在困难，企业应给予必要的理解和让步，不能无视对方的难处而一味强调要求，这样只会造成双方的对抗性交涉，当然，也不能被对方的虚假借口所蒙蔽。

（3）将拒绝改为建议

人们被拒绝时，多少会产生不悦心理，跟单员在与对方进行交涉时，可以将直接拒绝改为修改建议，这样不仅可以缓和交涉氛围，还有助于交涉的正常推进。

3. 不可随意让步

在交涉过程中，跟单员不可进行随意让步。随意的让步只能让对方觉得要求还未接近企业底线，使对方更加得寸进尺。不随意让步应当做到以下四点：

（1）不做无价值的让步

让步的目的是为了使交涉继续推进，更快地完成回款目标。所以跟单员在让步时，一定要确保让步具有其应有的价值，如果让步不能解决问题，跟单员绝对不能做无价值的让步。

（2）不做无条件的让步

为了企业的利益，跟单员如果就某一问题让步，必须要在其他方面有所要求，双方要交换条件，互相让步，避免企业的单一让步使企业利益受损。

（3）不做大幅度的让步

无论是开始的大幅度让步、结束时的大幅度让步，还是先小幅度让步再大幅度让步都是错误的。大幅度让步会引起对方的警觉，使对方怀疑自己是否准确探知了企业的目标和底线。一旦他们怀疑甚至认定企业之所以会答应如此大幅度的让步，是因为让步后的条件还远高于企业的目标和底线，那么他们便会改变心意，继续改变要求。

（4）不做无休止的让步

跟单员切忌频繁让步，一旦如此，便会使对方觉得我方容易妥协，从而不断改变心意，不断提高要求，从而造成无休止的让步。

4. 不要被对方的问题所迷惑

对方为了迫使企业让步，往往会以各种问题为理由，遇到这种情况时，跟单员应当保持冷静，做到以下三点：

（1）验证问题的真实性

当对方提出自身存在的问题时，跟单员首先应验证问题的真实性，如果问题属实姑且再论，如果问题虚假，应当及时给予批驳，指责对方的诚信。

（2）不要理会不相干的问题

有些问题往往是对方搪塞的借口，例如程序问题等，这些问题实际上不会对其支付欠款产生多大的影响，可对方却经常拿此类问题说事。碰到这些问题时，跟单员可以直接言明其不会影响欠款支付，对该类问题不予理会。

（3）问题不一定需要让步来解决

对方希望以示弱的方式换取企业的让步，而实际上有些问题往往不一定非得通过让步才能解决。跟单员在分析问题时，对于能够通过其他方式解决的尽量通过其他方式解决。

5. 不要试图以好意感化对方

有些跟单员在交涉过程中，容易被对方的表象所蒙骗，相信他们所说的各种难处，以"能帮忙尽量帮忙"的心态，对其所提的要求给予让步，希望这种帮助他人的好意能够感化对方。

但实际情况是，对方并不会因为这种好意的让步而给企业有所补偿，他们不过是希望以这种方式为自身多争取一些利益，如果这次的过分要求得到满足，那么有下次订单付款时，他们往往也不会按时支付，反而会提出更过分的要求。

9.4.3 通过让步达成协议

僵局和拉锯战虽然是不可避免的，但却会耗费大量的人力、物力和时间成本，因此，跟单员应尽快与客户达成共识，签订协议，完成货款追收任务。跟单员为使争执不下的问题快速达成共识，就必须要进行适当的让步，通过让步达成协议，追回货款。但是，并非所有让步都可以取得这样的效果。一般而言，让步达成协议要讲究以下四项策略：

1. 由小及大

让步一定只能从小的方面进行，较大的让步往往会使对方怀疑企业的底线，试探是否有进一步让步的可能。小的让步虽然不能对全局起到决定性的影响作用，但小问题得到解决往往会影响到较大的问题，小的决定也往往能够带动大的决定。

2. 逐步统一

让步达成协议要有整体规划，由部分到整体逐步统一意见，对于已经达成共识或是已经做出决定的要进行强化，避免单个决定的反复修改。

3. 抓准时机

有时较小的让步能够产生较大的效果，而有时较大的让步对方却未必领情，因此让步一定要抓准时机。在一次欠款交涉过程中，不宜有太多的让步，每一次让步都应确保能够为最终达成回款目标发挥最大的功效。

4. 控制幅度

跟单员要懂得如何控制让步的幅度，过大的让步会使对方怀疑让步的要求并未接近企业的底线，而过小的让步又无法显示诚意，起不到应有的作用。因此，跟单员一定要控制好让步幅度。

通过让步，双方达成共识，并就最终的结果签订协议，协议自双方签字后立即生效，表明欠款追收工作已基本完成，只剩下最终的付款核查。在签署协议时，还应注意如图9—13所示的三条注意事项。

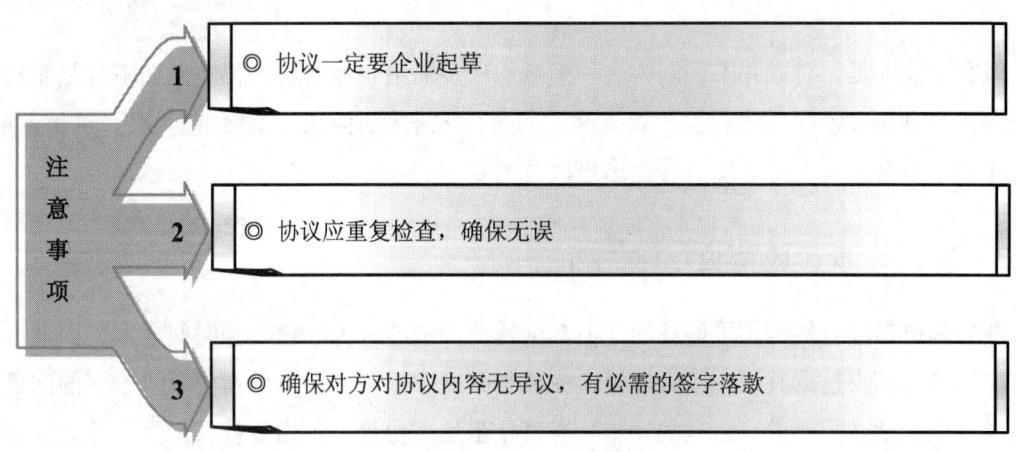

图9—13　签署协议时的注意事项

第10章

客户服务与跟单

10.1 客户联络管理

10.1.1 客户联络计划制订

客户的联络与拜访是跟单员的重点工作之一,其目的是创造一个与客户交流的机会,联络感情;通过交流,向客户传达资料、样品等无法表达的信息;了解客户的信用情况、经营状况、个人人格等;同时也可听取对方的要求和建议,等等。

跟单员在与客户进行联络前,应制订完善的客户联络计划。客户联络计划具体包括以下五个要素,见表10—1。

表10—1　　　　　　　　　　客户联络计划要素

要素		具体说明
联络重点		★ 主要谈话内容
联络预期		★ 预计订货品种、数量和金额
联络频率		★ 一定时间内的访问次数
联络时间		★ 具体的联络时间,至少应精确到某日的上午/下午
联络方式	初次联络	★ 首先可以选择传真、电子邮件、邮寄、介绍网址等方式向客户传递企业简介类宣传资料信息,使其明确本企业业务性质,以引起客户的兴趣,获得面谈的机会 ★ 尽量避免通过电话方式与陌生客户直接进行推销活动。可以通过电话联系,确认客户是否收到企业的宣传资料,约定见面时间。电话谈话时间不宜过长。也可以通过电话方式邀请客户参加研讨会、巡展等活动
	再次联络	★ 根据预约,进行电话联络或登门拜访等 ★ 根据联络信息建立客户档案
	老客户联络	★ 定期进行关怀、沟通 ★ 联络方式多为短信、贺卡、电话预约、面对面访谈、老客户联谊会等

10.1.2 客户联络准备工作

跟单员在进行客户联络前,应做好以下准备工作,具体如图10—1所示。

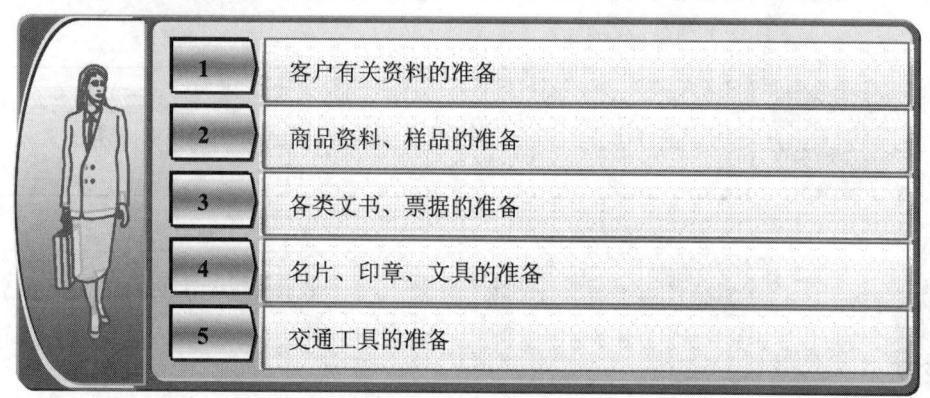

图10—1 客户联络准备工作

10.1.3 客户联谊会的策划

客户联谊会可体现企业人性化服务，建立区域拓展的资源，创造新单空间，是客户联络的重要方式之一，一般适用于大客户、老客户及潜力客户。

客户联谊会的成功举办，主要需策划好三项工作，即联谊会准备、联谊会实施及联谊后的跟踪。

1. 联谊会准备

要想成功举办联谊会，必须做好时间、地点、人员等准备工作，具体如图10—2所示。

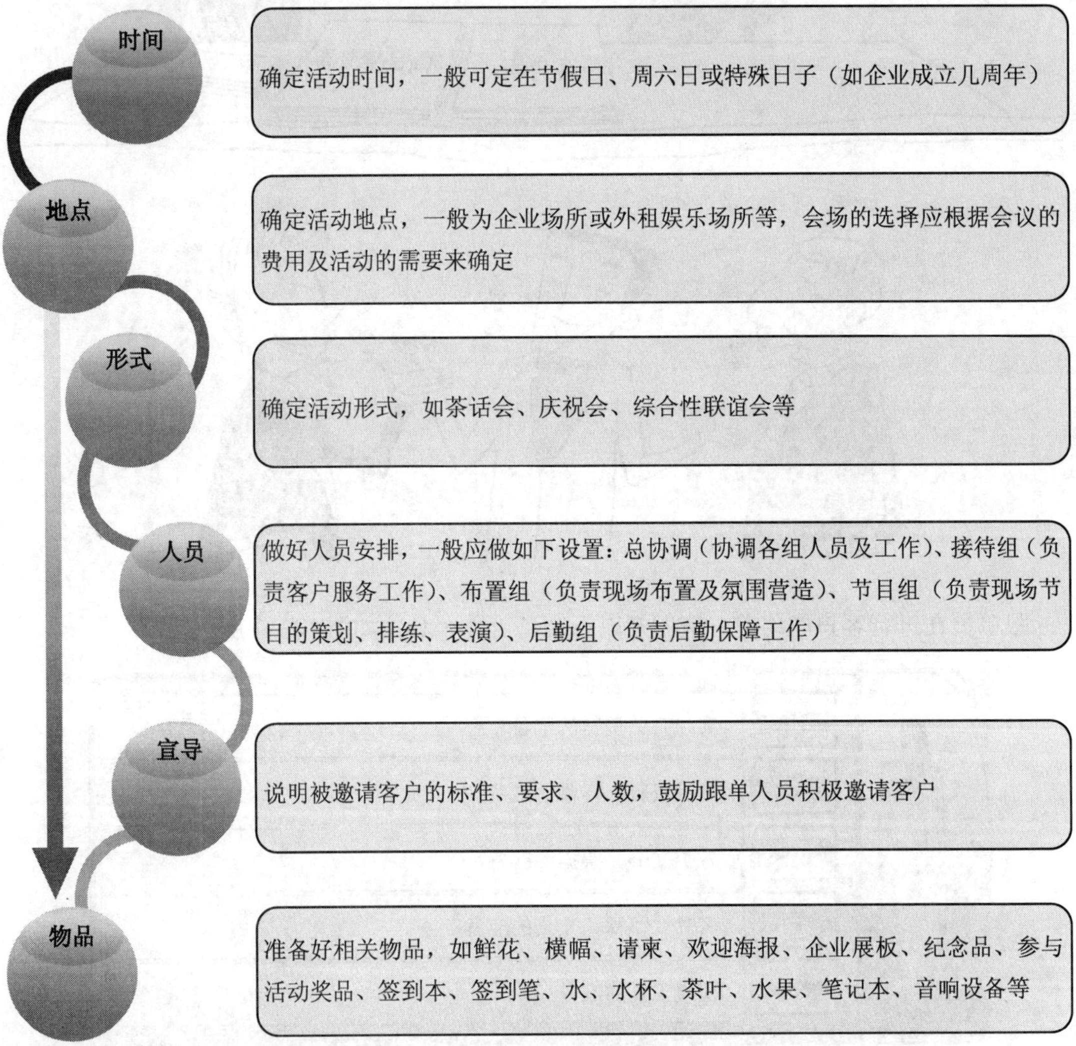

时间：确定活动时间，一般可定在节假日、周六日或特殊日子（如企业成立几周年）

地点：确定活动地点，一般为企业场所或外租娱乐场所等，会场的选择应根据会议的费用及活动的需要来确定

形式：确定活动形式，如茶话会、庆祝会、综合性联谊会等

人员：做好人员安排，一般应做如下设置：总协调（协调各组人员及工作）、接待组（负责客户服务工作）、布置组（负责现场布置及氛围营造）、节目组（负责现场节目的策划、排练、表演）、后勤组（负责后勤保障工作）

宣导：说明被邀请客户的标准、要求、人数，鼓励跟单人员积极邀请客户

物品：准备好相关物品，如鲜花、横幅、请柬、欢迎海报、企业展板、纪念品、参与活动奖品、签到本、签到笔、水、水杯、茶叶、水果、笔记本、音响设备等

图10—2 联谊会准备工作

2. 联谊会实施

联谊会实施主要分为三大步骤，具体如图10—3所示。

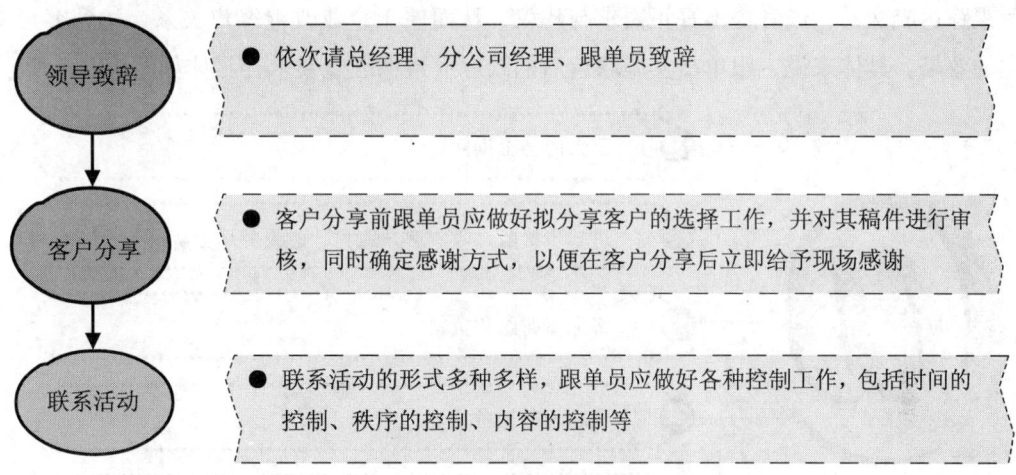

图10—3 联谊会实施三大步骤

联谊活动成功实施的秘诀如图10—4所示，跟单员应心领神会。

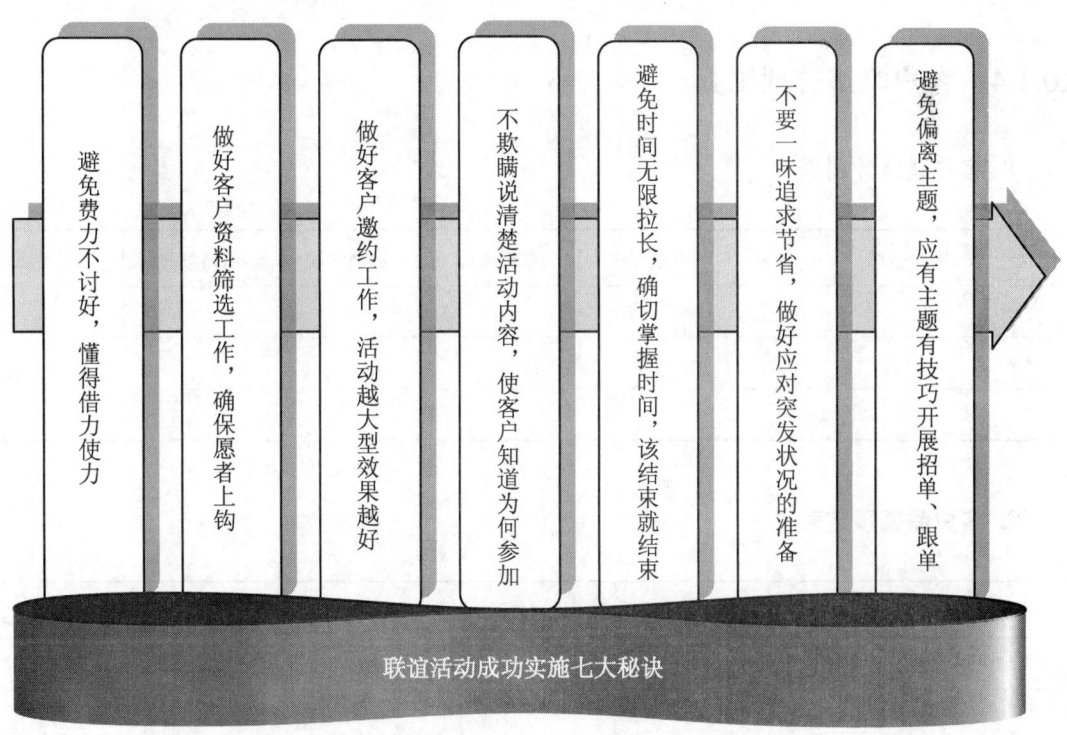

图10—4 联谊活动成功实施七大秘诀

3. 联谊后的跟踪

联谊后的跟踪是联谊实施的重点，跟单员切不可忽略，因为很多客户都是通过跟单员的事后跟踪达成交易；或者提出真正需求与建议，从而便于企业改善客户关系，达到客户真正满意的效果。具体来说，跟单员实施联谊后的跟踪应遵循五点要求，具体如图10—5所示。

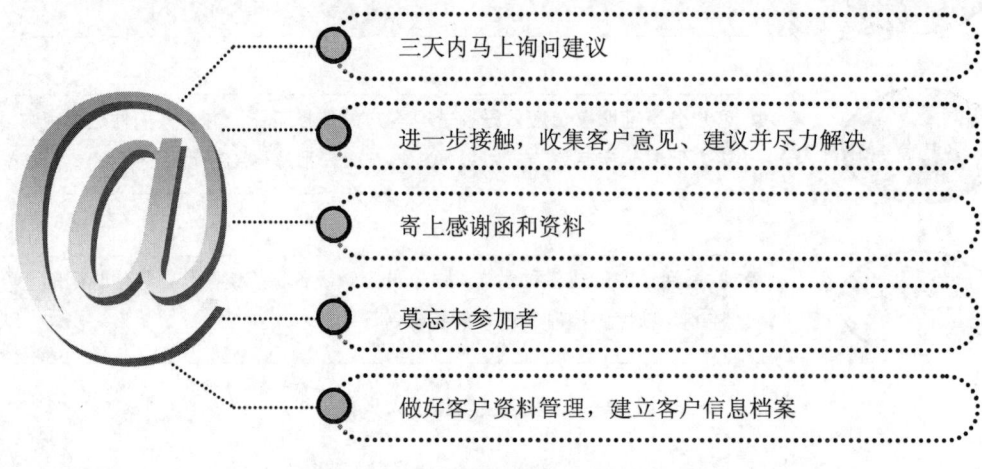

图10—5 客户联谊后跟踪的五点要求

10.1.4 客户联络管理工具

1. 客户联络计划表

序号	客户名称	地址	联系方式	联络人员	联络时间	联络目的	联络地点
1							
2							
3							

2. 客户联系预定表

序号	日期	客户名称	具体时间	跟单员	针对部门	备注
1						
2						
3						

10.2 客户跟踪管理

10.2.1 客户跟踪管理内容

对客户进行跟踪管理，是及时处理客户问题，减少双方损失，建立良好客户关系，提高客户满意度的重要方法。客户跟踪主要包括订单跟踪、出货跟踪、产品跟踪、客户满意度跟踪四项内容。

1. 订单跟踪

现代企业的订单跟踪可使用订单跟踪服务系统，具体步骤如图10—6所示。

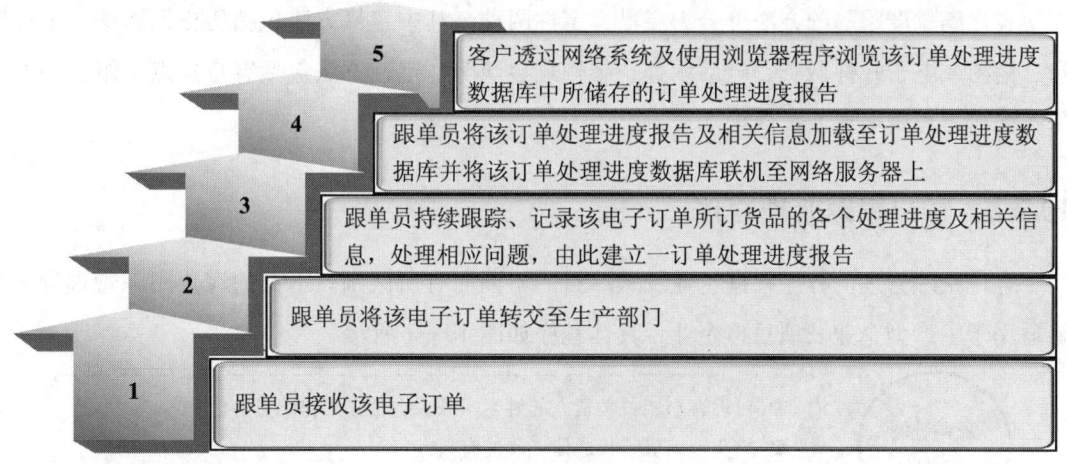

图10—6 订单跟踪步骤

2. 出货跟踪

出货跟踪是非常重要的一个步骤，不仅要及时，而且要做到专业。具体出货跟踪的要求如下：

（1）出货前，跟单员应该抽时间到仓库清点货物数量，防止多出、少出、漏出。

（2）如果预期不能按时交货，跟单员应提前跟客户打个招呼，以得到客户理解，同时使客户有个心理准备，防止客户投诉事件的发生。

（3）货物装船后及时向国外买方发出装运通知，以便对方付款、赎单，办理进口报关和接货手续。

（4）货出了以后，应通过有效反馈系统，掌握与货物相关的运输状态的信息，如运输安全与否；通关是否顺利，如果不顺利，需要哪些补救措施；运输效果如何，是否能按预期的计划交给客户；其他不可抗力的必要信息，如山洪暴发、地震等。

3. 产品跟踪

产品跟踪，是指从产品交付使用开始，跟单员就面向用户和市场，全面、系统地收集和整理产品质量的信息，分析、评价产品质量水平和存在问题，并及时向有关部门反馈，不断采取改进措施，努力提高产品质量的过程。

产品跟踪主要方法有邮寄质量跟踪卡，现场发放质量跟踪卡并收回，电话跟踪，与市场营销人员进行及时沟通，上门走访，集中征求用户意见，利用网点跟踪等。

4. 客户满意度跟踪

客户满意度跟踪的方法可分为定量、定性两种。其中定量方法包括历史回顾法、书面问卷、信函或电子邮件调查、电话调查、结构式会谈等；定性方法包括客户焦点小组、一对一深入谈话、免费电话或在线论坛等。

10.2.2 客户跟踪管理程序

客户跟踪管理的程序根据行业及跟踪目的不同而有所区别。下面的客户跟踪管理程序主要适用于生产型企业及项目型企业，具体程序如图10—7所示。

图10—7 客户跟踪管理程序

10.2.3 客户跟踪回访制度

为规范跟单员客户跟踪回访工作，提高工作效率及客户满意度，企业应制定客户跟踪回访制度。以下是某企业的客户跟踪回访制度，仅供参考。

制度名称		客户跟踪回访制度		受控状态	
				编　号	
执行部门		监督部门		编修部门	

<table>
<tr><td colspan="6" align="center">第1章　总则</td></tr>
</table>

第1条　目的

为了及时、真实掌握客户使用本公司产品的情况，保证客户使用产品的效果，提高客户满意度，维护公司信誉，制定本制度。

第2条　适用范围

本制度适用于对公司所有客户回访工作的管理。

第3条　职责说明

客户服务部跟单专员负责回访工作，其他各部门配合此项工作的开展。

第2章　电话回访管理规范

第4条　首次电话回访

1. 回访时间：产品售出一个月内。
2. 回访内容：了解产品使用情况，包括具体功能、使用方法、保养方法等是否掌握。
3. 回访对象：客户方的技术负责人或技术骨干、行政负责人及产品的主要使用人员。
4. 回访的具体措施如下：

（1）回访结果填入已购客户数据库相应栏目。

（2）对于客户使用产品过程中出现的问题要及时解决，不能解决的问题或技术按照公司相关规定及时反馈至客户服务部经理处。

（3）不能通过电话回访解决的问题，必要时进行现场回访。

第5条　常规电话回访

1. 回访时间要求：首次电话回访后，每个季度对客户进行一次电话回访。
2. 回访内容：了解产品使用情况，客户对产品的满意度等。
3. 回访对象：技术负责人或技术骨干，行政负责人以及产品的主要使用人员。
4. 回访的具体措施如下：

（1）回访结果填入"客户回访记录表"，并在客户档案里存档。

（2）对于使用中的问题要及时解决，不能解决的问题或技术按规定反馈至公司客户服务部经理处。

（3）不能通过电话回访解决的问题，必要时进行现场回访。

第3章　现场回访管理规范

第6条　现场回访对象确定

现场回访对象主要是大客户及电话回访存在不能解决问题的客户。现场回访主要回访客户方的技术负责人或技术骨干以及行政负责人、产品的主要使用人员。

第 7 条　现场回访时间规定

1. 大客户每年至少进行两次现场回访，对于特大型客户每个季度进行一次现场回访。
2. 不能通过电话回访解决问题的客户，原则上客户服务部经理接到报告后即应着手安排现场回访。

第 8 条　确定现场回访内容

现场回访的内容有产品的使用情况、客户新的需求与建议等。

第 9 条　现场回访档案管理规范

1. 将回访结果填入"客户回访记录表"中，在客户档案里存档。
2. 每次回访后，客户关系专员和技术服务人员要在"客户回访记录表"上签字。

第 4 章　回访结果的处理意见规定

第 10 条　对于回访中发现的问题要及时处理，原则上谁的问题谁负责任，并负责处理。

第 11 条　对于回访效果好的跟单专员和技术服务人员，公司要及时予以表扬，并作为每年度表彰或晋级的依据。

第 12 条　对于回访效果不好的跟单专员和技术服务人员，公司将视情况给以批评，对问题严重者进行罚款处罚。

第 5 章　附则

第 13 条　本制度由客户服务部负责制定、修订及解释。

第 14 条　本制度呈报总经理审批后，自颁布之日起执行，每年修订一次。

编制日期		审核日期		批准日期	
修改标记		修改处数		修改日期	

10.2.4　客户跟踪管理工具

1. 客户订单跟踪表

编号：

序号	订单编号	客户类别	跟单员	发票号	信用证号码	数量金额	下单日期	交货日期	跟踪情况	备注

2. 出货跟踪表

编号：

客户名称	合同号	出货日期	数量规格	运输方式	交货地点	制造状态	出货情况	跟单员	备注

3. 产品跟踪表

序号	产品编号	品名规格	颜色	包装尺寸	外箱尺寸	净重	毛重	成本价	成交价	主要材料	跟单员	备注

10.3 客户投诉管理

10.3.1 客户投诉主要内容

一般来说，客户投诉内容主要包括产品质量投诉、货物运输投诉、购销合同投诉及服务投诉，具体如图10—8所示。

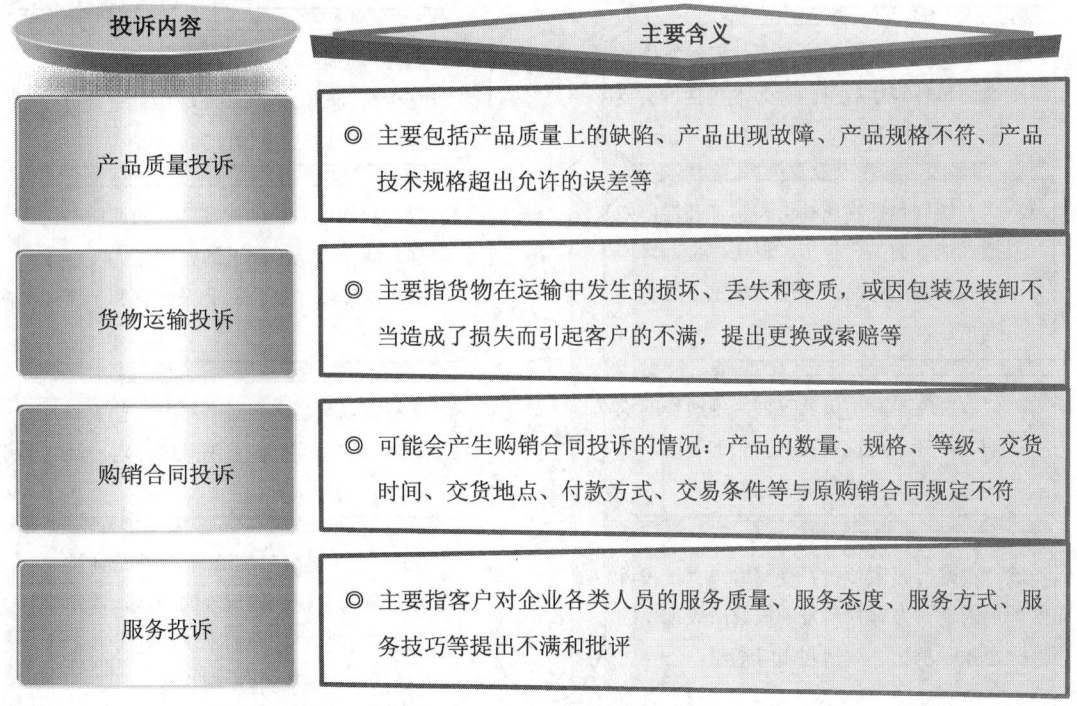

图10—8 客户投诉主要内容

10.3.2 客户投诉应对技巧

当出现客户投诉时,跟单员要及时受理客户投诉,以免客户投诉升级,因为客户升级投诉多数来源于客户普通投诉问题未能得到及时处理。跟单员在应对客户投诉时,可从如图10—9所示的六个维度出发。

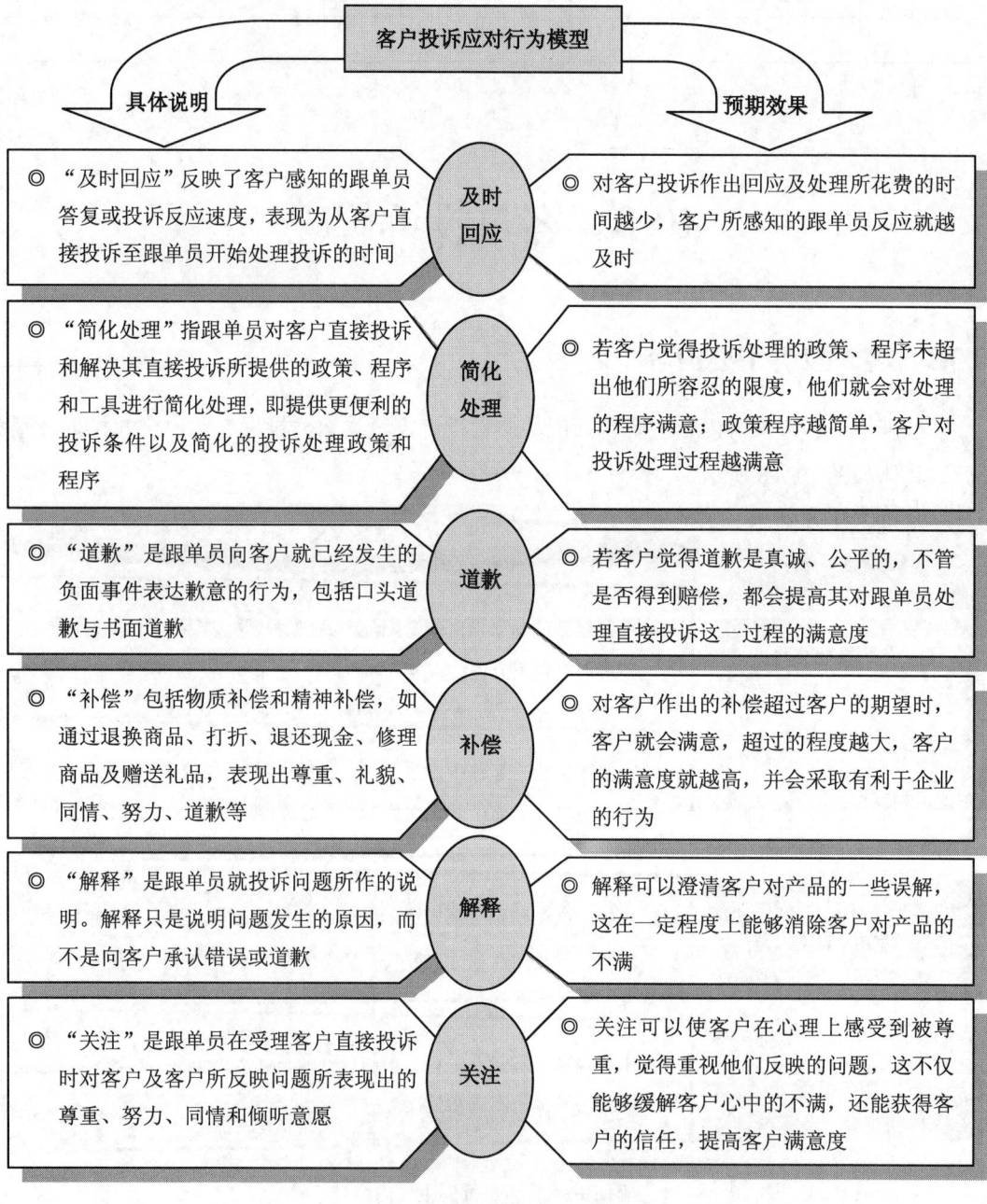

图10—9 客户投诉应对行为模型

10.3.3 客户投诉处理方法

客户投诉方式包括信件、电话、网络、传真、口头、报刊等。根据投诉方式的不同，投诉处理的方法也不同。最常用的投诉处理方法有三种，电话投诉处理、信函投诉处理及现场投诉处理。

1. 电话投诉处理

由于电话投诉具有简单迅捷的特点，使得客户往往正在气头上时提起投诉，这样的投诉常具有强烈的感情色彩，而且处理电话的时候看不见对方的面孔和表情，这些都为电话处理抱怨增添了难度。因此，跟单员在处理电话投诉时，应把握两个要点，如图10—10所示。

2. 信函投诉处理

利用信函提出投诉的客户通常较为理性，很少感情用事。对企业而言，信函投诉的处理要花费更多的人力费用、制作和邮寄费用，成本较高。而且由于信函往返需要一定时间，使处理投诉的周期拉长。

根据信函投诉的特点，跟单员在处理时应该注意六个要点，具体如图10—11所示。

认真应对
- 在处理电话投诉时要特别注意说话的方法、声音、声调等，做到明确有礼
- 必须善于站在对方立场来着想，考虑如果我在对方同样的状态之下，会有怎样的心情
- 无论对方怎样感情用事，都要重视对方，不要有有失礼貌的举动
- 除了自己的声音外，也要注意避免在电话周围的其他声音，如谈话声和笑声传入电话里，使客户产生不愉快的感觉

把握客户
- 无论是投诉处理还是提供令客户满意的服务，重要的一点就是努力透析客户心理
- 在处理电话客户投诉时，几乎唯一的线索就是客户的声音，因此必须通过声音信息来把握客户心态

图 10—10 电话投诉处理要点

要及时反馈
- 当收到客户利用信函所提出的投诉时，跟单员要立即通知客户已经收到，这样做不但使客户安心，还给人以比较亲切的感觉

要提供方便
- 在信函往来中，跟单员应把印好的有本企业的地址、邮箱、收信人或机构的不粘胶纸附于信函内，以便客户回函
- 如果客户的地址、电话不很清楚，应在给客户的回函中请客户详细列明通信地址及电话号码，以确保回函能准确送达对方

要清晰准确表达
- 在信函内容及表达方式上，通常要求浅显易懂
- 措辞上要亲切、关注，让对方有亲切感
- 尽量少用法律术语、专用名词、外来语及圈内人士的行话，尽量使用结构简单的短句，形式要灵活多变，使对方一目了然，容易把握重点

应充分讨论
- 由于书面信函具有确定性、证据性，在寄送前，跟单员切勿草率决断，应与部门主管就其内容充分讨论
- 必要时可以与企业的顾问、律师等有关专家进行沟通

要正式回复

◎ 跟单员与客户之间的信函最好是打印出来的，这样可以避免手写的笔误和因连笔造成的误认，而且给人以比较庄重、正式的感觉

必须存档归类

◎ 投诉处理过程中的来往函件，跟单员应一一编号并保留副本，并将这些文件及时传送给有关部门，使他们明确事件的处理进程与结果

图 10—11　信函投诉处理要点

3. 现场投诉处理

客户现场投诉的处理要点有七个，具体如图 10—12 所示。

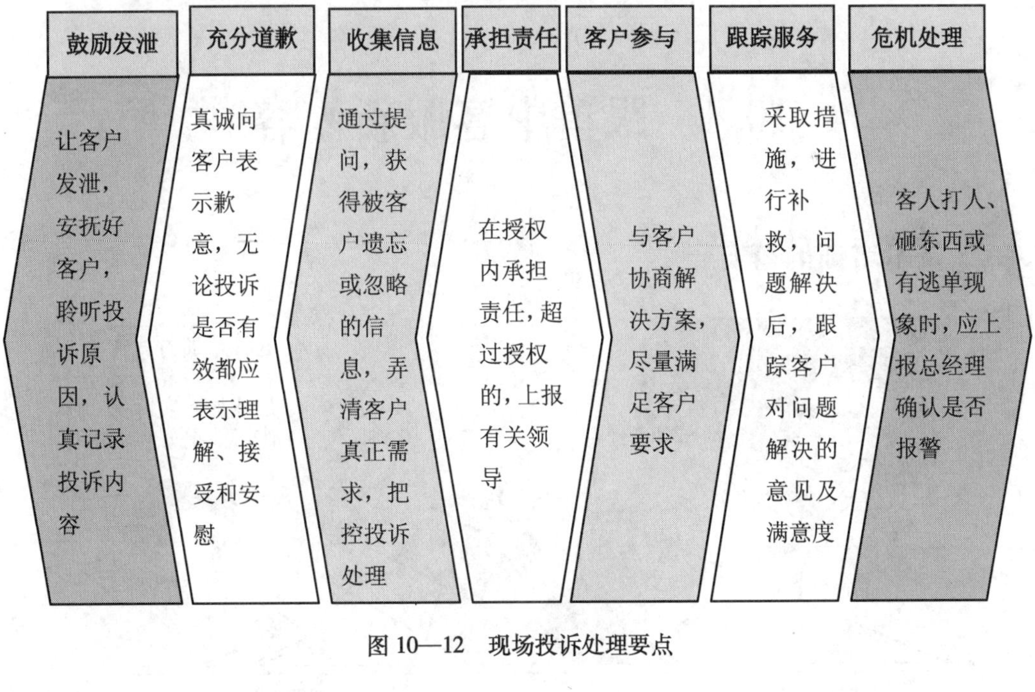

鼓励发泄	充分道歉	收集信息	承担责任	客户参与	跟踪服务	危机处理
让客户发泄，安抚好客户，聆听投诉原因，认真记录投诉内容	真诚向客户表示歉意，无论投诉是否有效都应表示理解、接受和安慰	通过提问，获得被客户遗忘或忽略的信息，弄清客户真正需求，把控投诉处理	在授权内承担责任，超过授权的，上报有关领导	与客户协商解决方案，尽量满足客户要求	采取措施，进行补救，问题解决后，跟踪客户对问题解决的意见及满意度	客人打人、砸东西或有逃单现象时，应上报总经理确认是否报警

图 10—12　现场投诉处理要点

10.3.4　客户投诉处理程序

跟单员在实施客户投诉处理的过程中，应遵循的程序如图 10—13 所示。

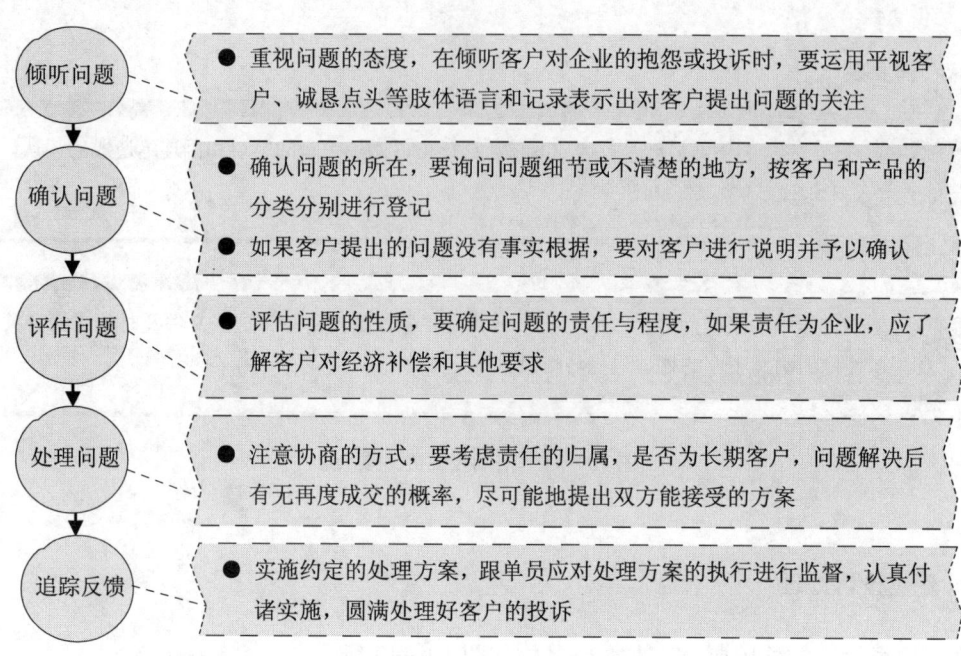

图10—13 客户投诉处理程序

10.4 跟单中客服新内容

10.4.1 技术培训的落实

跟单员查询技术培训的档案

跟单员在跟踪技术培训落实的过程中,应重点做好以下工作,具体如图10—14所示。

1. 了解技术培训的主要负责人、参训人员及培训目标

2. 查询技术培训相关规章制度是否完善,是否严格执行

3. 查询培训档案是否建立,是否齐全、清晰

4. 通过与参训员工的客户的沟通,了解技术培训方式是否选择得当,技术培训效果是否显著

5. 与财务部进行沟通,详查技术培训报销凭证,确认技术培训费用是否符合相关预算

6. 在技术培训工作完成后,对相关人员进行专题检查考核,以便客观把握技术培训效果

图10—14 技术培训落实跟踪的工作重点

10.4.2 巡回检修的组织

对于客服跟单人员来说,做好巡回检修的组织主要需做好八项工作,具体如图10—15所示。

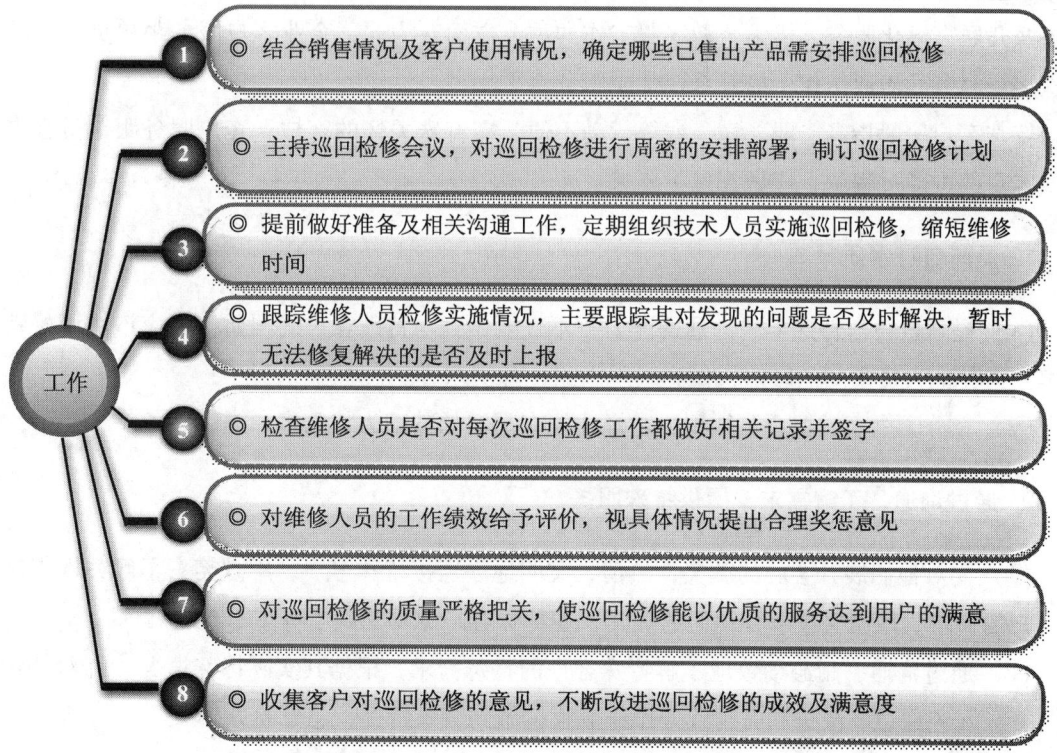

图10—15 巡回检修组织的工作内容

10.4.3 特殊服务的沟通

优质服务是企业长久发展的基础,抓紧抓好客户服务工作是企业义不容辞的责任,也是一流企业所应彰显的工作风采。在做好日常服务工作的同时,拓宽服务渠道,开展特殊客户服务及开展多元化服务,成为企业客服工作的重要方面。为此,企业客户服务跟单员应做好特殊客户服务的沟通工作,提升企业优质服务水平。

特殊客户一般指老、弱、病、残等行动不便、需特殊关怀的客户。客户服务跟单员在与这些客户的沟通过程中,应做到以下要求:

1. **提高自身素质**

(1)提高自身与特殊客户沟通的能力,不仅要做到与特殊客户的沟通,更应该协调好特殊客户与其他人员之间的摩擦,做到眼观六路、耳听八方。

(2)充分、全面掌握业务知识,这样才能有足够的基础为特殊客户提供服务。

2. **通过沟通,了解需求,提供特殊服务**

(1)要对他们展开会心的微笑,热情、文明地去迎接特殊客户,用微笑去了解并懂得特殊客户的需求,用微笑去解答他们的疑问,使特殊客户觉得受到了尊重、欢迎。

(2)通过沟通,耐心细致地了解特殊客户的特殊需求,根据其实际特殊情况,针对特殊客户开设绿色通道,改进和完善业务操作流程,做到特事特办,急事急办。

(3)勤示范、勤帮忙,热情地提供举手之劳的帮助。

3. 规避沟通禁区

（1）在沟通过程中，严禁使用歧视性语言及表情。

（2）特殊客户一般较敏感，他们也有自己的人格尊严，所以在沟通过程中，不应过分夸大自身对其的照顾，应将特殊服务自然融入服务过程，以免引起特殊客户的反感；有时，从平等、权利的角度着眼，反而能取到良好的效果。

10.5 客户服务新战略构想

10.5.1 增值服务战略

增值服务的核心内容是指根据客户需要，为客户提供的超出常规服务范围的服务，或者采用超出常规的服务办法提供的服务。

企业增值服务战略是通过实施增值服务，提高企业客户服务水平及竞争力，从而提升企业业绩的一种策略。主要包括以下四类，具体如图10—16所示。

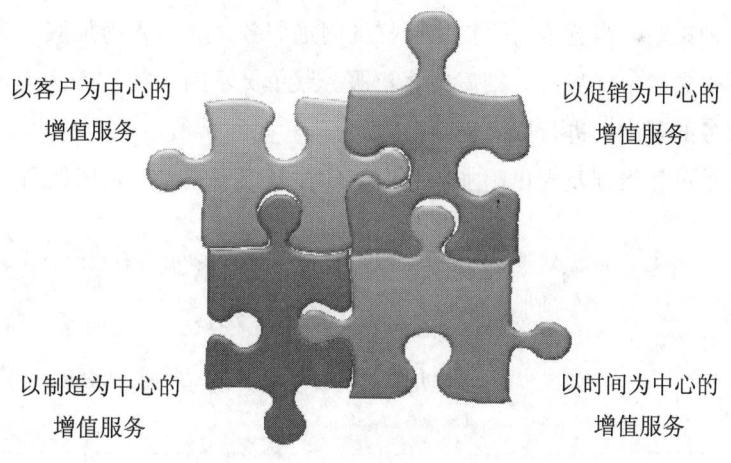

图10—16　企业增值服务战略类型

企业在实施增值服务战略时，跟单员应了解当地客户的需求，充分考虑客户对增值服务的适应性，以便选择合适的增值服务，适应目标市场的需求及变化。常见的增值服务类型包括非保修期服务、产品升级服务、产品综合运用服务、产品派生需求服务和对顾客利用产品的创新活动提供服务，如图10—17所示。

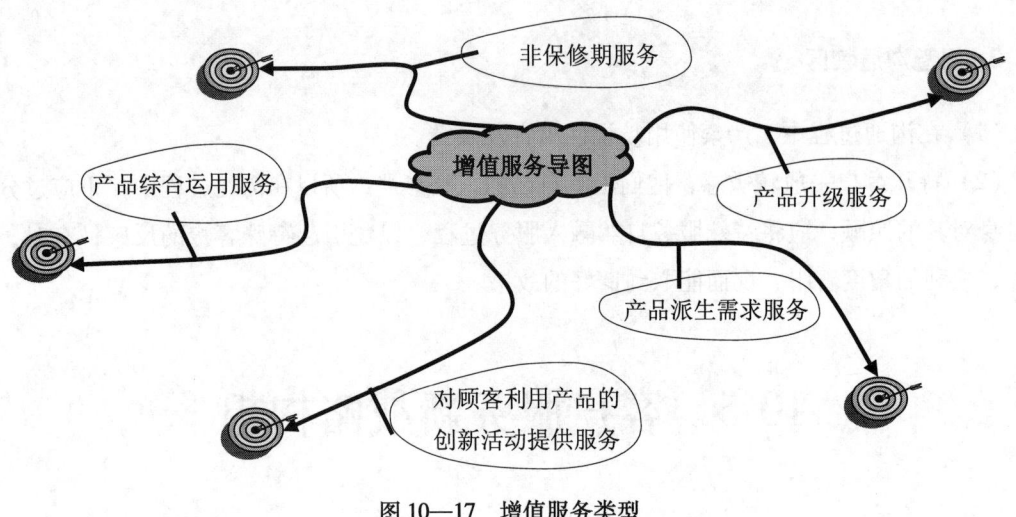

图 10—17 增值服务类型

10.5.2 附加服务战略

附加服务又叫延伸服务，是企业为了消费者的满意度，提供一系列先后有序的附加服务活动。常见的附加服务类型包括价值附加服务、信息附加服务和便利附加服务。

附加服务战略是通过实施附加服务，把企业自己的服务与竞争对手区别开来，使企业具有竞争优势的一种策略。当竞争对手提供同样的附加服务，客户视附加服务为核心服务的一部分，企业逐渐丧失竞争优势时，则需要客户服务跟单员不断用新的方法来寻找潜在的可以开发成为附加服务的要素，进行服务创新。

客户服务跟单员在策划及提供附加服务时，应注意以下三点，具体如图 10—18 所示。

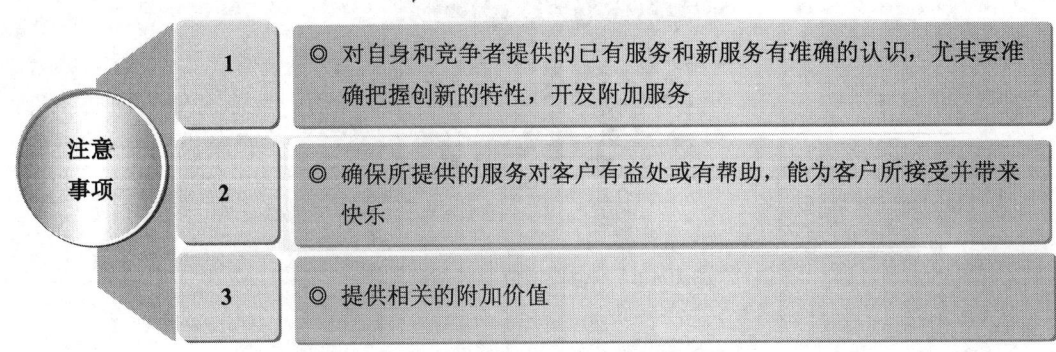

图 10—18 提供附加服务的注意事项

10.5.3 个性服务战略

个性服务战略是以标准化和多样化为基础，通过面向顾客的细节改善，使产品和服务在最终销售环节上能更多地融合顾客需求，提高客户满意度的一种策略。

个性服务战略可通过四种形式来实现，分别是灵活服务、针对性服务、意外服务和特殊服务，如图10—19所示。

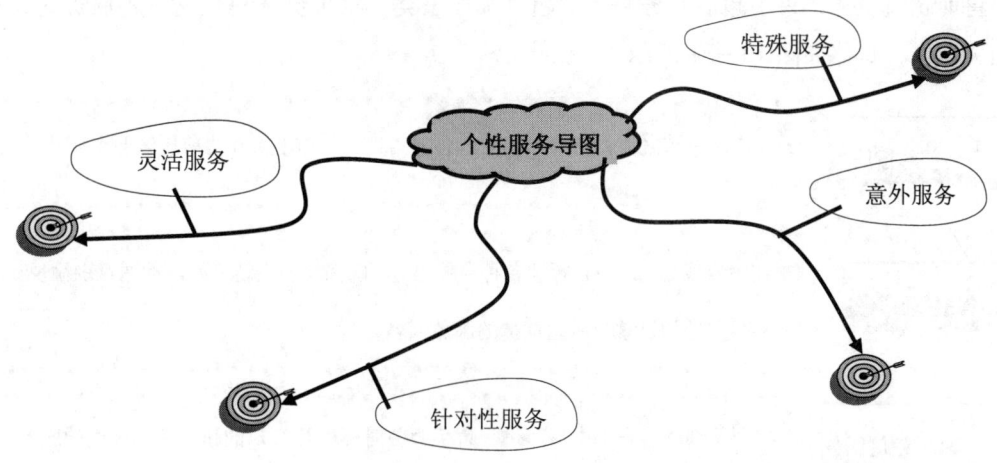

图10—19 个性服务战略的实现方式

为了更好地落实个性服务战略，跟单员应采取以下措施，具体内容如图10—20所示。

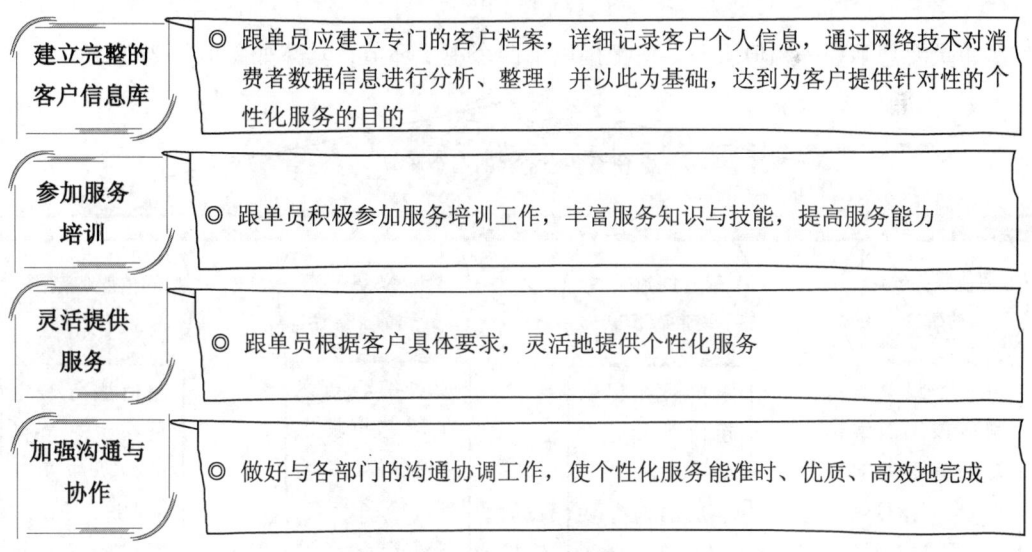

图10—20 个性服务战略落实措施

10.5.4 超值服务战略

超值服务指所提供的服务除了满足消费者的正常需要外，还有部分超出了正常需求以外的服务，从而使服务质量超出了消费者的正常预期水平。

为了确保超值服务战略的成功实施，跟单员需要仔细分析客户、客户群及各主要目标市场，通过对上述群体的分析找到企业在产品/服务组合方面及客户需求方面可以改进的地方，这样做的最终目的是争取在与客户打交道的过程中持续超越客户的期望值。超值服务一般可分为售前超值服务、售中超值服务和售后超值服务三类，跟单员在提供这三种服务时，应做好相关工作，具体如图10—21所示。

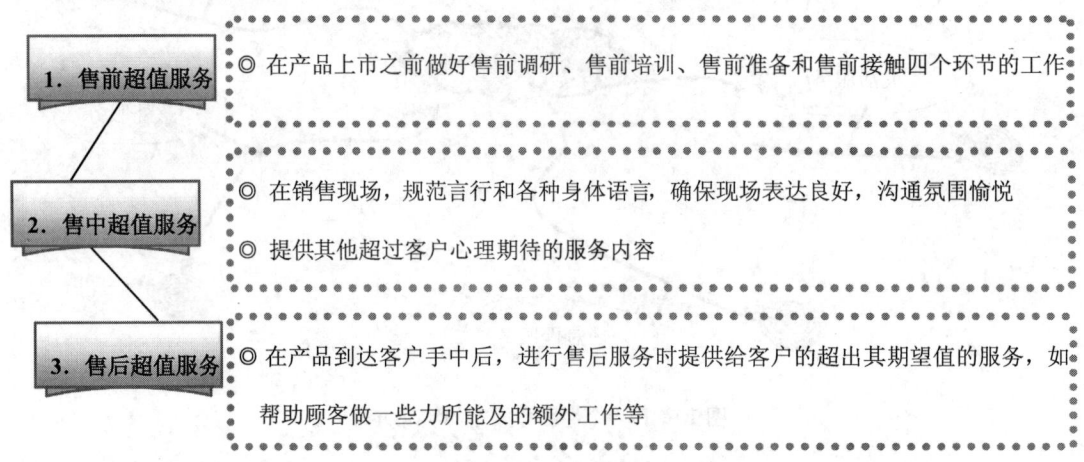

图10—21　跟单员提供超值服务时的工作

跟单员要想掌控好超值服务，应把握以下四个主要环节，具体如图10—22所示。

超值服务应把握的四个环节

超值服务理念的确立	耐心细致，态度和蔼可亲	细心观察，捕捉超值服务点	超值服务范围符合实际
每一个跟单员都应该深深掌握超值服务的理念，以指导自己的服务实践，为客户带来超值享受，确保客户的忠诚度	跟单员在提供超值服务时态度一定要好，对客户的问题要及时、耐心地解答，让客户感觉到你是真心在为他服务，而不是敷衍了事	通过细心观察了解客户真正关心的问题、困难，然后给客户提供帮助，这是赢得客户忠诚的最好办法	超值服务一定是在跟单员自己力所能及范围内进行，防止不切实际的承诺或盲目的行动

图10—22　超值服务应把握的四个环节

10.5.5 弹性服务战略

企业应该保持足够的弹性,并能快速反应,这是保证业绩持续增长的基本条件。跟单员在实施弹性服务战略时,主要可采取以下措施,具体如图10—23所示。

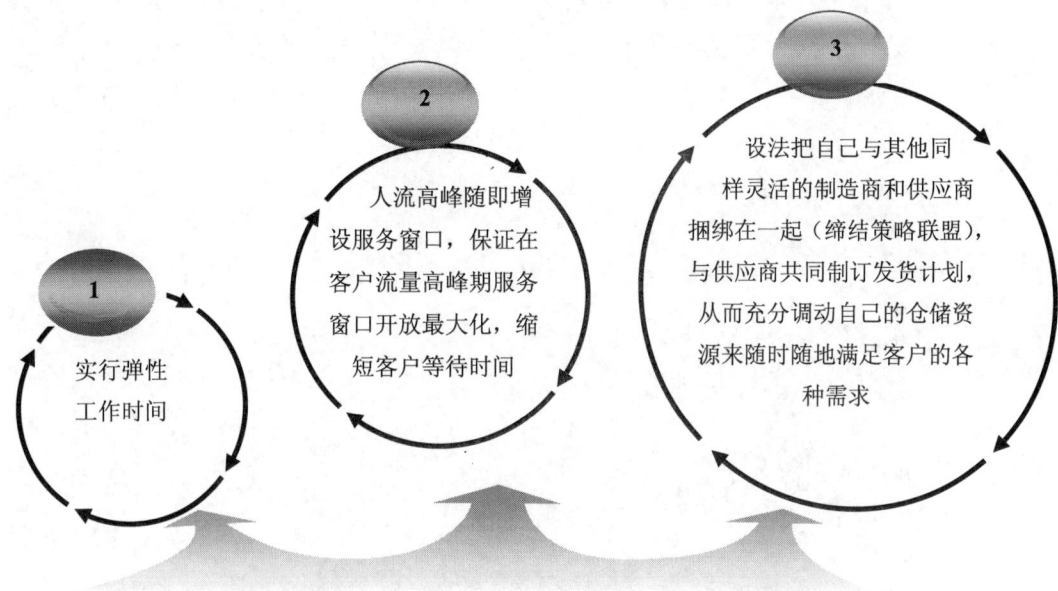

图10—23 弹性服务战略实施措施